Barrierefrei bauen und sanieren

Nina Greve

Stiftung Warentest

Inhalts-verzeichnis

KAPITEL 1

Was bedeutet barrierefrei?

KAPITEL 2

Den Bedarf ermitteln

KAPITEL 3

Passende Maßnahmen planen

1 Barrierefreiheit heißt, dass niemand aufgrund einer körperlichen oder geistigen Einschränkung ausgeschlossen wird. Es bedeutet aber auch: Für alle Nutzer und Nutzerinnen der Gebäude wird der Wohnkomfort gesteigert.

→ Barrierefreie Lösungen für Ihr Zuhause

Im öffentlichen Raum und in Gemeinschaftsflächen von Mehrfamilienhäusern geht es um eine Gestaltung, die von allen ohne fremde Hilfe genutzt werden kann. Im Einfamilienhaus oder der Mietwohnung geht es um individuelle Lösungen für Einzelne.

WAS ERFAHRE ICH?

Wenn Sie dieses Buch in Händen halten, haben Sie vermutlich vor, Ihr Haus oder Ihre Wohnung barrierefrei zu gestalten. Sie planen einen Umbau oder einen Neubau und wollen die Immobilie dabei so anpassen, dass sie auch von Menschen mit körperlichen oder geistigen Einschränkungen möglichst problemlos genutzt werden kann. Vielleicht besteht akuter Bedarf, vielleicht möchten Sie – etwa im Rahmen eines Neubaus – auch für die Zukunft vorsorgen. In den folgenden Kapiteln werden Sie vielfältige Anregungen und umfassende Hilfestellung für Ihr Vorhaben finden. Wir zeigen Ihnen, welche Möglichkeiten es gibt, was sinnvoll und machbar ist und wie Sie die Maßnahmen umsetzen können.

Barrierefreies Bauen und Sanieren ist so vielfältig wie die dahinterstehenden Bedürfnisse. Was Barrierefreiheit ausmacht, ist zunächst einmal eine Frage der Definition. Verschiedene Begrifflichkeiten und Ansätze werden Ihnen immer wieder begegnen. Um zu klären, welche Maßnahmen für Ihre individuellen Bedürfnisse am besten geeignet sind, sollten Sie sich zunächst mit dem Bedeutungsspektrum von Barrierefreiheit auseinandersetzen.

In diesem Buch ist damit eine auf Ihre persönlichen Bedürfnisse abgestimmte, behagliche und für Sie gut nutzbare Wohnumgebung gemeint. Sprich: ihre eigenen vier Wände, die durch einfache oder auch komplexere Maßnahmen so angepasst wurden, dass Sie dort getrost die nächsten 20 Jahre verbringen können. Barrierefreiheit steht nämlich vor allen Dingen für einen Alltag, in dem nicht jeder Handgriff eine unnötige Anstrengung und jeder Schritt eine mögliche Gefahr darstellt. Barrierefrei wohnen heißt, auch in Lebensphasen, in denen Sie, warum auch immer, beispielsweise weniger beweglich sind oder Ihnen das Sehen zunehmend schwerer fällt, im eigenen Haus oder der eigenen Wohnung bequem und komfortabel leben zu können. Wie könnte also Ihre ideale Wohnumgebung aussehen? Was ist Ihr persönlicher Herzenswunsch? Fragen Sie sich einmal konkret: Was brauche ich, was wünsche ich mir, um mir ein Wohnen mit möglichst hoher Lebensqualität zu erhalten oder zu gestalten?

Eigenheim oder Eigentumswohnung

Wichtig ist zunächst, ob es sich bei Ihrem Bauvorhaben um ein Einfamilienhaus und somit um Ihre ganz eigenen Anliegen und Bedürfnisse oder um ein Mehrfamilienhaus mit gemeinsamen öffentlichen Bereichen handelt, wie bei einer Wohnungseigentümergemeinschaft (WEG).

DESIGN FOR ALL ODER INDIVIDUALLÖSUNG

Es gibt zwei verschiedene Sichtweisen, um an das Thema barrierefreies Bauen heranzugehen: In dem einen Fall geht es darum, Häuser zu bauen, die ohne Aufwand und ohne fremde Hilfe von allen Menschen genutzt werden können. Dies ist bei der barrierefreien Planung von öffentlichen Gebäuden oder Mehrfamilienhäusern der Fall. Der Fachbegriff dafür lautet „Design for All".

Im anderen Fall geht es hingegen um **INDIVIDUALLÖSUNGEN** bei einem barrierefreien Einfamilienhaus oder bei der Anpassung von Wohnraum für einzelne private Bauherren. Dabei können die entsprechenden Maßnahmen passgenau auf die jeweiligen Bedürfnisse der Bewohner und die vorhandenen Ressourcen zugeschnitten werden.

STANDARDNUTZER UND SCHUTZZIELCHARAKTER

Beim Neubau eines Mehrfamilienhauses sind die zukünftigen Nutzerinnen und Nutzer in der Regel nicht bekannt. Gebaut wird daher durch Design-for-All-Lösungen für den sogenannten Standardnutzer. Hier erfüllt die für die Barrierefreiheit relevante DIN 18040 ihren Schutzzielcharakter, um alle eventuell relevanten Aspekte des barrierefreien Bauens zu berücksichtigen – was vollkommen richtig und notwendig ist. Dabei geht es nicht allein um Einschränkungen

Der Abbau von Barrieren nützt Menschen mit Beeinträchtigungen aller Art. Sie kommen Eltern mit Kinderwagen, älteren Menschen und Rollstuhlfahrenden zugute.

der Motorik, sondern auch des Sehens, des Hörens oder auch des Denkens. Für Umbaumaßnahmen im Bestand wird in der aktuellen DIN das zu erreichende Ziel zwar definiert, aber es wird nicht konkret vorgegeben, wie dieses Ziel zu erreichen ist. Dieser kreative Ansatz der Norm stellt eine erheblich verbesserte Praxistauglichkeit dar und erweitert die Möglichkeiten zur Umsetzung. Das könnte für Sie zum Beispiel interessant sein, wenn es um die Nachrüstung eines WEG-Hauses mit einem Aufzug geht.

Sind Sie hingegen Mieterin oder Mieter einer Wohnung in einem Mehrfamilienhaus, sollten Sie wissen, was die DIN vorgibt, damit die Räume innerhalb von Wohnungen als barrierefrei nutzbar bezeichnet werden dürfen. Dies ist der Fall, wenn „sie (die Wohnungen) so dimensioniert und bauseits ausgestattet beziehungsweise vorbereitet sind, dass Menschen mit Behinderungen sie ihren speziellen Bedürfnissen entsprechend leicht nutzen, einrichten und ausstatten können" (DIN 18040–2).

Dieses Ziel entspricht dem § 4 des Behindertengleichstellungsgesetzes, nach dem Gebäude für Menschen mit Behinderungen „in der allgemein üblichen Weise, ohne besondere Erschwernis und grundsätzlich ohne fremde Hilfe auffindbar, zugänglich und nutzbar" gemacht werden müssen. Und Artikel 3 des Grundgesetzes umschreibt es einfach und umfassend: „Niemand darf wegen seiner Behinderung benachteiligt werden."

DAS BARRIEREFREIE EIGENHEIM

So wichtig diese Ziele und Vorgaben sind, so frei sind Sie, sich in Ihrer eigenen Immobilie davon zu lösen und das Haus an Ihre ganz persönlichen Wünsche anzupassen. Das gilt jedenfalls, sofern Sie nicht von Fördergeldern abhängig sind. Aber auch wenn Sie nicht verpflichtet sind, bei der Anpassung des Eigenheims die DIN 18040 einzuhalten, bietet sie doch eine sehr gute Orientierung dafür, an welchen Stellen des Hauses es sinnvoll ist, auf eine barrierefreie Planung zu achten, welches die neuralgischen Punkte sind und welche Lösungsansätze dazu bereits entwickelt wurden.

Wichtig: Wollen Sie **FÖRDERGELDER** in Anspruch nehmen, müssen in den meisten Fällen die Vorgaben der DIN 18040 Teil 2 eingehalten werden. Im Neubau betrifft dies Tür- und Flurbreiten, die Dimensionierung der Räume sowie die Ausstattung im Badezimmer. Im Bestand geht es bei den meisten Umbaumaßnahmen speziell um das Bad und den Eingangsbereich. Auch hier stehen Bewegungsflächen und Schwellenfreiheit ganz oben auf der Prioritätenliste. Bei Anpassungsmaßnahmen müssen die Vorgaben der DIN speziell zum Abschnitt 5 eingehalten werden, die aber, wenn es nicht um den Standard R (auch mit dem Rollstuhl nutzbar) geht, relativ moderat sind. So ist beispielsweise die geforderte Türbreite innerhalb der Wohnung mit 80 Zentimetern lichte Durchgangsbreite angegeben, und auch für den Flur sind 1,20 Meter ausreichend. Im Badezimmer werden neben bestimmten Bewegungsflächen unter anderem die Nachrüstbarkeit von Stütz- und Haltegriffen oder bestimmte Vorgaben zum Duschplatz gefordert (siehe Seite 85).

Wie Sie Ihre persönlichen Bedürfnisse genau definieren und eingrenzen können, um die optimale Planung für Ihr barrierefreies Eigenheim zu finden, lesen Sie im Kapitel „Den Bedarf ermitteln" ab Seite 26.

Barrierefrei, behindertengerecht, altersgerecht

Der Begriff barrierefrei dürfte inzwischen gut 30 Jahre alt sein. Bis dahin wurde in der Regel von behindertenfreundlichem oder auch altersgerechtem Wohnraum gesprochen, wenn ein Gebäude nicht rollstuhlgerecht, aber dennoch in diversen Bereichen komfortabler auch für Menschen mit Einschränkungen zu benutzen sein sollte. Da die Begriffe behindertengerecht und behindertenfreundlich zu stark die Behinderung in den Fokus stellten, wurde eine Umschreibung gesucht, die sehr viel breiter aufgestellt ist. Auch der Begriff altersgerecht war zu eng gesteckt. Es sollte nicht ausschließlich um alte Menschen gehen, auch um zu verhindern, dass reine Altenwohnanlagen geschaffen wurden, weit entfernt von Integration und Inklusion. Barrierefreie Gebäude sollen also nicht für bestimmte Gruppen gebaut, sondern von möglichst allen Menschen gut genutzt werden können.

Die Begriffslage ist heute dennoch nicht ganz einfach. Das liegt auch daran, wie die die Barrierefreiheit betreffende Norm (DIN 18040) aufgebaut ist. Diese gliedert sich in einen Teil für öffentliche Gebäude (DIN 18040–1) und einen Teil für **WOHNGEBÄUDE** (DIN 18040–2). Innerhalb dieses zweiten Teils wiederum wird zwischen den öffentlichen, gemeinsamen Bereichen des Hauses und der Wohneinheit selbst unterschieden. Der öffentliche Bereich, also die Erschließung mit allem, was dazugehört, muss hier von allen Menschen ohne Zusatzaufwand und ohne fremde Hilfe zugänglich sein. Die einzelne Wohnung kann dann „barrierefrei nutzbar" oder „barrierefrei und uneingeschränkt mit dem Rollstuhl nutzbar" ausgebaut werden. Dieser Standard wird mit einem R gekennzeichnet (siehe Tabelle unten).

Es gibt also einen Unterschied zwischen barrierefreier Planung für unbekannte Nutzer auf der einen und individuellen Anpassungsmaßnahmen, beispielsweise im Einfamilienhaus, auf der anderen Seite. Was aber hat es mit den Begriffen behindertengerechtes und altersgerechtes oder barrierearmes Bauen auf sich? Insbesondere, wenn Immobilien als „altersgerecht" oder „barrierearm" beschrieben werden, sollten Bauherren und Käuferinnen sehr aufmerksam sein. Denn dann handelt es sich nicht um den DIN-Standard „barrierefrei". Natürlich können auch Immobilien, die

DIN-NORMEN ZUM BARRIEREFREIEN BAUEN IM ÜBERBLICK

Die hier gelisteten DIN-Normen enthalten die Planungsgrundlagen des barrierefreien Bauens in öffentlichen Gebäuden, Wohnungen und im Verkehrs- und Freiraum.

DIN-Norm	Themenbereich	Beschreibung
DIN 18040–1 (Teil 1)	Öffentlich zugängliche Gebäude	Diese Norm stellt dar, unter welchen technischen Voraussetzungen Gebäude und bauliche Anlagen barrierefrei sind. Sie gilt für die barrierefreie Planung, Ausführung und Ausstattung von öffentlich zugänglichen Gebäuden und deren Außenanlagen.
DIN 18040–2 (Teil 2)	Wohnungen	Diese Norm gilt für die barrierefreie Planung, Ausführung und Ausstattung von Wohnungen, Gebäuden mit Wohnungen und deren Außenanlagen, die der Erschließung und wohnbezogenen Nutzung dienen. Die Anforderungen an die Infrastruktur der Gebäude mit Wohnungen berücksichtigen grundsätzlich auch die uneingeschränkte Nutzung mit dem Rollstuhl.
	– innerhalb der Wohnungen	– Der Basisstandard „barrierefrei nutzbar" beschreibt barrierefrei nutzbare Wohnungen. – Der erweiterte Standard R beschreibt barrierefrei und uneingeschränkt mit dem Rollstuhl nutzbare Wohnungen.
	– außerhalb der Wohnungen	Außerhalb der Wohnungen gehen die Anforderungen grundsätzlich von einer uneingeschränkten Nutzbarkeit mit dem Rollstuhl aus.
DIN 18040–3 (Teil 3)	Öffentlicher Verkehrs- und Freiraum	Diese Norm gilt für die Planung, Ausführung und Ausstattung von barrierefreien Verkehrs- und Außenanlagen im öffentlichen Verkehrs- und Freiraum. Neben allgemeinen Planungsanforderungen formuliert sie die besonderen Anforderungen an die barrierefreie Gestaltung.
DIN EN 17210	Barrierefreiheit und Nutzbarkeit der gebauten Umgebung – Funktionale Anforderungen	Diese Europäische Norm ist vorgesehen als Grundlage zur Überarbeitung der nationalen Normenreihe DIN 18040 1–3. Die Überarbeitung erfolgt bis Januar 2024. Sie beschreibt grundlegende, allgemeine Mindestanforderungen und Empfehlungen für eine barrierefreie und nutzbare gebaute Umgebung.

nicht dem Standard entsprechen, gut nutzbar sein. Gerade im Bestand ist es oftmals gar nicht möglich, alle Vorgaben der Barrierefreiheit einzuhalten. Je mehr Barrieren abgebaut werden, desto besser.

BARRIEREFREIHEIT HAT ALLE IM BLICK

Während sich das rollstuhlgerechte Bauen auf Menschen bezieht, die in ihren mobilen Fähigkeiten eingeschränkt sind, berücksichtigt die barrierefreie Planung auch andere Einschränkungen, wie Defizite im Sehen oder Hören. In der Regel bietet die Barrierefreiheit Lösungen, die von allen gut genutzt werden können beziehungsweise durch die für alle die Nutzung des Hauses komfortabler wird. So sind schwellenfreie Zugänge auch angenehm für Personen, die einen Kinderwagen schieben, einen Einkaufswagen ziehen oder vorübergehend wegen eines Skiunfalls an zwei Krücken gehen müssen.

Die wichtigsten Themen der barrierefreien Planung für private Bauherren sind:

→ die **SCHWELLENFREIE ERREICHBARKEIT** aller Räume und Außenräume

→ **AUSREICHENDE BEWEGUNGSFLÄCHEN**, insbesondere im Bad und im Eingangsbereich, aber auch in den Fluren und nach Möglichkeit in jedem weiteren Raum

→ das **SICHERE BEWEGEN UND AGIEREN** im Haus durch den Abbau jeglicher Stolperfallen, das Ergänzen durch Haltegriffe sowie die Anordnung von Schaltern und Steckdosen in idealer Erreichbarkeit

→ die **ANPASSUNG VON MÖBELN**, insbesondere in der Küche

→ eine **GUT AUSGELEUCHTETE** und dennoch **BLENDFREIE UMGEBUNG** und

→ sofern es sich um ein mehrgeschossiges Haus handelt, die **VERTIKALE ERSCHLIESSUNG** der oberen Geschosse durch einen Treppenlift oder einen Aufzug

DAS ZWEI-SINNE-PRINZIP

Ein wichtiges Grundprinzip des barrierefreien Bauens ist das Zwei-Sinne-Prinzip. Hierbei müssen, wie der Name vermuten lässt, immer mindestens zwei Sinne angesprochen werden. Damit beispielsweise auch Blinde oder Menschen mit Höreinschränkungen ein Haus ohne Erschwernis betreten können, müssen Klingelschilder auch mit Brailleschrift gekennzeichnet sein. Und damit Menschen mit Höreinschränkung wahrnehmen, dass der Summer gedrückt wurde, muss dieser auch vibrieren.

ROLLSTUHLGERECHTES BAUEN: DIN 18040–2 R

Besondere Vorgaben gelten im barrierefreien Bauen R. Soll ein Gebäude auch von **ROLLSTUHLFAHRERN** genutzt werden, sind größere Bewegungsflächen unbedingt notwendig. Der Rollstuhl hat einen bestimmten Wendekreis. Insbesondere für jemanden, der diesen selbstständig ohne elektrische Kraftverstärkung und ohne fremde Hilfe über die Räder antreibt, müssen die Türdurchgänge breit genug sein, um sicher durch diese hindurchmanövrieren zu können, ohne sich die Hände zu quetschen. Auch weitere Vorgaben, wie ein Rollstuhlabstellplatz oder bestimmte Ausstattungen in den Sanitärräumen, müssen dann berücksichtigt werden. Die Einstufung nach der DIN mit dem Zusatz R, also „barrierefrei und uneingeschränkt mit dem Rollstuhl nutzbar“, ist nicht das Gleiche wie behindertengerechtes Bauen. Die DIN 18040 ist in Deutschland maßgeblich für die Einhaltung der Barrierefreiheit und gliedert sich in 3 Teile (siehe Tabelle, Seite 9).

Behindertengerecht (um)bauen

Behindertengerecht sind ein Privathaus oder eine Wohnung dann, wenn sie dem Standard R entsprechen, also auch von Rollstuhlfahrenden genutzt werden können, oder wenn sie speziell auf die individuellen Bedürfnisse einer bestimmten Person angepasst werden. Behindertengerechtes Bauen umfasst also einerseits sehr viel mehr als barrierefreies Bauen, da in Bezug auf das Bewegen im Haus mit einem Rollstuhl mehr Bewegungsfläche notwendig ist und auch bestimmte Ausstattungen gefordert sind. Auf der anderen Seite geht es eben um die konkreten Notwendigkeiten einer Person und nicht darum, sämtliche möglichen Einschränkungen potenzieller Nutzer mit im Blick zu haben.

Die individuelle Anpassungsmaßnahme zu einer behindertengerechten Wohnung oder einem behindertengerechten Haus erfolgt in vielen Fällen aufgrund eines Unfalls der betroffenen Person. Hier muss schnell reagiert und doch die optimale Lösung gefunden werden. Finanziert wird dies häufig von einer **VERSICHERUNG**, z.B. nach einem Verkehrsunfall von der KfZ-Haftpflichtversicherung des Unfallgegners. Die Vorgaben der DIN 18040–2 müssen im Neubau eingehalten werden, bei Anpassungsmaßnahmen gelten sie als Anhaltspunkt. Außerdem wird von der Versicherung erwartet, dass die Maßnahme wirtschaftlich sein muss. Daher sollten Sie bei größeren Maßnahmen Vergleichsangebote einholen oder einen geeigneten Fachmann hinzuziehen.

Private Bauherren, die finanziell unabhängig bauen, können hingegen recht frei agieren. Soll also beispielsweise das eigene Haus auf die Bedürfnisse eines MS-Patienten, der davon ausgehen muss, dass er irgendwann auf einen Rollstuhl angewiesen sein wird, abgestimmt und saniert werden, ist die Frage, wie exakt man sich an die Vorgaben der DIN halten kann und möchte. Hier wird sich die betroffene Person gegebenenfalls lieber mit ein paar Zentimetern weniger im Bewegungsradius zufriedengeben, als sich auf einen Umzug einzulassen. Wer sich allerdings an die Normen halten will, sollte entsprechend mehr Fläche einplanen, um die notwendigen Durchgangsbreiten und Bewegungsflächen in Fluren, vor bestimmten Möbeln oder in Bad und Küche berücksichtigen zu können. Übrigens: Je größer die geplante Wohnfläche, desto geringer fällt der Mehrbedarf ins Gewicht.

Barrierearm oder barrierereduziert

Da „nur" knapp 2 Prozent der Bevölkerung in Deutschland auf einen Rollstuhl angewiesen, hingegen 22 Prozent der Deutschen älter als 65 Jahre alt sind, ist es sinnvoll, sich diese zudem weiterhin wachsende Zielgruppe mit ihren altersspezifischen Bedürfnissen in Bezug auf das barrierefreie Wohnen genauer anzusehen. Altersgerecht bauen ist, wie beschrieben, kein definierter Standard, weshalb mit dieser Begrifflichkeit vorsichtig umgegangen werden muss. Dennoch ist es sinnvoll, sich an den altersbedingten Einschränkungen zu orientieren, da diese ausgesprochen vielfältig sind. Im Alter kann es schwierig werden mit der Mobilität, aber auch die Sehfähigkeit nimmt ab, und das Hören kann sich verschlechtern. Bei der Planung ältere Menschen im Blick zu haben, ist daher eine gute Voraussetzung für barrierefreies Bauen. Wie heißt es doch? Baue für die Jungen, und du schließt die Alten aus. Baue für die Alten, und du schließt die Jungen ein. Sie müssen nur aufpassen, dass Ihnen nicht jemand weismachen will, dass eine altersgerechte Immobilie dem Standard der Barrierefreiheit entspricht.

Ähnlich wie mit dem Begriff altersgerecht verhält es sich mit barrierearm oder barrierereduziert. Diese Adjektive beziehen sich in der Regel darauf, dass es nicht überall möglich ist, den Bestand gänzlich barrierefrei anzupassen. So sind teilweise die bauzeitlichen Entwurfsideen sehr weit weg von der Barrierefreiheit. Der Reiz vieler Einfamilienhäuser der 1920er- und 30er-Jahre lag oft gerade darin, Eingangsebene und Wohnebene durch ein paar Stufen voneinander zu trennen. Und auch in den Jahren nach dem Krieg wurde diese Idee wieder aufgegriffen. Gerade in den 1980er- und 90er-Jahren entstanden vermehrt Maisonettewohnungen, die die verschiedenen Funktionen des Lebens gleich auf mehrere Etagen verteilten. Eine Ausnahme bilden Gründerzeithäuser mit ihren mehr oder weniger gleich großen Individualräumen auf einer Ebene, in denen relativ flexibel Nutzungen getauscht und das Leben neu organisiert werden können. Aber auch hier bleibt in der Regel das Problem der Erschließung. Zudem sind auch in vielen Gründerzeitwohnungen oftmals nur schmale Schlauchbäder zu finden.

Doch trotz dieser teilweise ungünstigen Voraussetzungen soll nicht auf Anpassungsmaßnahmen verzichtet werden, weshalb die Vorgaben zur Einhaltung der Barrierefreiheit auch von gesetzlicher Seite leicht aufgeweicht sind. Schwellen bis zu einer Höhe von 2 cm werden beispielsweise akzeptiert, wenn diese als technisch notwendig eingestuft werden.

INTERVIEW MIT BEKE ILLING-MORITZ

→ Baukultur und Inklusion Welche Definitionen stecken eigentlich hinter Begriffen wie „barrierefrei" oder „behindertengerecht"? Was müssen Sie bei der Beantragung von Fördermitteln beachten? Welche Fachleute helfen weiter?

Beke Illing-Moritz engagiert sich als Architektin und Sachverständige für Barrierefreiheit für bauliche Lösungen für alle, um als Teil einer vielfältigen Gesellschaft Baukultur und Inklusion optimal zusammenzubringen. Sie gibt Seminare für Fachpublikum, hat einen Lehrauftrag an der HafenCity Universität in Hamburg, berät in diversen Bau- und Zertifizierungsverfahren hinsichtlich Barrierefreiheit und realisiert mit ihrem Büro eigene Projekte.

Der Begriff „barrierefrei" und die Abgrenzung zu den Begriffen „altersgerecht", „barrierearm" auf der einen und „behindertengerecht" oder „rollstuhlgerecht" auf der anderen Seite sind für Laien nicht einfach zu verstehen. Wie würden Sie Barrierefreiheit definieren?

Ich beschäftige mich ja mit der Barrierefreiheit im Planen und Bauen. Dort ist der Begriff Barrierefreiheit bereits definiert und unterscheidet sich zum Beispiel auch von der Barrierefreiheit in sozialen Zusammenhängen. Um die vielen Wortschöpfungen zu dieser Thematik vereinfacht zu erklären, könnte man zusammenfassen, dass die verschiedenen Begriffe in erster Linie unterschiedliche Standards für das Planen und Bauen beschreiben, falls beispielsweise Fördermittel verwendet oder Zertifizierungen angestrebt werden. Umgangssprachlich werden diese manchmal vermischt. Das passiert übrigens auch oft mit den Begriffen Barrierefreiheit und Inklusion. Inklusion verfolgt ein Bauen für alle Menschen, bezieht also das barrierefreie Bauen für Menschen mit Behinderungen mit ein und erweitert die Betrachtung auf möglichst alle, die das Bauwerk in Zukunft nutzen könnten – auch unter Berücksichtigung weiterer Belange. Im besten Fall erfolgt dabei eine fachkundig begleitete Teilhabe. Im Gegensatz zu inklusiven Projekten sind barrierefreie bauliche Anlagen im Bauordnungsrecht definiert, und seit knapp zehn Jahren (je nach Bundesland) sind die Teile 1 und 2 der DIN-Norm 18040 für barrierefreies Bauen im Wesentlichen eingeführt. Für sehr viele Neu- und Umbauten ist das relevant. Das muss zu Beginn jedes Projekts überprüft werden.

Geht es dabei dann um den Schutzziel-Charakter der DIN 18040?

Genau, sofern ein Bauvorhaben den in der jeweiligen Landesbauordnung zum barrierefreien Bauen aufgelisteten baulichen Anlagen entspricht, muss entweder die DIN 18040–1 für öffentlich zugängliche Bereiche oder die DIN 18040–2 für Wohnbereiche mit den darin formulierten Schutzzielen angewendet werden. Auch dabei gibt es Ausnahmen und Regelungen, die sich laufend verändern, sodass dies bei jedem Bauvorhaben eingeordnet werden muss.

Privatpersonen im klassischen Einfamilienhaussegment sind davon in der Regel nicht betroffen, es sei denn, es gibt andere Gründe, aus denen diese DIN-Anforderungen eingehalten werden müssen wie zum Beispiel zweckgebundene Mittel. Diese privaten Bauprojekte haben im Hinblick auf die Barrierefreiheit den Vorteil, dass diejenigen, die darin leben, meist bekannt sind und ein viel größerer Nutzen entstehen kann, wenn die individuellen Belange statt standardisierter DIN-Anforderungen baulich berücksichtigt werden.

Das heißt, für private Bauherren ist die DIN nur in Bezug auf Fördergelder relevant? Oder auch, wenn jemand beispielsweise eine Handwerksfirma mit dem Bau einer bodengleichen Dusche beauftragt?

Zur ersten Frage: Ja, wer auf die Unterstützung durch Fördergelder beispielsweise der KfW, falls gerade verfügbar, angewiesen ist, muss meist ebenfalls die Schutzziele der DIN 18040 einhalten. Zur zweiten Frage: Wie schon zuvor beschrieben, lassen sich im privaten Umfeld die besten Ergebnisse durch individuelle, an den Bestand und die persönlichen Bedürfnisse angepasste Lösungen erzielen. Handwerksbetriebe müssen grundsätzlich die allgemein anerkannten Regeln der Technik anwenden, und dazu zählen auch eingeführte DIN-Normen. Es können aber auch abweichende vertragliche Vereinbarungen getroffen werden.

Sind auch Bau- oder Gesundheitsämter Ansprechpartner für private Bauherren?

Für Fragen zum barrierefreien Bauen eher nicht – zumindest ist es mir nicht bekannt. Es gibt hilfreiche Beratungsstellen oder Kompetenzzentren, die sogar manchmal Ausstellungsflächen oder Online-Beratungen für Betroffene anbieten. Eine wichtige Ansprechpartnerin, die oft vergessen wird, ist die Pflegekasse. Pflegebedürftige Versicherte und andere erhalten eine Pflegeberatung, in der auch in Bezug auf Umbaumaßnahmen weitere Hinweise gegeben werden können.

Brauche ich eine Architektin nur, wenn eine tragende Wand versetzt werden muss, oder immer, wenn Wände versetzt werden?

Die Kompetenz von Architektinnen und Architekten beschränkt sich nicht auf das Versetzen von Wänden. Sie unterstützen auch zu allen anderen Fragen rund ums Bauen, zur Raumqualität oder dazu, ob ein Bauantrag notwendig sein wird. Sinnvoll ist aus meiner Sicht für alle Beteiligten die Wahl eines Büros, welches aufgrund des Schwerpunkts auf barrierefreies Bauen Praxiserfahrung bietet oder dafür sensibilisiert ist. Auf den Suchportalen einiger Länderarchitektenkammern kann dies über Filter gefunden werden. Zur reinen Überprüfung der Statik bei Eingriffen in die Bausubstanz ist eher das Einbinden von Tragwerksplanungsbüros zielführend.

Angenommen, ich beauftrage ein Architekturbüro mit dem Badumbau, dann erstellt dieses die Ausführungspläne, die Werkpläne aber erstellt der ausführende Fachbetrieb, richtig? Werden diese Werkpläne dann wiederum von dem Architekturbüro geprüft? Ein Schritt, der also entfällt, wenn ein Fachbetrieb direkt beauftragt wird?

Theoretisch kann das so ablaufen. In der Praxis gibt es diverse Möglichkeiten, je nachdem, wie umfangreich der Badumbau oder andere Maßnahmen sein sollen oder wie viele Aufgaben Sie selbst übernehmen können. Üblicherweise wird dieser Vorgang verkürzt. Eine Beratung zu Beginn schafft Klarheit. Sofern Sie genau wissen, was gebraucht wird, können auch Fachbetriebe ohne Einbindung von Architekturbüros von Ihnen beauftragt werden.

Wenn es um Förderanträge oder Zuschüsse geht, müssen Sachverständige oder je nach Programmkriterien andere geforderte fachkundige Personen am Ende bestätigen, dass zum Beispiel die Anforderungen an den barrierefreien Umbau eingehalten wurden.

Wann ist es aus Ihrer Sicht besser, eine Schritt-für-Schritt-Lösung umzusetzen, und wo bieten sich Komplettlösungen an?

Grundsätzlich ist erst einmal wichtig, eine Planung konsequent bis zum Ziel zu durchdenken. Das heißt, wenn ich neu baue oder wenn ich ohnehin saniere, zumindest die geometrischen Flächenbedarfe einzuplanen oder beispielsweise bereits Vorkehrungen, wie Verstärkungen in Trockenbauwänden, zu treffen, um hier später unproblematisch Stützen und Griffe befestigen zu können. Es geht aber auch um das Vorrüsten mit Leerrohren, beispielsweise für elektrische Türantriebe. Schritt-für-Schritt-Lösungen sind auf jeden Fall dort sinnvoll, wo vorausschauend für das Alter mit noch unbekannten Schwierigkeiten mitgedacht wird oder eine möglicherweise fortschreitende Erkrankung die Betroffenen dazu zwingt, sich immer wieder an einen neuen Status anzupassen.

Die Immobilie aufs Alter vorbereiten

Altersgerecht bauen ist auf einen Standard bezogen eine veraltete Bezeichnung. Heute geht es um barrierefreie Gebäude für alle. Und doch sind es gerade die jungen Alten, die sich eine auf das Älterwerden angepasste Immobilie wünschen.

WAS ERFAHRE ICH?

Auch wer jung baut und zunächst vielleicht die Bedürfnisse einer Familie in den Vordergrund stellt, möchte in der Regel im Alter nicht mehr aus dem eigenen Haus ausziehen müssen. Es ist daher ratsam, sich bei der Planung des künftigen Eigenheims auch mit der ferneren Zukunft auseinanderzusetzen. Kein Körper funktioniert mit 70 wie mit 25. Die Treppe in das Obergeschoss, über die man nie groß nachgedacht hat, kann mit der Zeit zu einer großen Mühsal werden. Aber die gute Nachricht ist, dass es für viele Einschränkungen sehr gute Lösungen bei der Gestaltung oder Umgestaltung des Umfeldes gibt. In manchen Fällen gibt es vielleicht nicht die Lösung von der Stange, aber mit Kreativität und fachmännischem Rat gelingen gerade auch individuelle Maßnahmen sicher. Was sollte man bei der Planung besonders im Blick haben?

Typische Einschränkungen

Natürlich lässt sich kaum voraussagen, ob man in Zukunft von Einschränkungen betroffen sein wird und in welcher Form und Schwere solche Einschränkungen auftreten werden. Doch gibt es bei aller Vielfalt und Individualität eine ganze Reihe von typischen Krankheitsbildern und altersbedingten Entwicklungen, die so häufig auftreten, dass man sie im Blick behalten sollte.

EINGESCHRÄNKTE MOTORIK

Ärzte und Ärztinnen empfehlen, so lange wie möglich Sport zu treiben und auf jeden Fall in Bewegung zu bleiben, um typischen motorischen Einschränkungen entgegenzuwirken, denn zum einen nimmt die Körperkraft im Alter ab, zum anderen wird die Körperelastizität geringer und die Bewegungsfähigkeit insgesamt weniger. Das bedeutet nicht nur, dass das Treppensteigen anstrengend wird und unter Umständen gar nicht mehr möglich ist, sondern auch, dass das Bücken oder das Überkopfgreifen immer schwieriger werden kann. Der Radius verkleinert sich, aber durch ein entsprechend angepasstes Umfeld können viele dieser Einschränkungen ausgeglichen werden. Viele Ältere haben Probleme mit dem sogenannten Fußheber, einer Schwächung der Hebemuskulatur des Unterschenkels. Das bedeutet, dass es Schwierigkeiten bereitet, den Fuß überhaupt vom Boden zu lösen oder koordiniert aufzusetzen. Bei einem schlurfenden Schritt kann aber schon eine minimale Schwelle zur Stolperfalle werden.

Neben den Abläufen, die der Gesamtbewegung des Körpers dienen, bereitet häufig auch die Feinmotorik, insbesondere das gezielte Greifen, Schwierigkeiten. Gerade beim Einsatz von Geräten und Hilfsmitteln mit Tasten muss dies unter Umständen berücksichtigt werden.

Oft sind auch das vegetative Nervensystem oder die Herz- und Blutkreislauffunktion angegriffen, sodass Kurzatmigkeit, schnelles Ermüden oder Schwindel den Alltag erschweren. Neben diesen für das Alter typischen „Verschleißerscheinungen" können Krankheiten wie Morbus Parkinson, Multiple Sklerose oder eine Halbseitenlähmung nach einem Schlaganfall auftreten, die starke Auswirkungen auf die Grob- und Feinmotorik haben können.

Allein schon das Abnehmen der Körpergröße kann ab einem gewissen Punkt gewisse Alltagshandlungen erschweren, ebenso wie Koordinationsschwierigkeiten und ein vermindertes Reaktionsvermögen.

EINGESCHRÄNKTE SENSORIK

Neben der Motorik sind auch Beeinträchtigungen der Sensorik, also der **SINNESWAHRNEHMUNG**, im Alter ein zunehmend wichtiges Thema. Kaum jemandem bleibt es erspart, ab Mitte 40 eine Brille tragen zu müssen. Tatsächlich ist zwar Schwerhörigkeit verbreiteter als Kurz- und Weitsichtigkeit, das Hilfsmittel Hörgerät hat sich aber bislang nicht so gut durchsetzen können wie die Brille, die auch als Modeaccessoire akzeptiert wird. Während es bei der Brille allerdings zunächst „nur" um die berühmte Altersweitsichtigkeit geht, können später andere Seheinschränkungen wie Grauer oder Grüner Star oder auch eine Makuladegeneration dazu führen, dass die Sehkraft oder auch das Blickfeld stark eingeschränkt ist. Hinzu kommt häufig eine Überempfindlichkeit gegenüber Blendungen und Reflexionen bei gleichzeitig höherem Lichtbedarf. Aber auch hier kann durch eine gut ausgeleuchtete, blendfreie Umgebung sehr viel bewirkt und eine angenehme Wohnumgebung geschaffen werden. (siehe Fokus zu **LICHT**, Seite 133).

Zu den altersbedingten Sehschwierigkeiten gehören schließlich noch eine verzögerte Hell-Dunkel-Anpassung und eine veränderte Farbwahrnehmung. Auch darauf lässt sich sehr gut mit einer entsprechenden **LICHTPLANUNG** reagieren.

Insbesondere Menschen mit starken **SEHEINSCHRÄNKUNGEN** sind oftmals auf ihre haptische Wahrnehmung angewiesen, wie beispielsweise beim Ertasten der Brailleschrift. Kommt hier eine Einschränkung des Tastsinns hinzu, wird es für die betroffene Person deutlich schwieriger, sich im Alltag allein zurechtzufinden. Sprachassistenten können hier eine gute Unterstützung leisten.

Ebenso wie die eingeschränkte Feinmotorik das Bedienen von Tasten erschweren kann, ist es für ältere Menschen mit oft relativ trockener Haut schwierig, Touch-Oberflächen zu bedienen. Auch das ist bei der Wohnumfeld-Anpassung zu berücksichtigen, und auch hier sind **SPRACHASSISTENTEN** eine gute Alternative.

Lange Zeit standen Menschen mit auditiven, also **HÖR-EINSCHRÄNKUNGEN**, nicht so stark im Fokus des barrierefreien Bauens. Doch auch ihre Anliegen werden immer stärker in die Planung einbezogen, sei es durch das Zwei-Sinne-Prinzip, bei dem dann das auditive Signal durch ein visuelles und/oder ein haptisch wahrnehmbares Signal ergänzt wird, sei es beispielsweise durch die akustische Ertüchtigung des Raums mit entsprechenden Akustik-Platten, die dafür sorgen, dass Stimmen und Geräusche nicht zu einem Klangbrei verschwimmen.

KOGNITIVE EINSCHRÄNKUNGEN / DEMENZ

Mit kognitiven Einschränkungen sind fehlende Fähigkeiten bei der Verarbeitung von Informationen gemeint. Sämtliche Informationen, die das menschliche Gehirn aufnimmt, und dazu gehören auch die Sinneswahrnehmungen, müssen gefiltert, verarbeitet und bewertet werden. Ist diese Fähigkeit gestört, fällt es den Betroffenen beispielsweise schwer, sich zu erinnern, Neues zu lernen oder Schlussfolgerungen zu ziehen. Eine extreme Form dieser Einschränkung ist die Demenz.

So häufig sie im Alter auftritt, ist die Demenzerkrankung in Bezug auf die Anpassung des Wohnraums sehr individuell und lässt sich entsprechend schlecht in Form von Maßnahmenkatalogen verallgemeinern. Zudem reichen gerade innerhalb der eigenen Wohnung in der Regel wenige, einfache Maßnahmen aus, um auf eine **DEMENZ** zu reagieren. Dennoch gibt es ein paar Tipps und Hinweise, die wichtig sind, um demenziell erkrankten Personen, die sehr sensibel auf Veränderungen im Wohnumfeld reagieren, ein sicheres Leben zu Hause zu ermöglichen, ohne sie zu verunsichern. Lesen Sie unseren Fokus zu Anpassungen im Wohnumfeld für Demenzkranke auf Seite 17.

Was ist im Alter besonders wichtig?

Soll das Haus oder die Wohnung an die besonderen Bedürfnisse der zweiten Lebenshälfte angepasst werden, stehen in der Regel das **BADEZIMMER** und der **EINGANGSBEREICH** im Mittelpunkt. Hier können sich Einschränkungen besonders deutlich bemerkbar machen. Wer Mühe hat, die Wohnung zu erreichen oder zu verlassen, wer im intimen Raum Badezimmer nicht mehr eigenständig zurechtkommt, wird dies als gravierende Einschränkung seiner oder ihrer Lebensqualität erfahren!

Bei der Anpassung von Badezimmern und Eingangsbereichen geht es allerdings nicht zwingend um Umbaumaßnahmen, schon gar nicht um die Komplettsanierung des Badezimmers. Häufig sind es zunächst sehr einfache Maßnahmen und Mittel, die zu einer Verbesserung der jeweiligen Situation führen können. Gerade wer zur Miete lebt, muss sich (zumindest zunächst) mit einfachen Lösungen zufriedengeben. Tatsächlich kann schon ein Badewannenbrett mit Drehsitz oder ein Badewannenhaltegriff für einen leichteren Einstieg in die Badewanne sorgen. Haltegriffe an der richtigen Stelle sind generell Gold wert! Auch ein höheres WC erleichtert vielen Menschen die eigenständige Nutzung des Bades. Dabei kann entweder ein neues WC mit größerer Höhe zum Einsatz kommen, das alte (oder ein neues) WC-Becken höher an der Wand befestigt werden oder ein einfacher WC-Aufsatz diese Aufgabe übernehmen.

Da ein wichtiges Thema in Bezug auf das Bad die Bewegungsfreiheit ist, sei es, da beispielsweise ein Rollator genutzt wird oder eben doch eine Pflegeperson gleichzeitig im Bad hantieren muss, steht auch häufig der Austausch der Badewanne gegen eine bodengleiche Dusche auf der Liste der Wohnraumanpassungen. Wird eine neue Dusche ohne Duschtasse eingebaut, wird im Zuge dessen in der Regel auch ein rutschhemmender Bodenbelag verlegt.

Auch der Treppenlift wird oftmals als vergleichsweise einfache Maßnahme gewählt, um weiterhin das obere Geschoss nutzen zu können. Hier allerdings kann es sich durchaus lohnen, mit Fachleuten einmal durchzurechnen, wie teuer eine Homelift-Variante würde und welchen Aufwand der Einbau mit sich bringt. Für Rollstuhlnutzer sind Treppensitzlifte meistens keine Option. Hier stellen eher Treppenplattformlifte eine Alternative dar (siehe Abschnitt „Plattformlifte" auf Seite 76).

Gerade in Mietwohnungen spielt auch der **ZUGANG ZUM BALKON** eine große Rolle. Für das Überwinden der typischen 15-cm-Schwelle gibt es unterschiedliche Möglichkeiten vom Haltegriff über ein preisgünstiges Rampensystem aus Kunststoff bis hin zum bodengleichen Übergang. Der Wunsch, insbesondere in den Sommermonaten, den Freisitz nutzen zu können, hat hier einen hohen Stellenwert.

Es geht also oftmals gar nicht um eine Komplettsanierung, sondern um eine wohldurchdachte, kleinteilige Kombination individueller kleinerer Maßnahmen, bei denen das Badezimmer und die Erschließung als typische Schwerpunkte ausgemacht werden können. Wenn allerdings ohnehin Bad oder Küche modernisiert, eine energetische Sanierung oder eine neue Nutzungsstruktur umgesetzt werden sollte, bieten sich Komplettsanierungen einzelner Räume oder der gesamten Immobilie an.

FOKUS: ANPASSUNGEN FÜR MENSCHEN MIT DEMENZ

Beachtenswertes sichtbar und Gefahrvolles „unsichtbar" machen

Viele Wohnumfeld-Maßnahmen für ältere Menschen mit Demenz unterscheiden sich nicht von denen für andere Ältere. Es gibt aber auch Maßnahmen, die grundlegend verkehrt wären. In jedem Fall müssen alle Maßnahmen mit Vorsicht und Feingefühl umgesetzt werden, denn Experten gehen davon aus, dass bei abnehmenden kognitiven Fähigkeiten der Einfluss der Umwelt auf das Befinden und das Verhalten zunimmt und gerade Menschen mit Demenz in hohem Maß durch **UMWELTBEDINGUNGEN** beeinflussbar sind. Die Anpassung des Wohnumfeldes muss also so gestaltet werden, dass Gefühle wie Angst, Unruhe oder Aggressivität gemildert und stattdessen **ORIENTIERUNG** und Wahrnehmung unterstützt werden. Veränderungen müssen vorsichtig und in kleinen Schritten umgesetzt werden, um die betreffenden Personen nicht zu überfordern.

Grundsätzlich gilt das Prinzip, das sichtbar zu machen, was beachtet werden soll, und aus dem Sichtfeld herauszunehmen, was gefährlich werden kann. Große Maßnahmen sind bei der Wohnungsanpassung oft ohnehin nicht nötig. In der eigenen Wohnung gibt es viele Wege, die stark im Unterbewusstsein verankert sind, und das Vertraute sollte so lange wie möglich erhalten bleiben.

Sinnliche Wahrnehmung

Je stärker die Denkfähigkeit eingeschränkt ist, umso wichtiger wird die Wahrnehmung über das Sehen, Hören, Riechen und Fühlen. Diese anzuregen ist daher sehr wichtig. Das richtige Maß an Stimulation ist sehr individuell. Das Gehirn sollte beschäftigt, aber nicht überreizt werden. Das bedeutet für …

… die Beleuchtung:

→ schattenarm, blendfrei und ohne dunkle Ecken zu erzeugen
→ Wichtiges sichtbar machen, Unwichtiges im Hintergrund lassen (Beispiel: wegen möglicher Weglauftendenzen das Licht an der Wohnungstür herunterdimmen)
→ circadianes Licht, um positiv auf einen gestörten Tag-Nacht-Rhythmus einzuwirken (siehe „Fokus: Licht", Seite 133)

… die Kontraste:

→ Farbkontraste dort, wo etwas sichtbar gemacht werden soll, wie ein farbiger Lichtschalter auf weißem Grund
→ farbig abgesetzte Türrahmen für Türen, die als solche wahrgenommen werden sollen
→ dunkle Streifen auf dem Boden können als Weglaufsperre fungieren

… und die Farben:

→ satte und warme Farben wie Gelb und Orange
→ dunkle Farben wie Schwarz oder Dunkelgrau vermeiden, da sie Ängste auslösen können

Türen unsichtbar machen

Sollen Türen nicht wahrgenommen werden, können sie auch einfach mit einem **VORHANG** verhängt oder mit einer bedruckten **FOLIE** (Motiv „Bücherregal" oder Ähnliches) überklebt werden. Das Türblatt kann auch einfach mit einer **TAPETE** versehen werden, damit die Tür „verschwindet". Aber auch mit dieser Maßnahme muss vorsichtig umgegangen werden, da es Personen gibt, die sich sehr wohl an eine Tür erinnern, die nun nicht mehr da zu sein scheint.

Technische Unterstützung

Bei der Gestaltung des Wohnumfeldes von demenziell Erkrankten geht es darum, möglichst viel Eigenständigkeit der Bewohnenden zu bewahren und ihnen andererseits möglichst viel Sicherheit zu geben. Thermostate als Verbrühschutz an Wasserhähnen, eine automatische Herdabschaltung und ein Überlaufschutz in Waschbecken und an der Badewanne sind nur einige Beispiele.

Viel diskutiert wird unter Fachleuten der Einsatz technischer **ASSISTENZSYSTEME**, mit denen die Personen „überwacht" werden können. Sensoren an der Tür eines Demenzpatienten mit Weglauftendenzen (oder Hinlauftendenzen, wie die Fachleute sagen) klingen nach Überwachung, können aber eine Möglichkeit darstellen, wie sich die erkrankte Person auch außerhalb der Wohnung bewegen kann. Wird die Wohnung verlassen, kann beispielsweise ein Signal auf das Mobiltelefon eines angeschlossenen Pflegedienstes oder eines Angehörigen gegeben werden.

Die eigene Biografie

Bei aller Unterstützung durch Technik und andere Maßnahmen ist gerade für Menschen mit Demenz ein Aspekt bei der Wohnungsanpassung zu beachten: Jeder Mensch hat seine eigene Biografie, seine eigenen Gewohnheiten und sein ganz eigenes **„DAS-KENNE-ICH"**. Das Zuhause ist vertraut und vermittelt Behaglichkeit und emotionale Verbundenheit. Jeder Eingriff in das gewohnte Wohnumfeld sollte sich daher an der Biografie der Demenzerkrankten orientieren. Biografische Aspekte wie Fotos und Relikte aus der Kindheit sollten in die Anpassung einfließen können und Gefühle von Geborgenheit, Sicherheit und Identität vermitteln.

→ Wann müssen welche Vorgaben eingehalten werden?

Wer in seiner eigenen Immobilie Baumaßnahmen vornehmen möchte und nicht auf Fördergelder angewiesen ist, kann im Prinzip machen, was er will. Eine Orientierung an der DIN 18040 ist dennoch sinnvoll.

WAS ERFAHRE ICH?

Rechtliche Grundlagen

Menschen mit einer Behinderung dürfen in unserer Gesellschaft keine Nachteile haben. So steht es im Behindertengleichstellungsgesetz. Das gilt auch für die Zugänglichkeit und Nutzbarkeit von öffentlichen Gebäuden. Weitere Gesetze klären die Rechte und Pflichten zum barrierefreien Umbau in Mietwohnungen und die Umsetzbarkeit von Wohnraumanpassungsmaßnahmen auf Gemeinschaftsflächen einer Wohneigentümergemeinschaft (WEG).

GRUNDGESETZ (GG)

Maßgebliche Grundlage unseres Miteinanders ist das Grundgesetz (GG), in dessen Artikel 3 es heißt: „Niemand darf wegen seines Geschlechtes, seiner Abstammung, seiner Rasse, seiner Sprache, seiner Heimat und Herkunft, seines Glaubens, seiner religiösen oder politischen Anschauungen benachteiligt oder bevorzugt werden. Niemand darf wegen seiner Behinderung benachteiligt werden." Der letzte Satz wurde (erst) 1994 in das Gleichheitsgebot des Grundgesetzes aufgenommen.

BEHINDERTENGLEICHSTELLUNGSGESETZ (BGG)

Auch das Gesetz zur Gleichstellung von Menschen mit Behinderung, kurz BGG, das am 1. Mai 2002 in Kraft getreten ist, soll verhindern, dass Menschen aufgrund ihrer Behinderung Nachteile gegenüber anderen, nicht-behinderten Menschen in der Gesellschaft haben. Dazu gehört auch die Barrierefreiheit (§ 4 BGG). Laut diesem Gesetz sind alle öffentlichen Institutionen dazu verpflichtet, unter anderem bauliche und sonstige Anlagen, also Gebäude, Zugänge, Wege und Plätze barrierefrei zu gestalten. Barrierefrei heißt demnach, dass die Gebäude und ihre Erschließung für Menschen mit Behinderungen in der allgemein üblichen Weise ohne besondere Erschwernis und grundsätzlich ohne fremde Hilfe auffindbar, zugänglich und nutzbar sind. Wenn also beispielsweise in einem Neubau der barrierefreie Zugang nur über einen Nebeneingang hinter dem Gebäude erreichbar ist, ist dies mit einer besonderen Erschwernis für die betroffene Person verbunden und nicht zulässig. Anders ist dies in einem Bestandsgebäude, wo es schon sein kann, dass keine Alternative vorhanden ist und die rollstuhlgerechte Erschließung über den Nebeneingang die einzige Möglichkeit darstellt.

So ist die Gesetzeslage in einem öffentlichen Gebäude. Wie aber sieht es beispielsweise in einem Mehr- oder Einfamilienhaus zur Miete aus?

§ 554 BÜRGERLICHES GESETZBUCH (BGB)

Gibt es gesetzliche Grundlagen, die für Mieterinnen und Mieter relevant sind? Ja, die gibt es: Laut Paragraf 554 BGB ist ein Vermieter verpflichtet, den barrierefreien Umbau eines Mieters zu dulden, wenn zum einen der Mieter ein **BERECHTIGTES INTERESSE** hat und zum anderen der Umbau dem Vermieter zugemutet werden kann. Eine körperliche Einschränkung stellt ein solches berechtigtes Interesse dar. Der Anspruch auf Erteilung der Erlaubnis besteht übrigens auch, wenn nicht der Mieter oder die Mieterin selbst betroffen sind, sondern eine mit im Haushalt lebende Person. Die Kosten für den Umbau muss allerdings der Mieter tragen. Wichtig ist, vor der Maßnahme zu klären, ob der Umbau bei Auszug wieder auf Kosten des Mieters rückgängig gemacht werden muss. Dann nämlich stellt sich die Frage, ob, statt eines Umbaus, ein Umzug in eine barrierefreie Immobilie nicht die günstigere Variante darstellt. Einige Vermieter beteiligen sich allerdings auch an den Kosten oder übernehmen sogar die Maßnahme als Wertsteigerung ihrer Immobilie ganz. Dann allerdings kann dies zu einer Mieterhöhung führen.

WOHNUNGSEIGENTUMSMODERNISIERUNGSGESETZ (WEMOG)

Wer eine Eigentumswohnung in einer Wohneigentümergemeinschaft besitzt, darf innerhalb der Wohnung frei entscheiden, welche Maßnahmen zur Barrierefreiheit durchgeführt werden sollen. Betreffen die Maßnahmen hingegen die **GEMEINSCHAFTSFLÄCHEN**, beispielsweise das Treppenhaus, muss eine Einwilligung der Eigentümergemeinschaft eingeholt werden. Der Eigentümer hat auch hier ein Recht auf den barrierefreien Umbau, sofern für die anderen Miteigentümer keine Nachteile entstehen. So darf beispielsweise ein Treppenlift nicht die Fluchtwege verbauen. Nach Änderung des Wohneigentumsgesetz zum **WOHNUNGSEIGENTUMSMODERNISIERUNGSGESETZ** (WEMoG) werden barrierefreie Um- und Ausbauten jetzt als sogenannte privilegierte Maßnahmen eingestuft. Seit 2021 reicht daher für die Durchsetzung der Umsetzung einer solchen Maßnahme in einer WEG die einfache Mehrheit.

→ Alle öffentlichen Institutionen sind dazu verpflichtet, bauliche und sonstige Anlagen, also Gebäude, Zugänge, Wege und Plätze barrierefrei zu gestalten.

Sofern grundsätzlich ein Anspruch von Mietern auf die Umsetzung barrierereduzierender Maßnahmen besteht, gilt dies für

- → die Schaffung eines ebenerdigen Hauseingangs etwa in Form einer Auffahrtrampe
- → die Beseitigung von Türschwellen bei Nutzung der Wohnung durch einen Rollstuhlfahrer
- → die Verbreiterung der Türen auf Rollstuhlbreite
- → den Umbau eines Badezimmers
- → die Montage von Stützstangen oder Gehhilfen entlang der Wände
- → die Montage beiderseitiger Handläufe im Treppenhaus
- → den Einbau eines Treppenlifts im Treppenhaus

Dieser Anspruch gilt sowohl für den Mieter selbst als auch für andere Personen, die mit in der Wohnung leben.

NEUE EU-NORM DIN EN 17210

Die europäische Barrierefrei-Norm DIN EN 17210 liegt seit August 2021 vor und gibt „Empfehlungen für eine […] barrierefreie gebaute Umwelt, die eine gleichberechtigte und sichere Nutzung durch einen großen Nutzerkreis, auch durch Menschen mit Behinderungen, ermöglicht". Sie ist vorgesehen als Grundlage zur Überarbeitung der nationalen, also in unserem Fall der deutschen Normenreihe 18040 1–3. Die europäische Norm liefert Ziele, Mindestanforderungen und Empfehlungen gemäß dem **DESIGN FOR ALL**. Da sie aber keine konkreten Vorgaben zur Umsetzung macht, wird sie die deutsche Normenreihe vermutlich nicht komplett ablösen. Zurzeit ist beabsichtigt, dass die Neufassung der DIN 18040 im Februar 2024 vorliegen soll.

Technisch-rechtliche Vorgaben

Im Mittelpunkt des barrierefreien Bauens steht die DIN 18040. Doch auch andere rechtliche und technische Verordnungen dienen als Maßstab oder teilweise als zwingende Richtlinie. Wir haben die wichtigsten technisch-rechtlichen Regelungen für Sie zusammengetragen.

DIE DIN 18040 UND DIE LANDESBAUORDNUNGEN

Die DIN 18040 ist die Norm für Barrierefreiheit, sowohl in öffentlichen Gebäuden (Teil 1) als auch im Wohnungsbau (Teil 2). Ein wesentliches Merkmal der DIN 18040 ist, dass sie gegenüber ihren Vorgängerinnen, insbesondere bei Umbaumaßnahmen im Bestand, deutlich mehr Spielraum bei der Umsetzung lässt. Das entscheidende Stichwort lautet hier **SCHUTZZIELE**. Im Vordergrund steht dabei die Funktionsanforderung, also das Ziel, das mit der Maßnahme erreicht werden soll. Ein solches Ziel könnte beispielsweise sein, dass Türen leicht zu öffnen und zu schließen sein müssen. Dabei gibt es teilweise zwingende Vorgaben, teilweise auch nur Empfehlungen. Die konkrete Ausführung ist dann als Lösungsbeispiel zu verstehen, sodass es immer zulässig ist, dieses Ziel auch auf anderem Weg zu erreichen. Den Planenden und den Bauherren stehen somit deutlich mehr Möglichkeiten zur Verfügung, diese zu erreichen. Man könnte sogar sagen, das kreative Ausschöpfen der Möglichkeiten steht im Vordergrund. Die DIN definiert weniger konkrete Vorgaben zur Umsetzung, sondern beschreibt Eigenschaften beispielsweise eines Raumes oder eines Bereiches, die dann im Ergebnis nachzuweisen sind.

Relevant für den Status der Barrierefreiheit ist die DIN 18040 in Verbindung mit der jeweiligen Landesbauordnung. Die DIN stellt dabei eine Handlungsempfehlung dar, die allerdings eingehalten werden muss, wenn bestimmte Fördergelder in Anspruch genommen werden. Verpflichtend sind hingegen die Vorgaben der **LANDESBAUORDNUNGEN**, in die in unterschiedlichem Maß die Vorgaben der DIN eingeflossen sind. Hierin sind die jeweiligen Mindeststandards zum barrierefreien Bauen für jedes Bundesland festgeschrieben. In jedem Fall sollten sich Bauherren vor Baubeginn informieren, wie die Vorgaben in ihrem Bundesland konkret lauten. Auch zu der Frage, ob für die jeweilige Baumaßnahme ein Bauantrag gestellt werden muss, kann das zuständige Bauamt oder eine Wohnberatungsstelle Auskunft geben.

MUSTERBAUORDNUNG

Auch in der Musterbauordnung ist unter § 2 Nr. 9 (Begriffe) die Barrierefreiheit zu finden. Wie im Gleichstellungsgesetz heißt es auch hier: „Barrierefrei sind bauliche Anlagen, soweit sie für Menschen mit Behinderung in der allgemein üblichen Weise, ohne besondere Erschwernis und grundsätzlich ohne fremde Hilfe zugänglich und nutzbar sind." Dadurch stellt der Gesetzgeber sicher, dass die Definition der Barrierefreiheit nicht abweicht vom § 4 des Behindertengleichstellungsgesetzes. Im § 50 „Barrierefreies Bauen" Absatz 1 sind dann konkretere Vorgaben zu finden. So müssen in einem Haus mit mehr als zwei Wohnungen die Wohnungen mindestens einer Etage barrierefrei erreichbar sein. In diesen Wohnungen müssen Wohn- und Schlafräume, eine Toilette, ein Bad sowie die Küche oder die Kochnische barrierefrei sein. Die Musterbauordnung fungiert quasi als Blaupause für die Bauordnungen der einzelnen Bundesländer (LBO).

TECHNISCHE RICHTLINIEN

Speziell für das **KFW-PROGRAMM** „Altersgerecht umbauen" (Programm 159, siehe Seite 187) wurden bauliche Standards als technische Mindestanforderungen für den altersgerechten Umbau im Bestand definiert. Die Idee dahinter war, die dringend notwendige Anpassung des Wohnungsbestandes zu erleichtern. Die Technische Richtlinie bietet die Chance, dort, wo sich Barrieren nicht umfassend abbauen lassen, diese dennoch zu reduzieren. Bauherren soll auf diesem Weg ein finanzieller Anreiz geboten werden, die dringend notwendigen Anpassungsmaßnahmen anzugehen. Praxisnah können, dank der Richtlinien, innerhalb von sieben Förderbereichen Anpassungsmaßnahmen vorgenommen werden. Dies sind die folgenden Bereiche:

- → Wege zu Gebäuden
- → Eingangsbereich und Wohnungszugang
- → die vertikale Erschließung, also Rampen, Lifte und Hebebühnen zur Überwindung unterschiedlicher Niveaus
- → die Anpassung der Raumgeometrie, also des Grundrisses, um Bewegungsflächen in ausreichender Größe herzustellen
- → Maßnahmen an Sanitärräumen
- → Maßnahmen zur Orientierung, zur Kommunikation sowie Unterstützung im Alltag wie das Anbringen von Bedienelementen, Stütz- und Haltesystemen
- → die Herstellung und Anpassung von Gemeinschaftsflächen und Mehrgenerationenwohnen

Barrierefrei zu bauen heißt, für alle zu bauen, auch für Menschen mit motorischen, visuellen und auditiven sowie kognitiven Einschränkungen.

Die Installation eines Außenaufzugs kann eine sinnvolle Investition zur barrierefreien Erschließung sein. Wohnungseigentümer stimmen dazu in ihren Eigentümergemeinschaften ab.

Fördervorgaben

Sobald Fördergelder in Anspruch genommen werden, müssen Sie sich an die jeweiligen Fördervorgaben halten. Hierbei handelt es sich in der Regel um die Vorgaben der DIN 18040 Teil 2. Zumindest aber orientieren sich die Förderbedingungen an der DIN. Im Fall der KfW-Förderung „Altersgerecht umbauen" greifen die sogenannten Technischen Richtlinien. Auch die Pflegekasse, auf deren Zuschuss jede Person mit einem Pflegegrad ein Anrecht hat, bezieht sich auf die DIN 18040.

Etwas spezieller sieht es mit den Vorgaben der **LÄNDERFÖRDERUNGEN** aus. Auch diese beziehen sich in der Regel auf die DIN. Darüber hinaus kann es je nach Bundesland besondere Vorgaben geben, ohne die kein Anrecht auf Förderung besteht.

Lesen Sie mehr zu den verschiedenen Förderbedingungen im Kapitel „Wie lassen sich die Kosten stemmen?" ab Seite 185.

Falls Sie sich gegen die Inanspruchnahme einer Förderung entscheiden und Ihre Umbaumaßnahme beispielsweise mit einem zweckungebundenen Darlehen bestreiten wollen, müssen Sie sich nicht an die Vorgaben halten. Wenn Sie sich allerdings über die Vorgaben der DIN hinwegsetzen, müssen Sie wissen, dass Ihre Immobilie nun unter Umständen nicht dem Standard „barrierefrei" entspricht.

Regelungen im Mehrfamilienhaus

Als Mieter oder Mieterin einer Wohnung oder eines Hauses, aber auch als Wohnungseigentümerin in einer WEG sind Sie von anderen abhängig – im Mietverhältnis von Ihrem Vermieter, im Wohneigentum von den anderen Eigentümern. Zwei Gesetze, auf die bereits auf Seite 19 eingegangen wurde, können Sie dabei in Ihrem Anliegen unterstützen: der Paragraf 554 des Bürgerlichen Gesetzbuch (BGB) und das Wohnungseigentumsmodernisierungsgesetz (WEMoG).

Während innerhalb der Wohnung zwei genormte Standards der DIN 18040 gelten, nämlich mit einem R für die uneingeschränkte Nutzung mit dem Rollstuhl und ohne, gilt außerhalb der Wohnung, also im Treppenhaus, im Aufzug, bei der Zuwegung, in Bezug auf Türbreiten immer die Vorgabe R mit entspre-

WAS STEHT MIR ALS MIETER ZU?

Grundsätzlich hat jeder Mieter ein Recht auf eine barrierefreie Wohnraumanpassung nach Paragraf 554 BGB. Ein wichtiges Stichwort dieses Paragrafen ist das **„BERECHTIGTE INTERESSE"**, das für eine solche Maßnahme vorliegen muss. Dieses besteht, wenn die betroffene Person durch Krankheit, Unfall oder Alter eingeschränkt ist, und gilt nicht nur für den Mieter, der den Mietvertrag unterschrieben hat, sondern für alle in der Wohnung oder dem Haus lebenden Personen.

Dass man dieses Anrecht hat, befreit allerdings nicht davon, dass immer zunächst eine schriftliche **EINWILLIGUNG** des Vermieters eingeholt werden muss. Der wiederum hat das Recht, die Einwilligung zu verweigern, wenn eigene Interessen dadurch gefährdet sind. Das ist beispielsweise der Fall, wenn die Interessen der anderen Bewohner gefährdet sind, weil vielleicht durch einen Treppenlift die Handläufe nicht mehr sicher erreicht werden können oder der Wert des Hauses durch den Eingriff sinkt. Letzteres ist allerdings selten der Fall – im Gegenteil. Im Normalfall steigt der Wert der Immobilie durch einen barrierefreien Umbau.

→ Wenn der Maßnahme zugestimmt wurde, müssen die Konditionen unbedingt schriftlich in einer **VEREINBARUNG** fixiert werden. Denn neben der Grundsatzentscheidung geht es auch um die Kostenübernahme und um eine Regelung für das Ende des Mietverhältnisses. Achtung: Wenn der Vermieter von Anfang an darauf besteht, dass Sie die Maßnahme am Ende zurückbauen müssen, sollten Sie lieber über einen Umzug in eine barrierefreie Wohnung nachdenken, denn ansonsten zahlen Sie das Doppelte: für den Ein- oder Umbau und am Ende für den Rückbau. Einige Vermieter erheben daher eine Sonderkaution zusätzlich zur ohnehin gezahlten Kaution für einen möglichen Rückbau.

→ Wer die Maßnahme als **SELBSTZAHLER** übernimmt, hat den Vorteil, dass er auch selbst über die diversen technischen und gestalterischen Fragen entscheidet. In diesem Fall ist es allerdings möglich, dass der Vermieter auf sein Recht besteht, die Maßnahme mit dem Ende des Mietvertrags zurückbauen zu lassen. Es kann aber ebenso gut alles ganz problemlos ablaufen, und der Vermieter zahlt dem Mieter bei Auszug den Zeitwert des Umbaus.

→ Wenn hingegen der Vermieter für die Baumaßnahme aufkommt, führt er diese durch und trifft alle maßgeblichen Entscheidungen. Die Investition wird er vermutlich als **UMLAGE** für Modernisierungsmaßnahmen behandeln und die Miete erhöhen.

→ Für den Einbau von **HALTEGRIFFEN** oder einer **TOILETTENERHÖHUNG**, der jederzeit wieder rückgängig gemacht werden kann, brauchen Sie keine Genehmigung Ihres Vermieters. Leitungen und Anschlüsse hingegen dürfen Sie nicht ohne Weiteres verlegen lassen.

→ Wenn Ihnen eine barrierefreie Wohnung zur Miete angeboten wird, muss diese den Vorgaben der **DIN 18040 TEIL 2** entsprechen und somit sämtliche Durchgangsbreiten, Bewegungsflächen und Mittel zur Gewährleistung der Barrierefreiheit bieten.

→ Mit Einführung von **§ 554A BGB** Barrierefreiheit (jetzt §554 BGB, Anmerkung der Red) berücksichtigt der Gesetzgeber, dass viele Menschen nur durch einen behindertengerechten Umbau ihrer Wohnung oder des Treppenhauses in ihrem gewohnten Umfeld weiter leben können. Als Vorlage diente die „Treppenliftentscheidung" des Bundesverfassungsgerichtes aus dem Jahr 2000.

→ Der Begriff **BEHINDERUNG** richtet sich nicht nur allein nach der Definition des Schwerbehindertengesetzes. Inbegriffen ist auch die wachsende Gruppe der älteren Menschen. Unerheblich ist der Zeitpunkt des erstmaligen Auftretens der Behinderung oder ein Eigenverschulden des Mieters.

chend breiteren Türen, größeren Bewegungsflächen oder der Benutzbarkeit von Bedienelementen. Ein wichtiger Begriff ist in diesem Zusammenhang die unter Punkt 4.1 der DIN 18040-2 aufgeführte Infrastruktur.

→ Als Mieter oder Mieterin einer Wohnung oder eines Hauses, aber auch als Wohnungseigentümerin in einer WEG sind Sie von anderen abhängig.

Gemeint sind hiermit Flächen, Bauteile, Bedienelemente und andere bauliche und technische Gegebenheiten eines Gebäudes mit seinen dazugehörigen Außenanlagen. Konkret geht es immer um den Weg zwischen öffentlicher Verkehrsfläche bis zur Wohnungstür der barrierefreien Wohnungen.

Was ist also gemeint mit der unter Punkt 4.1 der DIN 18040-2 aufgeführten Infrastruktur? Es geht hierbei um:

- → Verkehrs- und Bewegungsflächen auf dem Grundstück
- → Pkw-Stellplätze
- → Zugangs- und Eingangsbereiche des Gebäudes
- → Flure, Treppen, Rampen und Aufzüge
- → Bauteile wie Türen
- → Bedienelemente wie Taster und Türklinken
- → Ausstattungselemente, Kommunikationsanlagen

RECHT AUF BARRIEREFREIE SANIERUNG

Seit 2001 haben **PFLEGEBEDÜRFTIGE** und ältere Mieterinnen und Mieter das Recht auf eine barrierefreie Sanierung. Dazu gehören beispielsweise Anpassungsmaßnahmen im Bad oder in der Küche sowie der Einbau eines Treppenliftes. Wenn sich Mieter und Vermieter darauf einigen, dass der Vermieter die Kosten übernimmt, der Mieter sich aber mit dem Pflegekostenzuschuss beteiligen möchte, ist dies nur durch eine interne Regelung möglich, beispielsweise wenn die zuschussberechtigte Person auf dem Antrag die Kontoverbindung des Vermieters angibt.

ANLAUFSTELLEN FÜR MIETER

Alle aufgeführten kommunalen und gewerblichen Wohnberatungsstellen sind auch Anlaufstellen für Menschen, die in einem Haus oder einer Wohnung zur Miete wohnen. Darüber hinaus ist der Mieterbund eine gute Adresse, wenn es um rechtliche Fragen zur barrierefreien Wohnraumanpassung geht. Entscheidend ist, welche Möglichkeiten für Menschen in Mietverhältnissen bestehen und wie sie diese einfordern können.

ERLEICHTERUNG FÜR WOHNUNGSEIGENTÜMER

Im Dezember 2020 wurde das Wohnungseigentumsgesetz (WEG) durch das Wohnungseigentumsmodernisierungsgesetz (WEMoG) geändert. Interessant ist daran, dass barrierefreie Um- und Ausbauten mit dieser Änderung, wie auch die energetische Sanierung oder der Einbau von Ladesäulen am Haus, als privilegierte Maßnahmen eingestuft wurden. Um diese umzusetzen, reicht nun daher in einer WEG die einfache Mehrheit. Bislang mussten alle Mitglieder der Maßnahme zustimmen. Das ist nun nicht mehr notwendig. Wenn allerdings eine 2/3-Mehrheit nicht erreicht wird, tragen im Prinzip nur die Mitglieder, die dafür gestimmt haben, die Kosten. Stimmt jedoch beispielsweise die Eigentümerpartei aus dem DG dagegen, hat aber den größten Nutzen, gilt dies als nicht angemessen, und auch diese Partei müsste sich an den Kosten beteiligen.

INTERVIEW MIT ERIK UWE AMAYA

→ Barrierefreiheit im Wohneigentum: In den eigenen vier Wänden lassen sich Umbaumaßnahmen problemlos umsetzen. Wie verhält es sich in Wohnungseigentümergemeinschaften?

Erik Uwe Amaya ist Volljurist und Verbandsdirektor des Landesverbandes Haus & Grund Rheinland Westfalen. Haus & Grund schützt und fördert gemeinschaftlich das private Haus-, Wohnungs- und Grundeigentum in Deutschland. Der Verband ist dabei als Vermietervertreter mittelbar auch mit Mieter-Anliegen befasst.

Wer kommt in Bezug auf barrierefreies Umbauen mit welchem Anliegen zu Haus & Grund? Mieter wegen einer barrierefreien Dusche oder eher Vermieter, an die dieses Anliegen herangetragen wurde? Was ist mit Wohnungseigentümergemeinschaften (WEG)?

Die Mitglieder von Haus & Grund sind selbstnutzende Eigentümer und überwiegend zugleich Vermieter von bis zu sechs Wohneinheiten. Wir vertreten also die Vermieterseite, haben aber dennoch mittelbar mit den Anliegen der jeweiligen Mieter zu tun. Streitigkeiten oder Uneinigkeiten in WEG sind dabei relativ häufig Thema. Interessant ist dazu die Änderung des Wohnungseigentumsgesetzes (Anm. d. Red.: siehe auch den Abschnitt „Erleichterung für Wohnungseigentümer" links).

Geht es für gewöhnlich in Ihren Beratungsgesprächen um technische oder rechtliche Fragen?

Um beides, wobei Haus & Grund in erster Linie Rechtsberatung rund um die Immobilie anbietet. Technische Fragen geben wir an unsere örtlichen Kooperationspartner oder an Architektur- und Ingenieurbüros weiter. Wobei wir ausschließlich außergerichtliche Rechtsberatung leisten. Die gerichtliche Vertretung ist nur über Rechtsanwälte möglich. Die Beratung ist über den Mitgliedsbeitrag abgedeckt, und die Anzahl der Anfragen pro Jahr ist nicht begrenzt. Es gibt allerdings Kosten, wie beispielsweise Gebühren für bestimmte Schriftstücke, die in einigen Ortsvereinen zusätzlich erhoben werden.

Mit welchen typischen Themen und Fragen kommen die Menschen zu Ihnen?

Klassiker in der Rechtsberatung sind die Betriebskostenabrechnungen, Schimmel in den Wohnungen oder ausgebliebene Mietzahlungen. Aber auch Probleme mit den Verwaltern, die Erneuerung der Heizungsanlage, Fensteraustausch oder Hauszugänge und Badezimmer sind Thema. Der Einbau eines Treppen- oder Homelifts im gemeinsamen Treppenhaus kommt ebenfalls vor.

2

Bevor Sie mit der Planung für Ihr zukünftig barrierefreies Umfeld beginnen, müssen Sie herausfinden, was Ihnen wirklich helfen würde. Das ist gar nicht so einfach, kann aber richtig Spaß machen!

→ **Was brauchen Sie?** Wie müsste Ihr Umfeld gestaltet sein, damit es sich gut für Sie darin leben lässt? Um das herauszufinden, kann es helfen, die bestehende Situation vom Quartier über das eigene Grundstück bis hin zum Wohnungsgrundriss genau unter die Lupe zu nehmen.

WAS ERFAHRE ICH?

Alt werden ist kein Manko – verzichten Sie nicht aus falschem Stolz auf Annehmlichkeiten! Es geht um Ihren persönlichen Wohnkomfort und Ihre **LEBENSQUALITÄT**. Also fragen Sie sich: Wie kann ich mir das Leben leichter und schöner machen und dabei so lange wie möglich meine Selbstständigkeit in den eigenen vier Wänden bewahren?

Im Mittelpunkt steht Ihre persönliche Situation, sowohl in Bezug auf den Wohnraum, also Ihr Haus oder Ihre Wohnung, als auch in Bezug auf Ihre Gesundheit und Ihre körperlichen Fähigkeiten. Angefangen mit dem weiteren Umfeld bis hin zur Größe des Hauses beziehungsweise einzelner Räume gibt es dabei zahlreiche Faktoren, die Einfluss auf Ihr persönliches Wohlbefinden und Ihre Bewegungsfreiheit nehmen können.

Grundsätzlich gilt: Jede abgebaute Barriere ist ein Gewinn! Die in der DIN 18040 vorgegebenen Maße und Anforderungen beruhen auf sorgfältiger Prüfung und Erfahrungswerten, und es ist sinnvoll, sie zu berücksichtigen, wenn das möglich ist (siehe „Wann müssen welche Vorgaben eingehalten werden?", Seite 18). Lassen Sie sich aber von den Vorgaben nicht einschüchtern. Kann durch eine Umbaumaßnahme beispielsweise eine zusätzliche Bewegungsfläche von 1,30 Meter x 1,30 Meter geschaffen werden, stellt dies einen enormen Zugewinn für eine Person im Rollstuhl oder mit zwei Gehhilfen dar, auch wenn die DIN 18040 eigentlich eine Fläche von 1,40 Meter x 1,40 Meter vorgibt.

Bei einem Neubau sollten Sie allerdings immer versuchen, die jeweiligen Maßnahmen zur Barrierefreiheit tatsächlich der DIN entsprechend umzusetzen. Dies erhöht den Wert Ihrer Immobilie und lässt sich in der Regel ohne Probleme und mit nur geringem finanziellen Mehraufwand von etwa drei Prozent umsetzen.

Wesentlich sollte für Sie sein, wie Ihre Wünsche konkret aussehen. Was müsste passieren, um Ihr Umfeld, also Ihre Wohnung oder Ihr Haus, optimal an Sie und Ihre Bedürfnisse anzupassen und Ihnen so einen komfortableren Alltag zu bescheren? Oder haben Sie sogar die Chance, mit einem Neubau von Anfang an „alles" richtig zu machen? Lassen Sie uns gemeinsam Ihren Bedarf ermitteln!

Das Umfeld

Gemäß einem bekannten Bonmot, das dem Hotelmogul Conrad Hilton zugeschrieben wird, sind die drei wichtigsten Erfolgsfaktoren einer Immobilie „erstens: die Lage, zweitens: die Lage, und drittens: die Lage". In der Tat: Die Lage einer Immobilie hat großen Einfluss auf ihren Preis. Dabei kann es um traumhafte Ausblicke gehen, die Nähe zur Innenstadt oder eine gute Verkehrsanbindung. Wer neu baut, beginnt in der Regel mit der Grundstückssuche und wird dieses intensiv prüfen und dabei auch die Anbindung an die städtische Infrastruktur und die Einbindung in die Nachbarschaft unter die Lupe nehmen. Aber auch im Bestand lohnt sich der prüfende Blick auf die Ist-Situation mit der Perspektive auf eine möglichst lang angelegte Selbstständigkeit zu Hause.

Die meisten Menschen haben den Wunsch, gerade im Alter, wenn ohnehin alles etwas beschwerlicher wird, **IM VERTRAUTEN UMFELD** wohnen bleiben zu können. Egal, ob es um den Umbau der eigenen Immobilie geht oder den Bau eines neuen Hauses: Beziehen Sie auf jeden Fall die Lage des Grundstücks von Anfang an in Ihre Überlegungen ein. Das komfortabelste Gebäude ist langfristig nicht viel wert, wenn Sie weder Einkaufsmöglichkeiten noch öffentliche Verkehrsmittel in der Nähe finden. Natürlich unterscheiden sich auch hier die individuellen Wünsche, Bedürfnisse und Schwerpunkte. Umso wichtiger ist es, hier einmal sehr genau hinzuschauen: Was haben Sie an diesem **STANDORT**, und nutzen Sie es auch? Was fehlt Ihnen eventuell schon jetzt? Und werden Sie auch langfristig gut versorgt sein?

EINBINDUNG UND ANBINDUNG

Wer noch gut zu Fuß ist und auch das Fahrrad oder das Auto gerne für den Einkauf nutzt, kann sich vielleicht noch gar nicht hineindenken in die Situation, auf eine fußläufige Versorgung oder wenigstens eine gute Anbindung an öffentliche Verkehrsmittel angewiesen zu sein. Tatsache ist allerdings, dass im Alter der Bewegungsradius kleiner wird. Außerdem erfüllen gerade Aktivitäten wie das Einkaufen neben der eigenständigen Versorgung auch eine wichtige soziale Funktion: Man kommt „unter die Leute", kann ein zwangloses Gespräch führen, trifft Nachbarn. Auch Ärzte und eine Apotheke sollten möglichst selbstständig aufgesucht werden können. Wie weit ist es also bis zum nächsten Bäcker, Supermarkt oder eben zur Bushaltestelle? Machen Sie den Check!

Sehr unterschiedlich und schwer zu kategorisieren ist die Qualität der Nachbarschaft. Es gibt angenehme und unangenehme Nachbarschaften, ein unterstützendes Umfeld und Nachbarn, die gar nichts voneinander wissen (wollen), egal ob Sie in einer Mietwohnung, einem Reihenhaus oder einer Eigentumswohnung leben. Eine funktionierende Nachbarschaft mit einem gewissen Maß des Gebens und Nehmens, egal ob es um das Ausleihen von Milch und Mehl oder den Austausch von „Dienstleistungen" wie Rasenmähen, Einkaufen oder gelegentliche gegenseitige Kinderbetreuung geht, ist Gold wert. Wer in einem solchen sozialen Umfeld wohnt, wird dieses sicher nicht aufgeben wollen. Wer in seinem Wohnumfeld unzufrieden ist, denkt eventuell doch über einen Umzug nach, beispielsweise in ein Generationenwohnprojekt, das bewusst diese sogenannten „verbindlichen Nachbarschaften" in den Fokus stellt. Innovative Konzepte wie Quartiersmodelle mit verbindlichen

ERLEICHTERUNGEN FÜR DIE PFLEGENDEN

Denken Sie bei der Planung auch an die Pflegenden! In welchem Raum oder bei welcher Tätigkeit wird Hilfe benötigt, und hat diese Person auch genug **BEWEGUNGSFREIRAUM**, wie beispielsweise im Bad oder am Bett? Auch bei der Planung einer Rampe ist wichtig zu bedenken, wie kräftig die Person ist, die gegebenenfalls den Partner oder die Partnerin auf der Rampe im Rollstuhl schieben muss. Entsprechend muss das **GEFÄLLE** angepasst sein.

Nachbarschaften sind eine tolle Option, um so lange wie möglich selbstständig zu Hause wohnen bleiben zu können. Ein überschaubares Wohnumfeld, das über ein hinreichendes Infrastrukturangebot verfügt, gibt Sicherheit und hat das Potenzial, auch auf lange Sicht ein Wohnen in den eigenen vier Wänden zu gewährleisten. Ein **QUARTIER**, in dem Sie in Ihrer Wohnung betreut werden können, Ihre Nachbarn kennen, kleinräumige Vernetzungsstrukturen und vielleicht auch eine städtebauliche Umgebung mit einer Art „Dorfkern" vorfinden, in dem Sie sich sicher bewegen, kann eine echte Alternative zur stationären Unterbringung in einem Heim sein.

Langfristig angelegte und zumindest teilweise von professioneller Seite initiierte Projekte nutzen dabei übrigens die Vernetzung verschiedenster Akteure. Fachleute sprechen vom sogenannten **WELFARE-MIX**, wenn es um eine Mischung aus professionellen Dienstleistern, Angehörigen, freiwillig Engagierten und einer aktiven Nachbarschaft geht.

Toll ist, wenn die Wohnquartiere so angelegt sind, dass es sowohl auf Gemeinschaft ausgelegte Räume gibt, wie ein Quartiersforum oder ein **NACHBARSCHAFTSCAFÉ**, als auch Platz für zufällige Begegnungen, etwa vor den Briefkästen oder am Fahrradstand mit einer zusätzlichen Fläche für Reparaturen. Manche Projekte arbeiten mit einem sogenannten Quartiersmanagement, das eine wichtige Anlaufstelle für alle Bewohnerinnen und Bewohner darstellen kann. Wer sich auf die Suche nach einem solchen Projekt macht, sollte darauf achten, dass im Quartier ein gewisser Wohnungsmix, also unterschiedlich große Wohnungen und eventuell auch kleine Gewerbeeinheiten angeboten werden, denn das sorgt für eine vielfältige Nachbarschaft. Eine gute Anlaufstelle sowohl für allgemeine Tipps als auch für Informationen zu konkreten Projekten bieten zum Beispiel das Wohnprojekte-Portal der Stiftung trias, das NIEDERSACHSENBÜRO Neues Wohnen im Alter oder auch das FORUM Gemeinschaftliches Wohnen e. V.

WUNSCHLISTE WOHNUMFELD

Überprüfen Sie, welche Angebote Sie sich in Ihrer Nachbarschaft wünschen und welche dieser Angebote in fußläufiger Entfernung erreichbar sind.

Angebote	ja	Entfernung	nein
Supermarkt			
Bäcker			
Weitere Einkaufsmöglichkeiten			
ÖPNV-Haltestelle			
Arzt			
Apotheke			
Pflegedienst			
Park / Grünanlage			
Nachbarschaftstreff			
Freizeitangebote, z. B. Schwimmbad			
Kulturangebote, z. B. Kino, Theater			
Barrierefreies Wegenetz			

Das Grundstück

Der Grundstücks-Check ist in erster Linie für Bauherrinnen und Bauherren interessant, die neu bauen wollen, sei es das Familienhaus, das von Anfang an barrierefrei geplant werden soll, oder das neue Heim für die zweite Lebenshälfte, in dem die Barrierefreiheit vielleicht schon eine konkretere Rolle spielt. Letzteres wird oftmals auch auf demselbenGrundstück geplant, auf dem das alte Haus steht, das nun von den Kindern übernommen wird. Dann wird beispielsweise interessant, wie das Haus auf dem Grundstück ideal ausgerichtet werden kann.

TOPOGRAFIE

Topografie und Zuschnitt sind das, was ein Grundstück – neben seiner Lage – ausmachen. Insbesondere Grundstücke mit stärkerem Gefälle stellen hier eine Besonderheit und unter Umständen für die Zuwegung mit einem Rollstuhl oder einem Rollator eine Schwierigkeit dar. Aber keine Sorge: Selbst für Häuser auf **HANGGRUNDSTÜCKEN** lassen sich Lösungen finden, um auch bei eingeschränkter Mobilität die Bewegungsfreiheit zu erhalten. Gerade wenn es möglich ist, das Haus mit einem Lift nachzurüsten und so auch die untere Etage und vor allen Dingen den Garten zu erreichen, bieten sich hier spannende Möglichkeiten – in der Regel mit einem schönen Blick in die Ferne. Nicht zuletzt könnte man Ober- und Untergeschoss getrennt nutzen, sodass die obere Etage mit einem schönen Freisitz barrierefrei selbst bewohnt und die untere als Einliegerwohnung vermietet werden kann.

ZUSCHNITT UND GRÖSSE

Der Zuschnitt des Grundstücks hat Einfluss darauf, wie flexibel das Haus auf diesem ausgerichtet werden kann und welche Fläche als Grundfläche des Hauses möglich ist. Im Hinblick auf eine barrierefreie und vor allen Dingen rollstuhlgerechte Planung bieten sich **BUNGALOW-LÖSUNGEN** an, bei denen alle Räume auf der Erdgeschossebene untergebracht sind. Je nach Bebauungsplan kann zusätzlich ein weiteres Geschoss als separate Wohneinheit geplant werden. Je schmaler das Grundstück, desto geringer die Wahlmöglichkeiten bei der Platzierung des Hauses und seiner Erschließung. Je größer das Grundstück ist, umso größer sind auch die Möglichkeiten für Grundrisse mit viel Bewegungsfreiheit und der Nutzung aller Räume auf einer Ebene. Auf kleinen Grundstücken sollte das Haus daher möglichst ebenerdig erschlossen werden, da der Platz für eine Rampe vermutlich nicht gegeben ist. Alternativ könnte der Höhenunterschied auch mit einem Hublift überwunden werden.

TOPOGRAFIE BEACHTEN

Wer ein neues Grundstück sucht, um hier ein barrierefreies oder sogar rollstuhlgerechtes Haus neu zu bauen, sollte bedenken, dass häufig unterschätzt wird, wie flach die für Rampen vorgegebene **STEIGUNG** von maximal sechs Prozent tatsächlich ist. Ist eine Rampe mit moderater Steigung gewünscht, kann eine entsprechende Zuwegung sehr lang werden. Auch dafür müssen der Platz auf dem Grundstück und später, im Gebrauch, die Kraft der sie nutzenden Person vorhanden sein.

Das Haus

So wichtig die Lage und das Grundstück für ein barrierefreies Leben sind und so wenig diese Aspekte unterschätzt werden dürfen, so muss natürlich auch im Haus der Alltag so angenehm und komfortabel wie möglich gemeistert werden können. Dabei spielen Größe und Form des Hauses, also beispielsweise ob es sich um einen Bungalow handelt oder ob die Wohnung im Erd- oder im Obergeschoss liegt, eine wesentliche Rolle. Auch die Frage, welche Räume auf einer Ebene liegen und wie diese erreicht werden können, ist entscheidend. Wichtig ist, dass Sie bei all den Fragen, gerade

SPEZIALFALL TINY HOUSE

Die meisten Menschen bauen nur einmal im Leben. Aber wenn die Kinder aus dem Haus sind, könnte auch ein kleinerer, barrierefreier Neubau eine Alternative sein. Vielleicht möchten Sie sich mit einem Tiny House räumlich verkleinern? Wäre es eine Alternative, das eigene Haus den Kindern und Enkeln zu überlassen und auf dem eigenen Grundstück einen barrierefreien Alterswohnsitz zu bauen? Könnte es ein Anreiz sein, Ballast abzuwerfen und mit dem Haus auch die Aufgaben in puncto Reinigung und Wartung zu reduzieren?

wenn Sie Ihren schon lange von Ihnen bewohnten und geliebten Bestand unter die Lupe nehmen, ehrlich mit sich sind. Erfüllt Ihr Haus wirklich noch Ihre Wünsche und Bedürfnisse, oder wo müsste es doch lieber angepasst werden?

DIE GRÖSSE

Die Wünsche und Ansprüche an die Größe des Hauses unterscheiden sich deutlich voneinander, je nachdem, in welcher **LEBENSPHASE** man sich gerade befindet. Auch persönliche Vorlieben und finanzielle Möglichkeiten spielen eine Rolle.

Planen Sie das Familienhaus für eine vierköpfige Familie mit Hund, möchten aber die Barrierefreiheit jetzt berücksichtigen, wo diese praktisch keine Zusatzkosten verursacht? Oder sind die Kinder bereits ausgezogen und der Flächenbedarf hat sich verringert? Müssen Sie rollstuhlgerecht planen, da ein Familienmitglied auf einen Rollstuhl angewiesen ist oder in absehbarer Zeit sein wird? Dann sollten Sie eher großzügiger planen. Schließlich kann es auch darum gehen, einen möglichst **FLEXIBLEN GRUNDRISS** zu entwerfen, in dem auf eben diese unterschiedlichen Lebenssituationen reagiert werden kann.

DER GRUNDRISS

Der Grundriss-Check im Bestand kann eine echte Herausforderung sein. Schließlich lebt man in der Regel schon sehr lange mit einer bestimmten Zimmer- und Nutzungsverteilung. Sich freizumachen von eingespielten Abläufen und die gewohnte Umgebung noch einmal ganz neu zu denken, ist oft kein leichtes Unterfangen. Teilweise ist Bau-Laien auch nicht klar, was überhaupt machbar ist und was nicht. Wie umfangreich können Grundrissänderungen sein, um innerhalb der vorhandenen Tragstruktur verwirklicht werden zu können, und mit welchen Kosten ist dabei zu rechnen? Doch auch wenn es anfangs schwerfällt: Es ist wichtig, auch den bestehenden Grundriss genau zu überprüfen. Sobald auch in die Bausubstanz eingegriffen werden kann, also auch Wände verschoben werden, sind die Möglichkeiten um ein Vielfaches größer, und es kann noch einmal ein ganz neuer Blick auf den Grundriss geworfen werden. In manchen Häusern wird eine barrierefreie Anpassung tatsächlich schwierig, beispielsweise wenn im Erdgeschoss kein Bad vorhanden und das Treppenauge zu klein ist, um einen Homelift nachzurüsten. Die Treppenlaufbreite von mindestens 70 Zentimetern für einen Treppensitzlift ist in der Regel gegeben, der Lift allerdings selten eine attraktive Option für Rollstuhlnutzende. Dann stellt sich die Frage, wie ein Individualraum und ein barrierefreies Bad auf einer Ebene untergebracht werden können und wie diese Ebene zu erreichen ist (siehe „Was ist in Ihrer Immobilie möglich?", ab Seite 46). Die typischen „Knackpunkte" der Barrierefreiheit in Bezug auf den Grundriss sind der Eingangsbereich und das Bad, das zudem barrierefrei erreichbar sein muss.

Im Neubau hingegen bieten sich viele Möglichkeiten, durch eine geschickte Anordnung von Räumen und die Überlagerung von Bewegungsflächen vielfältig nutzbare barrierefreie Räume zu schaffen, die insgesamt gar nicht so viele Quadratmeter in Anspruch nehmen.

→ Was könnte Ihnen den Alltag erleichtern?

Je genauer Sie wissen, was Ihnen fehlt, desto besser lässt sich die passende Lösung finden. Dazu gehört auch ein kritisches Überprüfen der eigenen Situation. Was macht den Alltag beschwerlich? Womit haben Sie sich schon arrangiert?

WAS ERFAHRE ICH?

Was vermissen Sie?

Wer diesen Ratgeber in den Händen hält, hat vermutlich in irgendeiner Weise Schwierigkeiten mit der aktuellen Wohnsituation und stellt sich die Frage, ob kleinere oder größere bauliche Veränderungen diese verbessern könnten. Vielleicht möchten Sie aber auch nur besonders vorausschauend planen und ein Haus bauen, in dem Sie auch auf lange Sicht wohnen bleiben können. Auch dann kann die Auseinandersetzung mit Ihrer gegenwärtigen Wohnsituation interessante Antworten liefern: Was ist Ihnen an Ihrem Haus oder Ihrer Wohnung besonders wichtig? Wie wohnen Sie gerne, und wäre das in der Form auch mit einer körperlichen Beeinträchtigung möglich? Gibt es etwas, was Sie und Ihre Familie vermissen oder verändern wollen? Dabei geht es nicht allein um unbedingte Notwendigkeiten, sondern vielleicht sogar zunächst um Dinge und Umstände, die auf der psychisch-sozialen Ebene fehlen. Gibt es etwas, das Ihnen fehlt, etwas, das Ihnen anhaltend eine **POSITIVE STIMMUNG** bescheren würde? Es kann Spaß machen, sich mit diesen Fragen einmal in aller Ruhe zu befassen. Gibt es etwas, was Ihnen immer besonders wichtig war, was Sie aber nicht mehr nutzen können? Das kann beispielsweise der Blick in den Garten oder auf die Straße sein, weil Sie aus Ihrem Sessel nicht mehr durch das Fenster mit einer Brüstungshöhe von 80 Zentimetern hinaussehen können. Das Fenster zu vergrößern gehört nicht zu den günstigsten Lösungen und macht auch etwas Dreck, kann aber das Lebensgefühl enorm verbessern. Oder Sie vermissen vielleicht Ihren Freisitz, weil Sie mit dem Rollator nicht mehr über die Balkonschwelle kommen. Der Einbau eines schwellenfreien Übergangs zu Balkon oder Freisitz ist zwar aufwendig und teuer, erhöht aber auch die Lebensqualität. Deutlich günstiger und auch in der Mietwohnung realisierbar ist eine Lösung mit Elementen aus Kunststoff, die übereinandergeschichtet eine preisgünstige Überbrückung ermöglichen. Fertigen Sie eine Liste all der Dinge an, die Sie gerne wieder in Ihren Alltag integrieren möchten. Im Kapitel „Passende Maßnahmen planen"ab Seite 56 geht es dann um die Umsetzung.

Den Tagesablauf durchspielen

Um sich bewusst zu machen, wie Sie eigentlich wohnen und was Ihnen in Ihrem Haus oder in Ihrer Wohnung wirklich wichtig ist, gehen Sie Ihren Tagesablauf einmal ganz in Ruhe in Gedanken durch: Schritt für Schritt vom Aufstehen bis zum Schlafengehen – und unter Umständen auch noch bis zum nächsten Aufstehen. Nehmen Sie sich Zeit und notieren Sie auch Details. Dabei sollten Sie immer im Hinterkopf haben, dass es um einen **KOMFORTABLEN**, möglichst idealen **ABLAUF** sämtlicher Tätigkeiten gehen sollte. Ziel der Umbau- oder Neubaumaßnahmen sollte sein, alle Handgriffe ohne fremde Hilfe sicher und bequem erledigen und (möglichst) alle Bereiche der Wohnung oder des Hauses erreichen zu können.

→ Über eine moderne Sprachsteuerung lassen sich nicht nur Geräte wie Fernseher und Radio an- und ausschalten, sondern beispielsweise auch Fenster und Türen öffnen und schließen.

Mahlzeiten zubereiten und zu sich nehmen, das Geschirr ein- und ausräumen und nach dem Essen wieder abspülen, Einkäufe abstellen und verstauen, die Waschmaschine bedienen – all diese Tätigkeiten sollen gut und bequem von der Hand gehen. Das unterscheidet sich nicht, egal wie alt Sie sind. Wo also stehen Waschmaschine und Tiefkühltruhe, und wie gut sind sie erreichbar? Könnte eventuell der Grundriss oder die Nutzung der Räume überdacht werden? Ganz wichtig: Gehen Sie bei diesen Überlegungen bitte vom Idealfall aus und nicht davon, wie es „zur Not auch funktioniert".

SCHLAFZIMMER

Spielen wir es doch einmal beispielhaft durch: Sie beginnen Ihren Tag damit, aus dem Bett zu steigen. Ist dies noch ohne Probleme möglich, oder beginnen hier schon erste Schwierigkeiten, da bereits das Aufrichten nicht mehr einwandfrei funktioniert? Die Antwort muss kein graues Pflegebett aus Metall sein, über dem trostlos ein Dreiecksgriff baumelt. Es gibt sehr ansehnliche Bettgestelle, beispielsweise in modernem Holzdesign, denen man nicht ansieht, dass Lattenrost und Matratze auf Knopfdruck verstellt werden können.

Vielleicht muss das Bett aber auch nur in der Höhe angepasst werden, sodass das Aufstehen und Hinsetzen erleichtert werden. Das Bett von drei Seiten erreichen zu können, ist im Prinzip nur im Pflegefall notwendig, aber auch bei kurzfristiger Krankheit kann es natürlich von Vorteil sein, wenn eine helfende Person von beiden Längsseiten an das Bett herankommt. Diese Option sollte zumindest bei der Raumgröße bedacht werden, wenn ohnehin ein neues Schlafzimmer geplant wird. Smart-Home-Lösungen können viele Abläufe vereinfachen und sicherer gestalten. Über eine moderne Sprachsteuerung lassen sich nicht nur Geräte wie Fernseher und Radio an- und ausschalten, sondern beispielsweise auch Fenster und Türen öffnen und schließen.

BADEZIMMER

Vom Schlafzimmer aus geht es am Morgen ins Bad. Sehr viele Menschen haben das Bedürfnis, sich in diesem intimen Raum so lange wie möglich selbstständig bewegen und selbst versorgen zu können. Nicht umsonst gehört die Anpassung des Badezimmers zu den häufigsten Maßnahmen im Bestand. Wie gut lässt sich die Toilette erreichen, und wie sicher können Sie sich darauf niederlassen? Wäre es komfortabler und sicherer, wenn das WC-Becken etwas höher wäre, um nicht beim Hinsetzen unkontrolliert aus dem Gleichgewicht zu geraten? Wie gut können Sie das Waschbecken nutzen? Gibt es die Möglichkeit, eine Sitzgelegenheit davor zu schieben, und haben Sie dann ausreichend Beinfreiheit? Hängt der Spiegel auf der richtigen Höhe?

CHECKLISTE TAGESABLAUF

Um herauszufinden, wo die eigenen vier Wände angepasst werden müssten, gehen Sie in Gedanken Ihren Tagesablauf durch.

Zimmer	Anforderungen	ja	nein
Schlafzimmer	Kann ich gut aus meinem Bett aufstehen?		
	Habe ich genug Platz am Bett und um das Bett herum?		
	Wie steht das Bett im Raum? Bleibt genug Platz in der Mitte?		
	Gibt es Komfort und Erleichterung durch Smart Home / AAL, etwa eine Sturzmatte?		
Badezimmer	Kann ich das WC gut und sicher erreichen?		
	Kann ich mich sicher auf dem WC niederlassen? Hat es eine gute Höhe?		
	Gibt es Haltegriffe in der Nähe?		
	Kann ich am Waschbecken auch sitzen? Habe ich Beinfreiheit?		
	Kann ich mich auch im Sitzen noch im Spiegel sehen?		
	Kann ich noch sicher in die Badewanne ein- und aussteigen?		
	Gibt es Haltegriffe an der Wanne?		
	Ist die Dusche schwellenfrei zu erreichen?		
	Gibt es einen Duschhocker oder eine andere Sitzgelegenheit in der Dusche?		
	Gibt es einen stabilen Haltegriff an der Dusche? (Damit ist nicht die konventionelle Duschstange gemeint!)		
	Habe ich genug Licht im Bad?		
	Schlägt die Badezimmertür nach außen auf? Und ist sie im Notfall von außen öffenbar?		
	Gibt es eine Bewegungsfläche von 120 x 120 cm?		
Küche	Hat die Arbeitsfläche die richtige Höhe?		
	Kann ich Ober- und Unterschränke noch gut erreichen?		
	Sind Spüle und Herd gut angeordnet, sodass ich sie bequem nutzen kann?		
	Sind Arbeitsfläche, Herd und Spüle unterfahrbar?		
	Hat der Tisch die richtige Höhe?		
	Gibt es eine Sitzgelegenheit oder alternativ eine Stehhilfe?		
	Gibt es an der Spüle einen Verbrühschutz?		
Eingang	Ist genug Platz in der Garderobe/im Windfang, zum Beispiel um auch einen Rollator abstellen zu können?		
	Gibt es eine stabile Sitzgelegenheit in der Garderobe?		
	Stellt die Fußmatte eine Stolperfalle dar?		
	Ist die Eingangstür schwellenfrei?		
	Ist die Eingangstür breit genug?		

CHECKLISTE TAGESABLAUF – TEIL 2

Um herauszufinden, wo die eigenen vier Wände angepasst werden müssten, gehen Sie in Gedanken Ihren Tagesablauf durch.

Zimmer	Anforderungen	ja	nein
Eingang	Müssen Stufen vor dem Eingang überwunden werden?		
	Gibt es Handläufe an der Außentreppe?		
	Ist der Eingang gut ausgeleuchtet?		
	Gibt es eine gut hörbare Wechselsprechanlage?		
	Gibt es ein ausreichend großes Vordach?		
Bewegen im Haus	Ist der Flur breit genug? (Idealerweise 1,20 m)		
	Sind die Türen breit genug? (80 bis 90 cm)		
	Gibt es Türschwellen im Haus?		
	Komme ich gut in die anderen Stockwerke?		
	Gibt es Schwellen zur Terrasse/zum Balkon?		
	Ist der Flur ausreichend ausgeleuchtet?		
	Gibt es eine Stufenbeleuchtung für den nächtlichen Gang ins Bad?		
	Gibt es Stolperfallen wie Teppichkanten oder Kabellage?		
	Sind die Böden rutschfest und gut zu begehen?		
Außerhalb	Kann ich Briefkästen und Mülltonnen gut erreichen?		
	Kann ich mich gut auf den Gartenwegen bewegen?		
	Kann ich die Garage/den Carport bzw. das Auto selbst gut erreichen?		
	Kann ich die Balkontür gut öffnen?		

Problematische Punkte im Bad sind vermutlich die Badewanne oder auch die nicht ebenerdige Dusche. Es ist schon eine unerfreuliche Erfahrung, wenn man feststellt, dass es nicht mehr möglich ist, eigenständig in die Badewanne hineinzukommen. Geradezu traumatisch ist es, wenn Sie erleben mussten, dass Sie zwar in die Wanne hinein-, nicht aber wieder aus ihr herausgekommen sind. Dabei gibt es sehr viele Hilfsmittel, die Ein- und Ausstieg erleichtern können. Zudem kann die Entscheidung für eine bodengleiche Dusche den positiven Nebeneffekt haben, dass die Fläche der Dusche gleichzeitig als zusätzliche Bewegungsfläche genutzt werden kann.

KÜCHE UND ESSPLATZ

Vom Bad aus bewegen Sie sich in die Küche, um das Frühstück zuzubereiten. Hier geht es in erster Linie um die passenden Greif- und Arbeitshöhen. Wie gut und sicher können Sie das Geschirr aus den Schränken nehmen? Können Sie die obersten Regalböden überhaupt noch nutzen? Und wie sieht es mit der Erreichbarkeit Ihrer Unterschränke aus? Auch die Arbeitsfläche muss die passende Höhe haben und sollte zumindest teilweise auch sitzend genutzt werden können.

Wo wird gegessen? Nehmen Sie das Frühstück in der Küche zu sich, oder gibt es ein Esszimmer oder einen **ESSBEREICH** im offenen

Wohnbereich? Wie weit sind hier die Wege, und wie sicher lassen sie sich gehen? Gibt es **MÖBELKANTEN**, an denen Sie sich immer wieder stoßen, oder Teppiche, über die Sie fallen könnten? Wie bewegen Sie sich durch die Wohnung? Ist der Flur breit genug, oder ist er zwar recht eng, aber gibt Ihnen genau dadurch die nötige Sicherheit?

Im Wohnzimmer gibt es wiederum in der Regel recht wenig problematische Bereiche. Der Raum ist meist relativ großzügig und birgt bis auf Teppichkanten und Kabel wenige Gefahrenquellen. Wie sieht es aus mit der Verbindung nach draußen? Können Sie gut aus dem Wohnzimmerfenster schauen, oder ist es zu hoch? Erreichen Sie gut und sicher den Balkon oder die Terrasse?

EINGANG UND DIELE

Nach dem Frühstück möchten Sie das Haus verlassen, um einkaufen zu gehen. Wo binden Sie Ihre Schuhe zu? Würden Sie sich dafür gerne hinsetzen, haben an der Garderobe aber keinen Sitzplatz? Brauchen Sie einen Rollator und wenn ja, wo hat er seinen Abstellort? Und die wichtigste Frage: Wie viele Stufen müssen Sie überwinden, um sicher auf dem Straßenniveau anzukommen? Wie schwierig wird das umgekehrte Unterfangen, wenn Sie nach dem Einkauf mit schweren Taschen zurückkommen? Ist es Ihnen überhaupt noch möglich, Stufen zu überwinden, oder brauchen Sie (langfristig) eine stufen- und schwellenfreie Lösung?

LICHT

Das richtige Licht am richtigen Ort ist für alle wichtig. Im barrierefreien Haus trägt eine gute Ausleuchtung dazu bei, dass Gefahrensituationen vermieden werden und das Sicherheitsgefühl der Bewohner gesteigert wird. Eine gute Beleuchtung für den nächtlichen Gang zur Toilette, ein gut ausgeleuchteter Arbeitsbereich in der Küche, eine Außenleuchte mit Bewegungsmelder im Garten oder einfach eine blendfreie Leselampe sind nur einige Beispiele dafür, wie wichtig die richtige Beleuchtung ist. Lesen Sie dazu auch unseren Fokus **LICHT** unter „Sicherheit und Einbruchschutz" auf der Seite 137.

AUS ERFAHRUNGEN LERNEN

Vielleicht fällt es Ihnen schwer, sich vorzustellen, was zukünftig problematisch werden könnte und wo Sie besser schon jetzt Vorsorge betreiben sollten. Aber vielleicht gab es bereits kurzfristig eine Situation, die Ihnen vor Augen geführt hat, an welchen Stellen im Haus der Alltag Probleme bereiten kann.

Mussten Sie sich schon einmal mit zwei Krücken in einem nicht-barrierefreien Haus bewegen? Das ist extrem anstrengend und öffnet einem die Augen für Stolperfallen, Schwellen oder zu schmale Flure. Oder vielleicht waren Sie auch nur während einer Grippe stark geschwächt und hatten einfach nicht die gewohnte Energie. Machen Sie sich Notizen, wo im Haus die Situation problematisch wurde.

Gewöhnung, Gewohnheit, Status quo

Gerade wenn der Bedarf an ein angepasstes Wohnumfeld nicht akut entstanden ist, sondern sich im Laufe der Zeit Verschlechterungen eingeschlichen haben, an die man sich gewöhnt hat, fallen einem Behelfsmaßnahmen und „Übergangslösungen" gar nicht mehr auf. Aber nicht alles, woran man gewöhnt ist, ist gut. Lassen Sie uns also auch hier einen Blick darauf werfen, wo sich **HINDERNISSE** und Einschränkungen verbergen.

SICH ARRANGIEREN IST NICHT DIE LÖSUNG

Wir Menschen können erstaunlich anpassungsfähig sein. Man gewöhnt sich an Einschränkungen und findet sich damit ab. Dabei lässt sich in vielen Fällen leicht **ABHILFE** schaffen. Anstatt sich beim Duschen an der Duschstange festzuhalten, die dafür gar nicht ausgelegt ist, lässt sich ohne großen Aufwand ein sicherer

Haltegriff anbringen. Fällt Ihnen beim Arbeiten in der Küche das Stehen schwer, ist eine in der Höhe angepasste Arbeitsfläche eine schnelle und effektive Lösung. Haltegriffe, beleuchtete Stufen oder eine höhenangepasste Möblierung sind nur einige von einer Vielzahl möglicher Maßnahmen, wie wir sie im nachfolgenden Kapitel ab Seite 56 vorstellen.

WO MACHEN SICH EINSCHRÄNKUNGEN BEMERKBAR?

Machen Sie sich Ihre persönliche Situation klar. Gibt es bereits eine körperliche Einschränkung, auf die Sie nun mit einem Umbau oder einer Anpassung reagieren wollen? Um was für eine Einschränkung handelt es sich? Ist anzunehmen, dass sich dieser Zustand auf längere Sicht nochmals verschlechtert? Und wo im Haus bereitet es Ihnen Probleme? Ist das Gehen eingeschränkt, betrifft dies in der Regel Treppen und Eingangsstufen, geht es hingegen um das verschlechterte Sehen, können eine kontrastreiche Umgebung und ein gutes Lichtkonzept große Erleichterungen bringen. Sehr häufig wünschen sich Bauherren einen Badumbau, um sich weiterhin selbstständig in diesem intimen Bereich des Hauses alleine bewegen zu können.

Oder geht es gar nicht um Sie selbst, sondern Sie machen sich Gedanken um Ihre Eltern? Dann spielen oftmals auch Sorgen um den nicht ausgeschalteten Herd eine Rolle oder andere Gefahren, die auftreten können, weil die Bewohnenden anfangen, vergesslich zu werden. Hier können sogenannte Herd-Aus-Schalter oder auch umfangreichere Smart-Home- oder **AMBIENT-ASSISTED-LIVING-LÖSUNGEN** Abhilfe schaffen (siehe „Smart Home und Ambient Assisted Living", Seite 119). Das gilt auch für Menschen, deren Hörfähigkeit stark eingeschränkt oder gar nicht mehr da ist. Mit optischen Signalen lassen sich Telefon, Hausklingel oder Alarmanlagen auch für Gehörlose wieder erlebbar machen.

Eingeschränkte Bewegungsfreiheit kann auch heißen, dass bestimmte Dinge irgend-

Der Eingang, Durchgänge und das Bad sind meistens die Bereiche, die Priorität bei der barrierefreien Sanierung haben.

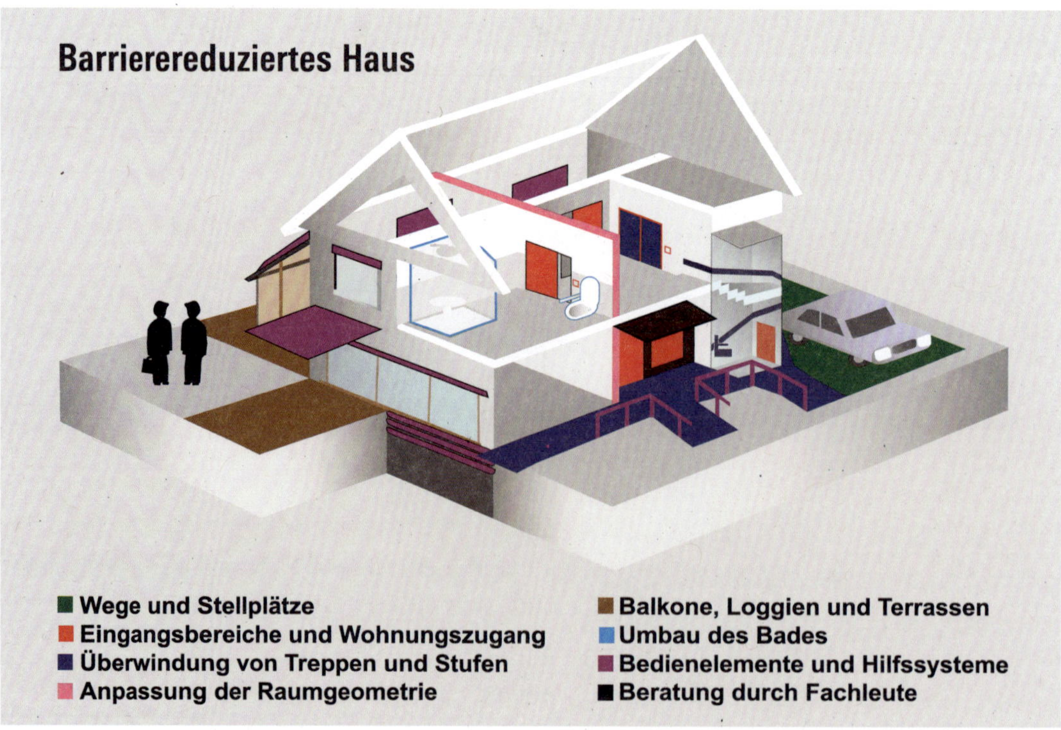

wann nicht mehr in Griffhöhe sind. Oft ist die Einschränkung der Bewegungsfreiheit ein schleichender Prozess. Weil es einfacher ist, konzentriert man sich immer mehr auf Bereiche, die mühelos erreicht werden können, sodass der Verlust nicht unbedingt wahrgenommen wird. Dennoch kann das oberste Regal im Schrank nicht mehr erreicht oder das unterste Fach im Tiefkühlschrank nicht mehr bestückt werden. Versuchen Sie möglichst offen und ehrlich darüber nachzudenken, ob es Bereiche Ihrer Wohnung gibt, die Sie gar nicht mehr nutzen, weil Sie es nicht mehr können. Manchmal können einfache Lösungen hier wieder Türen öffnen. So bieten beispielsweise Unterschränke und Kühlschränke mit Schubladen statt Regalfächern einen guten Überblick und sind deutlich einfacher zu bedienen. An anderer Stelle kann bereits eine einfache Fernbedienung die Lösung für die schlechte Erreichbarkeit eines Wandschalters oder eines elektrischen Gerätes darstellen. Auch Hilfsmittel wie eine Fenstergriffverlängerung oder eine Greifzange zum Aufnehmen heruntergefallener Gegenstände erleichtern den Alltag.

CHRONISCHE, FORTSCHREITENDE ERKRANKUNGEN

Etwa 400 000 Menschen in Deutschland sind von **MORBUS PARKINSON** betroffen. Typische Symptome der Erkrankung sind, neben dem Tremor (Zittern), Bewegungsstörungen wie die Versteifung der Muskeln, die Verlangsamung oder sogar das „Einfrieren" der Bewegungen. Auch Gleichgewichtsstörungen und Einschränkungen der Feinmotorik und weitere neurologische Störungen können auftreten. Ebenso wie die **MULTIPLE SKLEROSE** ist auch Parkinson eine Krankheit, die in der Regel fortschreitet und die Betroffenen immer stärker einschränken kann. Das bietet allerdings auch die Chance, sich praktisch vorzubereiten und sich auch psychisch auf weitere Verschlechterungen einzustellen – die dann unter Umständen gar nicht eintreten. Wer von einer solchen Erkrankung betroffen ist, kann bei Umbaumaßnahmen zur Barrierefreiheit aufgrund des Fortschreitens der Erkrankung auch mehrfach die Unterstützung der Pflegekasse in Anspruch nehmen.

GIBT ES BEREITS HILFSMITTEL?

Besonders deutlich macht sich die fehlende Flexibilität des Hauses bemerkbar, wenn Hilfsmittel mit ins Spiel kommen. Allen voran braucht der Rollstuhl schwellenlose, ebene Bereiche, Rampen und bestimmte Durchfahrtsbreiten und Bewegungsflächen. Aber auch mit einem Rollator oder zwei Krücken können Stufen, Schwellen und zu enge Türen zu nervigen bis gefährlichen Fallen werden. Dabei gilt es,

> → Eingeschränkte Bewegungsfreiheit kann auch heißen, dass bestimmte Dinge irgendwann nicht mehr in Griffhöhe sind. Oft ist die Einschränkung der Bewegungsfreiheit ein schleichender Prozess.

individuell auf die Bedürfnisse der Bewohnenden zu reagieren, denn wo ein relativ enger Flur das Wenden mit einem Rollstuhl verhindert, können in einem anderen Fall gerade die eng stehenden Wände Sicherheit und Möglichkeiten zum Festhalten geben. Auch Menschen, die aufgrund ihres eingeschränkten Sehvermögens auf einen Langstock angewiesen sind, brauchen, abhängig vom jeweiligen Körperbau und der Technik, mit der der Stock geschwenkt wird, eine Bewegungsbreite von 60 bis 90 Zentimetern und einen weiteren Sicherheitsraum zu potenziellen Gefahrenquellen.

→ **Was wünschen Sie sich?** Nach der Bestandsaufnahme richten Sie nun den Blick in die Zukunft. Was ist für Sie der Anlass, sich mit der Barrierefreiheit auseinanderzusetzen, was ist Ihr Ziel? Ihre persönlichen Wünsche sollten im Mittelpunkt stehen.

WAS ERFAHRE ICH?

Vorbereitet sein

Die eigene Immobilie barrierefrei zu gestalten lohnt sich auf jeden Fall. Auch wenn niemand in Ihrer Familie zum gegenwärtigen Zeitpunkt von körperlichen Einschränkungen betroffen ist: Es ist klug, sich für die Zukunft zu wappnen. Denn wenn Sie als junge Familie ein Haus bauen, möchten Sie dort vermutlich auch alt werden und in Ihrem Haus auch dann noch gut leben können. Möglicherweise gibt es familiäre Erkrankungen, auf die Sie sich vorbereiten möchten. Ein barrierefreies Haus steht vor allen Dingen auch für **WOHNKOMFORT** und Erleichterungen im Hausalltag. So werden bei einem Großteil der Menschen die Augen im Laufe der Jahre schlechter. Eine gute und trotzdem blendfreie Ausleuchtung des Wohnumfeldes wird daher immer wichtiger, lässt sich allerdings auch relativ gut nachrüsten. Stufenlicht an der Treppe könnte auch schon jetzt den Kleinen nützen, wenn sie nachts mal auf die Toilette müssen. Stolperschwellen können im Alter zunehmend eine Gefahr darstellen, wenn die Füße nicht mehr so gut mitmachen und kleinere Schwellen durch ein eingeschränkteres Blickfeld schnell übersehen werden. Aber der Verzicht auf Schwellen kommt auch jungen Menschen zugute und lässt sich heutzutage baulich leicht umsetzen. Auch der Gleichgewichtssinn wird mit zunehmendem Alter nicht besser. Haltegriffe können Sicherheit bieten und schützen vor gefährlichen Stürzen. Dafür können die Wände bereits beim Bau an den typischen Bereichen verstärkt werden, um später im Bedarfsfall nachrüsten zu können. Und last but not least lässt sich eine barrierefreie Immobilie zu einem guten Preis wieder verkaufen.

Bedürfnisse zu berücksichtigen, die noch nicht da sind, macht vielleicht nicht so viel Spaß, dafür umso mehr Sinn. Viele Maßnahmen erzeugen eigentlich keine Mehrkosten im Neubau. Lediglich ein Mehr an Fläche wird sich in den Kosten niederschlagen. Bei einer durchdachten Grundrissplanung wird sich dies allerdings in Bezug auf Barrierefreiheit in Grenzen halten. Werden Bewegungsflächen doppelt belegt, also dient beispielsweise die Duschfläche auch als Bewegungsfläche neben dem WC, muss das Bad gar nicht so viel größer werden. Zudem wirkt ein barrierefreies Bad mit bodengleicher Dusche großzügig und gehört inzwischen eher in die Kategorie **WELLNESSBAD**. Werden beim Bau die statischen Verstärkungen für Haltegriffe, versteckt in der Wand oder der Vorwandinstallation, vorgesehen, lassen die Griffe sich jederzeit problemlos nachrüsten. Eine Duschstange kann von vorneherein auch als Haltegriff konzipiert werden, ohne dass dies ins Auge fällt. Ebenso elegant lässt sich Platz für einen Aufzug vorhalten, beispielsweise, wenn zunächst Raum für eine Abstell- oder Speisekammer vorgesehen wird.

Ein Haus für alle – barrierefrei im Neubau

Gerade bei der Neubauplanung lohnt es sich also, noch einmal darüber nachzudenken, an welchen Stellen des Hauses Barrierefreiheit nachhaltige Erleichterung im Alltag mit sich bringt. Schließlich lässt sich in einem barrierefreien Haus auch ein Kinderwagen problemlos bewegen; mit einem Homelift können zum Beispiel auch schwere Getränkekisten in die richtige Etage fahren. Oder Sie möchten mit Ihrem barrierefreien Haus jede und jeden willkommen heißen und Gästen mit Mobilitätseinschränkungen unangenehme Situationen ersparen. Vielleicht denken Sie auch schon jetzt über die Option nach, in Zukunft Ihre Eltern bei sich wohnen zu lassen, oder Sie möchten diesen von Zeit zu Zeit ein barrierefreies Gästezimmer anbieten. Haben Sie beispielsweise ohnehin ein Gäste-WC im Erdgeschoss eingeplant, dann können Sie es etwas größer planen und es mit einer bodengleichen Dusche ausstatten. Das vergrößert die Grundfläche des Hauses nicht wesentlich, und Sie gewinnen langfristig mit einem abtrennbaren Zimmer im Erdgeschoss eine barrierefreie Wohnmöglichkeit.

Oder Sie überlegen, eine Bestandsimmobilie zu kaufen, die Sie barrierefrei vorplanen möchten, jetzt, wo vielleicht ohnehin größere bauliche Maßnahmen anfallen. Dies könnte natürlich auch auf die eigene Bestandsimmobilie zutreffen. Die Kinder sind aus dem Haus, und Sie überdenken Ihre Gesamtsituation, zu der nicht zuletzt das Wohnen gehört. Wird das große Haus überhaupt noch gebraucht? Wollen Sie die Gelegenheit nutzen, um es räumlich zu verkleinern? Sollen (und wollen) die Kinder das Haus übernehmen, und Sie bauen noch mal neu?

Bestehendes überdenken, Sorgen abbauen

Eine typische und durchaus menschliche Reaktion auf Situationen, die uns nicht behagen, ist, diese zu übergehen und beiseitezuschieben. Irgendwann kann man dann allerdings gezwungen sein, schnell zu reagieren. Und im schlimmsten Fall muss man dann **ÜBERTEUERTE KOMPROMISSE** eingehen, die einem nicht einmal optisch zusagen.

Es gilt daher, sich solchen mit Ängsten oder Sorgen behafteten Themen rechtzeitig zu stellen. Manchmal ist die Lösung viel einfacher, als man jahrelang befürchtet hat. Hierfür finden Ratsuchende inzwischen zum Glück eine ganze Menge Unterstützung (siehe „Wo bekomme ich Unterstützung?" ab Seite 150).

DEN BESTAND MIT NEUEN AUGEN BETRACHTEN

Wer neu baut, tut es sowieso – aber auch, wer bereits eine Wohnung oder ein Haus sein Eigen nennt, sollte sich einmal eingehend mit dem Grundriss der Immobilie beschäftigen. Dort verbergen sich oft ungeahnte Möglichkeiten! Nur weil man einen Raum 20 Jahre lang als Wohnzimmer genutzt hat, muss dies nicht auch die nächsten 20 Jahre so bleiben. Neustrukturierung kann Erleichterung schaffen.

PRIORITÄTENLISTE

Erstellen Sie eine Prioritätenliste! Was möchten Sie unbedingt ändern, was stellen Sie hinten an? Was bereitet Ihnen am meisten Sorge? Was wäre für Sie jetzt das ideale Haus oder die ideale Wohnung?

Viel Bewegungsfreiheit und unterstützende Griffe kennzeichnen barrierefreie Bäder.

Keine Angst: Dazu sind zunächst gar keine großen Umbaumaßnahmen erforderlich, bei denen Wände weggenommen, neu gezogen oder ein Wohnraum in ein Bad umgebaut wird. Vielleicht kann aber jetzt, wo die Kinder aus dem Haus sind, der Esstisch für zwei Personen mit in der Küche untergebracht und das Esszimmer einer neuen Nutzung zugeführt werden. Warum nicht einen Schlafraum im Erdgeschoss vorsehen, der sowohl als Gästezimmer dienen kann als auch im Bedarfsfall als temporäres Pflege- oder Krankenzimmer? Viele Paare stellen übrigens im Alter fest, dass getrennte Schlafzimmer eine gut lebbare Option sind. Paare, bei denen einer von beiden schnarcht, haben das vermutlich schon viel früher für sich entdeckt, aber auch wenn der eine in der Nacht fünf Mal das Bad aufsuchen muss, kann es für die andere Person eine großartige Erleichterung darstellen, nicht ebenfalls davon geweckt zu werden. Hierfür bietet sich im Familienhaus eines der ehemaligen Kinderzimmer an. Wenn die Fläche es hergibt, lohnt es sich, diese Entwicklung bereits bei der Neubauplanung zu berücksichtigen.

WENN DER BERG ZU GROSS ERSCHEINT

Wer sich mit dem Thema Wohnen im Alter beschäftigt, sollte sich nicht von der Komplexität der Aufgabe einschüchtern lassen. Bevor Sie Ihre Ideen auf die lange Bank schieben: Holen Sie sich **UNTERSTÜTZUNG**! Es gibt spezialisierte Wohnberatungsstellen, Architekturbüros mit dem Schwerpunkt Barrierefreiheit und Handwerksbetriebe mit Zusatzqualifikation. Gerade bei den **WOHNBERATUNGSSTELLEN** stehen zunächst niedrigschwellige, also einfache Lösungen im Fokus. Es geht nicht immer gleich um den Umbau des gesamten Badezimmers. Manchmal ist schon ein Badewannenbrett eine große Hilfe. In Wohnberatungsstellen können keine Produkte gekauft, wohl aber angesehen und ausprobiert werden. Je nach Größe der Beratungsstelle werden hier auch ganze Badezimmer in unterschiedlichsten Ausführungen, Treppenlifte, Aufzüge, heb- und senkbare Küchenmöbel oder eine ganze Reihe spannender Hilfsmittel gezeigt. Auf jeden Fall finden Sie hier gute Ansprechpartnerinnen und -partner, die Ihnen erste Impulse und eine Richtung geben können. Lesen Sie im Kapitel „Experten finden und beauftragen" ab Seite 142, wo Sie bei Planung und Ausführung die notwendige Unterstützung finden.

Bereiten Ihnen die **KOSTEN** Sorge? Wer beginnt, sich mit dem Thema zu beschäftigen, hat meist keine Vorstellung, mit welchen Summen überhaupt zu rechnen ist. Wir haben ab Seite 182 Beispielrechnungen unterschiedlicher Maßnahmen gegenübergestellt und diverse Maßnahmen nach drei Preisklassen geordnet. Es gibt eine ganze Reihe unterschiedlicher Fördermöglichkeiten für das barrierefreie Bauen, die im Kapitel „Wie lassen sich die Kosten stemmen?“ ab Seite 185 genau unter die Lupe genommen werden.

Auch bei der Antragstellung für Fördergelder und bei der Beurteilung von Angeboten der Handwerksbetriebe kann die Unterstützung von Wohnberatungsstellen oder auch der Verbraucherberatung in Anspruch genommen werden.

Vielleicht sind Sie aber gar nicht persönlich betroffen, sondern es geht Ihnen um eine Lösung für Ihre Eltern oder Großeltern? Angehörige haben oftmals größere Ängste als die Betroffenen selbst. Gerade wenn diese nicht in der Nähe wohnen, haben sie Angst, dass etwas passieren könnte, und möchten dafür sorgen, dass die Wohnumgebung sicher wird. Auch als Angehörige können Sie die Angebote der Beratungsstellen in Anspruch nehmen.

Barrierefreiheit und Ästhetik

Eine weitere typische Sorge ist, dass Barrierefreiheit nur mit Krankenhausambiente und „Pflegeheimcharme“ zu erreichen ist. So viel sei vorweggenommen: Diese Sorge ist nicht mehr berechtigt! Die bodengleiche Dusche ist Sinnbild für die Tatsache, dass sich Barrierefreiheit und **ÄSTHETIK** nicht ausschließen, im Gegenteil sogar gegenseitig bereichern können. Ein Wellnessbad ohne schwellenfreien Duschbereich ist im Neubau heute gar nicht mehr denkbar. Puristische, coole Designs mit hohem ästhetischem Anspruch schaffen eine wohnliche, natürliche Atmosphäre. In diesem Sinn und diesem Stil lässt sich beispielsweise gerade im Bad weiterdenken: Wer sich etwa nicht vorstellen kann, jemals einen abwaschbaren Duschhocker in die Duschkabine zu stellen, könnte sich schon jetzt beim Bau des neuen Bades in die Wand eine (vielleicht sogar beheizbare) Sitzgelegenheit modellieren lassen. Stichwort: Römisches Bad.

Auch barrierefreie Terrassenübergänge sind heute nicht nur technisch möglich, sondern auch ästhetisch ansprechend umsetzbar. Küchen- und Möbelhersteller haben sich ebenfalls darauf eingerichtet, Arbeitsflächen, Küchenschränke, Waschbecken und Herde unterfahrbar und höhenverstellbar zu konzipieren, ohne dass das optische Erscheinungsbild leidet.

Natürlich gibt es Bereiche oder Situationen, in denen Hilfsmittel notwendig sind, die sich nicht kaschieren lassen. Im Kontext der Barrierefreiheit aber sind sehr viele Lösungen umsetzbar, bei denen gerade Eleganz und Großzügigkeit den Raumeindruck bestimmen. Besonders gut lässt sich dies im Neubau umsetzen, da hier in der Regel keine oder weniger Kompromisse gefunden werden müssen.

Alle wollen alt werden, aber nicht alt sein. Ein allseits bekannter Spruch, an dem aber viel dran ist. Die Sorge, abgestempelt zu werden, nicht mehr zu funktionieren, sich selbst eingestehen zu müssen, dass Alltägliches nicht mehr so rund läuft, ist verständlich und jedem, der oder die ein bestimmtes Alter überschritten hat, auch aus eigener Erfahrung bekannt. So versucht man womöglich die Form zu wahren, wo es eigentlich nicht mehr geht, und macht sich unnötig das Leben schwer. Ein großes Bedenken ist dabei auch das Erscheinungsbild der Wohnung. Aber auch hier gibt es gute Nachrichten! Es tut sich sehr viel im Hilfsmittelsektor. Das vielzitierte barrierefreie Bad mit seiner Wellnessbad-Anmutung ist Wegweiser für das, was Barrierefreiheit bedeuten sollte. Komfort und Ästhetik lassen sich wunderbar verbinden!

INTERVIEW MIT NINA KADRI

→ Gutachten und Stellungnahmen

Häufig gehen Umbauten für Barrierefreiheit im Bestand mit kniffligen technischen oder baurechtlichen Fragestellungen einher. Eine Beratung seitens qualifizierter Fachkräfte spart oft viel Aufwand.

Nina Kadri ist Architektin, Sachverständige für Barrierefreiheit, Mitglied im Netzwerk Barrierefreie Zukunft und hat auch privat langjährige Erfahrung mit der Pflege eines Familienmitglieds. Die Website barrierefreiezukunft.de ist eine gemeinsame Plattform rechtlich und wirtschaftlich unabhängig handelnder Sachverständiger für barrierefreies Bauen, die deutschlandweit tätig sind.

Sind Sachverständige für Barrierefreiheit gute Ansprechpartner für private Bauherren von Einfamilienhäusern oder Eigentumswohnungen?

Sachverständige für Barrierefreiheit sind auf jeden Fall dort die richtigen Ansprechpartner, wo ein entsprechender Nachweis, beispielsweise für eine Förderbank, oder Auslegungen der Barrierefreiheitsnorm und Sonderlösungen erforderlich sind. Ein reguläres Architekturbüro hingegen ist für Bauherrinnen und Bauherren dann interessant, wenn es um eine Komplettsanierung eines Hauses oder einer Wohnung geht mit üblichen Maßnahmen der Barrierefreiheit. Für kleinere Maßnahmen, wie beispielsweise einen Badumbau oder vielleicht sogar nur einen Türumbau, lohnt sich der Aufwand für beide Seiten nicht.

Sie meinen, für die Bauherren ist der finanzielle Aufwand zu hoch, und für das Architekturbüro lohnt es sich trotzdem nicht, da der Planungsaufwand in keinem Verhältnis zur Bezahlung steht?

Ja, so stellt es sich dar. Andererseits sollte es inzwischen kein Problem mehr sein, gerade für Badumbauten oder Einzelmaßnahmen qualifizierte Firmen zu finden, die Komplettangebote für unterschiedliche Handwerkerleistungen machen und kleinere Planungen übernehmen.

Was sind das für Fälle, in denen Sie als Sachverständige gebraucht werden? Brauche ich immer bei Inanspruchnahme von Fördergeldern die Bestätigung durch einen Sachverständigen?

Meine Hauptaufgaben liegen in den Bereichen der Erstellung von

Gutachten und Stellungnahmen, Prüfungen von Planungen oder Bauausführungen nach DIN zu Neubauten und Umbauarbeiten im Bestand, zum Beispiel bei Rollstuhlbedarf und kognitiven Einschränkungen in Wohnungen, Einfamilienhäusern und öffentlichen Gebäuden. Als Architektin geht es darüber hinaus um die entsprechende Planung. Ebenso sind Beratungen von Architekturbüros und öffentlichen Verwaltungen zur Barrierefreiheit und Inklusion Bestandteil meiner Arbeit wie auch einfach die Begleitung von Privatpersonen bei Fördermittelanträgen. Hier sind immer Sachverständige zur Bestätigung gefordert, allerdings muss nicht immer die spezielle Expertise im Bereich der Barrierefreiheit vorliegen, manchmal ist eine Bauvorlageberechtigung nach Landesrecht ausreichend.

Noch eine Anmerkung von mir zum Begriff Sachverständiger: Außerhalb der öffentlichen Bestellung ist der Begriff rechtlich nicht geschützt, sodass die Qualität der Weiterbildung Beachtung finden sollte. Qualitativ hochwertige Weiterbildungen werden beispielsweise durch die berufsständischen Kammern angeboten.

Worauf sollten Bauherren achten, die sich direkt an eine ausführende Firma wenden?

Wenn es beispielsweise um eine barrierefreie Balkontür geht, sagen ausführende Firmen sehr schnell, dass eine schwellenfreie Ausführung nicht machbar ist. Sie bestehen darauf, dass der Umbau mit Zwei-Zentimeter-Schwelle technisch nicht vermeidbar sei, obwohl nach DIN 18040 ausdrücklich Schwellen nicht zulässig sind. Auch wenn es im Bestand tatsächlich immer wieder Fälle gibt, in denen die Türen nicht mit Null-Schwelle baubar sind, kann es sich doch lohnen, nach alternativen Ausführungen zu fragen und auch weitere Firmen um ein Angebot zu bitten. Allgemein ist eine Zusatzqualifizierung der Firmen in dem Bereich der Barrierefreiheit empfehlenswert. Das Angebot selbst sollte bereits den Hinweis auf eine DIN-konforme Ausführung und auch die Erstellung einer kleinen zeichnerischen Darstellung zur Nachvollziehbarkeit und gegebenenfalls zur Überprüfung durch Dritte enthalten.

Wo sehen Sie den größten Handlungsbedarf in Bezug auf barrierefreie Anpassungsmaßnahmen im Bestand?

Der Ansatz des Schutzzielcharakters der DIN geht auf jeden Fall in die richtige Richtung, da hier keine konkreten Vorgaben mehr zur Umsetzung gemacht werden, die dann im Bestand gar nicht möglich sind, sondern Lösungen gefordert werden, die mehr kreativen Freiraum für individuelle, hochwertige und ästhetische Umsetzungen lassen. Bei Mietobjekten ist hierfür allerdings die Zustimmung des Vermieters Voraussetzung. Sowohl bei privaten Vermietern wie auch bei Wohnungsbaugesellschaften ist mehr Verständnis des langfristigen Mehrwerts von Barrierefreiheit wünschenswert, sodass Umbaumaßnahmen nicht erst erkämpft werden müssen. Um Eingangsbereiche von Mehrfamilienhäusern erreichen zu können, sind häufig nicht nur für Rollstuhlfahrende Maßnahmen zur Höhenüberwindung wie Rampenanlagen oder Lifte erforderlich. Hiervon profitieren auch Nutzer von Rollatoren oder Kinderwagen wie auch allgemein Menschen mit Geheinschränkungen. Bei diesen Maßnahmen besteht oft die Möglichkeit einer ansprechenden Gestaltung durch Integration in den Vorgarten oder die bestehende Treppenanlage. Für den Vermieter kann langfristig der Mehrwert auch in einer besseren Vermietbarkeit bestehen, neben der Investition sind hierfür lediglich die Bereitschaft aller beteiligten Stellen und eine durchdachte Lösung erforderlich.

Lassen sich also Barrierefreiheit und Ästhetik gut miteinander verbinden?

Unbedingt! Viele Menschen denken, Barrierefreiheit und Ästhetik schließen sich aus. Dem ist nicht so. Es geht, wie immer in der Architektur, um ganzheitlich durchdachte Lösungen, um gesteigerten Wohnkomfort für alle, dazu gehört aus meiner Sicht auch eine ansprechende Gestaltung. Um das bestmögliche Ziel zu erreichen, ist allerdings bei allen Bauvorhaben eine frühzeitige Beachtung der Barrierefreiheit erforderlich.

→ Viele Menschen denken, Barrierefreiheit und Ästhetik schließen sich aus. Dem ist nicht so.

→ Was ist in Ihrer Immobilie möglich? Jedes Haus hat seine Problemzonen, aber auch seine Potenziale. Diese gilt es nun herauszufiltern. Wo muss das Haus oder die Wohnung auf den veränderten Bedarf angepasst werden? Und welche Gegebenheiten lassen sich nutzen?

WAS ERFAHRE ICH?

Problemzonen

Bei den Überlegungen dazu, was gebraucht würde, um den Alltag leichter und komfortabler zu machen, wurden bereits einige der möglichen Problemzonen vieler Immobilien angesprochen. Nun soll es noch einmal möglichst konkret werden.

Nehmen Sie das eigene Haus, die eigene Wohnung oder auch das gemietete Haus beziehungsweise die gemietete Wohnung genau unter die Lupe. In welcher Situation haben Sie Schwierigkeiten, die Steckdose oder, noch wichtiger, den Lichtschalter zu erreichen? Können Sie ohne Probleme in jedem Raum die Fenster selbst öffnen, oder ist der Fenstergriff für Sie zu weit oben angebracht?

Ein typisches Problem von Bestandsimmobilien ist der Eingangsbereich. Bei fast allen älteren Häusern wurde das Erdgeschoss immer „aus der Erde geholt". Aus Angst vor Feuchtigkeit wurden die Häuser mit einem Sockel von etwa 50 oder sogar 100 Zentimetern gebaut, sodass das Haus nur über mindestens drei Stufen zu erreichen ist. Gibt es auch bei Ihnen diese ersten Stufen, um die Haustür zu erreichen? Oder wohnen Sie gar in einem Gründerzeithaus, bei denen die Wohnungen des Erdgeschosses als Hochparterre über weitere fünf bis sechs Stufen innerhalb des Hauses erschlossen werden?

Sind Stufen vorhanden, stellt sich die Frage, wie diese in Zukunft überwunden werden können. Notieren Sie zunächst das Problem und seine bauliche Ursache. Mögliche Lösungen werden ausführlich im Kapitel „Eingang und Außenbereich" ab Seite 110 vorgestellt.

Ein anderer problembehafteter Bereich ist typischerweise das Badezimmer. Wie sieht das Bad in Ihrem Haus aus? Wohnen Sie in einem Mittelreihenhaus aus den 1950er-Jahren, in denen das Bad noch weit davon entfernt war, als Wellnessoase einen prominenten Platz im Grundriss zu erhalten? Oder bewohnen Sie eine Gründerzeitwohnung mit Schlauchbad, wo bereits Menschen ohne Mobilitätseinschränkungen Probleme haben, unfallfrei wieder herauszukommen? Lange Zeit wurde beim Bad an Fläche gespart. Als reiner Funktionsraum wurde es eher klein angelegt, um Kosten zu sparen oder die gesparte Fläche dem repräsentativen Wohnzimmer zuzuschlagen. Bei zweigeschossigen Einfamilienhäusern liegt das „große" Bad zudem in der Regel im Obergeschoss. Bis vor etwa 20 Jahren wurden in die Bäder in der Regel standardmäßig Wannen eingebaut oder Duschen nur mit Duschtasse konzipiert. Barrierefreie Duschen mit den notwendigen funktionalen Möglichkeiten stellen im Neubau heute technisch aber kein Problem mehr dar.

Auch die Flure sollten Sie sich genau ansehen. Sie sind eine Bewegungsfläche – aber wie viel Bewegung ist dort möglich? Vielleicht stellt gerade ein schmaler Flur, mit einer Haltestange an einer Seite, genau die richtige Lösung bei einer Gangunsicherheit dar. Viele Menschen nutzen bei Gleichgewichtsstörungen allerdings auch gerne einen Rollator in der Wohnung. Dafür könnte der Flur dann eventuell doch zu schmal sein. Um in einem Flur mit dem Rollstuhl wenden zu können, braucht dieser eine Breite von 150 Zentimetern. Um den Flur mit einem Rollator nutzen zu können oder wenn im Flur nicht gewendet werden muss, sind 120 Zentimeter ausreichend. In der DIN ist für einen barrierefreien Flur eine nutzbare Breite von 120 Zentimetern für den gesamten Flur vorgeschrieben. Die Flurwände zu versetzen kann je nach baulicher Situation aufwendig werden. Unter Umständen ist es aus statischen Gründen gar nicht möglich.

Mögliche Potenziale

Jedes Haus und jede Wohnung hat Potenziale, die es freizulegen gilt, sofern sie nicht direkt auf der Hand liegen. Fragen Sie sich: Was könnte in unserem Haus oder in meiner Wohnung sehr einfach anzupassen sein? Machen Sie die Prüfung Ihrer eigenen vier Wände! Beschummeln Sie sich dabei nicht selbst, indem Sie Dinge und Situationen besser bewerten, als sie sind, sondern schauen Sie auf die Bereiche, die Ihnen guttun oder aus denen sich mehr machen lassen könnte! Wo gibt es **PLATZRESERVEN** oder Flächen, die im Grunde gar nicht genutzt oder zumindest nicht ausgenutzt werden? Wo ließen sich Raumnutzungen problemlos tauschen?

POTENZIAL GRUNDFLÄCHE

Je größer das Haus, desto größer die Flexibilität bei der Grundrissgestaltung. Aber auch in kleineren Häusern oder Wohnungen kann, je nach Zuschnitt, flexibel reagiert werden. In den Häusern der Gründerzeit, also um 1900, wurde darauf Wert gelegt, dass alle Individualräume, also Wohn-, Ess-, Schlaf- und Kinderzimmer, möglichst gleich groß waren. So lassen sich Nutzungen beliebig austauschen. Später, insbesondere in den 1950er-Jahren, wurden Wohnungsgrundrisse oft mit sehr kleinen Kinder- und großen Wohnzimmern gestaltet und damit die Nutzungen weitgehend festgelegt. Aber auch ein solcher Grundriss kann ein Potenzial darstellen: Von einem großen Wohnzimmer lässt sich, je nach dem Schnitt der übrigen Wohnung, möglicherweise ein Raum abtrennen, der beispielsweise als zweiter Schlafraum genutzt werden kann, wenn ein gemeinsames Schlafzimmer nicht mehr gewünscht wird oder wenn ein Bewohner oder eine Bewohnerin bettlägerig wird und trotzdem am gemeinsamen Leben teilhaben möchte.

Breitere Türen erleichtern das Rangieren mit dem Rollstuhl und können den Verbleib in der vertrauten Umgebung ermöglichen.

Treppenlifte mit Einschienensystem haben die geringste Tragfähigkeit und eignen sich für die Beförderung von einer Person ohne Rollstuhl. Die Schienen werden, je nach Gegebenheit, entweder an der Treppeninnenseite, an der Wand oder auf den Stufen montiert.

POTENZIAL TÜREN VERBREITERN

Sind die Flure breit genug, lohnt sich ein Blick auf die Türen. Wo lassen sich zumindest sehr schmale Türen mit einer lichten Durchgangsbreite verbreitern? Könnte eine Tür versetzt und an neuer Stelle mit einer größeren Durchgangsbreite geplant werden? Muss der Raum, beispielsweise die Küche, überhaupt abgetrennt werden, oder könnte die trennende Wand mit der zu schmalen Tür ganz herausgenommen werden und ein großzügiger Küchen-Ess-Wohnbereich entstehen?

POTENZIAL AUFZUG

Beim Treppenhaus beziehungsweise dem Treppenauge ist die Größe entscheidend dafür, wie und was hier nachgerüstet oder angepasst werden kann. Ein Homelift ist die elegantere, aber auch teurere Lösung und benötigt mehr Platz. Falls Sie sich vorstellen können, später einen solchen Aufzug nachzurüsten, überlegen Sie schon beim Neubau, wo Sie diesen integrieren wollen. Wichtig ist, dass die Fläche und die statischen Möglichkeiten zum Einbau eines Lifts bereits vorgerüstet werden. Für die einfachere **NACHRÜSTUNG** mit einem Treppensitzlift ist vor allen Dingen relevant, dass die Umfassungswand statisch so ausgelegt ist, dass die Treppenliftschiene hier ohne Probleme befestigt werden kann. Grundsätzlich stellt dies auch im Altbau nur selten ein Problem dar.

POTENZIAL WINDFANG

Wie sieht es mit Ihrem Eingangsbereich aus? Gibt es in Ihrem Haus einen Windfang? Der Windfang hat eine besonders wichtige energetische Rolle gespielt, als die Qualität von Eingangstüren noch deutlich schlechter war als heute. Dieser an die Eingangstür angrenzende Bereich dient als zusätzlicher Puffer, damit die kalte Außenluft nicht sofort das ganze Haus auskühlt. Wo häufig am Tag die Haustür geöffnet wird, ist es gut, durch einen Windfang eine Kälteschleuse einzubauen. Dort aber, wo dies nicht der Fall ist und zudem die Möglichkeit besteht, eine sehr gut gedämmte und dichte Haustür einzubauen, könnte die Fläche des Windfangs dem daran anschließenden Flurbereich zugeschlagen werden. Denn mit einem großzügigen Eingangsbereich können Sie sich das Leben wirklich erleichtern, sowohl durch hinreichende Bewegungsfreiheit beim An- und

Eine nachträgliche Erweiterung der Wohnfläche kann den Wohnkomfort durch großzügige Bewegungsflächen auf der gleichen Ebene steigern.

Ausziehen als auch durch eine gut nutzbare Sitzgelegenheit, um bequem die Schuhe wechseln zu können.

POTENZIAL GRUNDSTÜCK

Natürlich birgt auch die Größe des Grundstücks ein enormes Potenzial, wenn es um Barrierefreiheit geht, sei es, um beispielsweise ein barrierefreies Minihaus auf das Grundstück zu stellen oder mit einem Anbau die Erdgeschossfläche zu erweitern. Hier sind Ihrer Fantasie keine Grenzen gesetzt: ein zusätzlicher Individualraum, ein barrierefreies Bad oder ein großzügiger Wintergarten, der komfortabel auch mit dem Rollstuhl erreicht werden kann. Auch die Raumerweiterung durch einen großzügigen Anbau als neue Eingangssituation kann die Gesamtsituation enorm entschärfen.

Individuallösungen und kreative Planung

Es ist erstaunlich, welche Lösungen gefunden werden können, wenn die Frage lautet: Was brauche ich oder was braucht die betroffene Person genau, und wie ließe sich dieser Nutzen erzielen, auch ohne sich gedanklich von den obligatorischen Produkten eingrenzen zu lassen? Werden Sie erfinderisch und lassen Sie in der Planungsphase auch ungewöhnliche Ansätze zu. Sie wissen am besten, welche Hürden beseitigt werden sollen.

Wird eine Maßnahme geplant, die ohnehin aus eigener Tasche bezahlt werden muss, ist im Eigenheim im Grunde genommen alles erlaubt. Oder wie heißt es so schön? Erlaubt ist, was gefällt. Sofern nicht die Einhaltung der DIN 18040 zum barrierefreien Bauen notwendig ist, sind Ihre persönlichen Wünsche und Bedürfnisse der Maßstab aller Maßnahmen. Zudem schafft die neue Fassung der DIN selbst Spielräume für kreative, innovative Lösungsansätze, da die verfolgten Schutzziele die Grundlage der Neubau- oder Anpassungsmaßnahmen darstellen sollen und nicht allein die Einhaltung der DIN (siehe „Wann müssen welche Vorgaben eingehalten werden?“, ab Seite 18). Dabei sind Ihrer Kreativität keine Grenzen gesetzt. Es kann sich um ebenso simple wie praktische Lösungen handeln, aber auch um technische Raffinessen, wie die folgenden Beispiele deutlich machen.

Klappbare Rampen sind platzsparend, bieten Flexibilität und geben je nach Bedarf den darunterliegenden Laufweg rasch und problemlos wieder frei.

FUSSMATTE TAUSCHEN

Ein einfaches Beispiel ist der Austausch einer eingelassenen, bremsenden Fußmatte im Eingangsbereich gegen ein glattes Holzbrett. Warum kann das sinnvoll sein?

Eine auf den Rollstuhl angewiesene Person, die aber dennoch kurzzeitig aufstehen und sich wenige Schritte vorwärts bewegen kann, muss dies auch tun, da der Rollstuhl nicht durch die Tür des kleinen Gäste-WCs im Erdgeschoss passt. Vor der Tür lag allerdings noch eine in den Boden eingelassene Fußmatte. Die an Multipler Sklerose erkrankte Person kann zwar aufstehen, muss aber die Füße über den Boden schieben, da der Fußheber nicht mehr funktioniert. Die Oberfläche der Fußmatte stellte so ein Hindernis, wenn nicht sogar eine erhöhte Sturzgefahr dar. Abhilfe schaffte hier eine denkbar einfache Lösung: der Austausch der Matte gegen ein selbst zurechtgeschnittenes und behandeltes Holzbrett mit glatter, ästhetischer Oberfläche. In diesem konkreten Beispiel handelt es sich um eine private Maßnahme ohne besondere Kosten, die zudem eine deutliche Verbesserung der Situation für die betroffene Person darstellte.

SPRACHSTEUERUNG FÜR DEN LIFT

In einem Einfamilienhaus sollte für einen Rollstuhlfahrer ein Aufzug nachgerüstet werden. Dieser wiederum sollte zusätzlich zur Fernbedienung auch per Sprache gesteuert werden können, da der Bauherr nicht in die Situation kommen wollte, dass ihm die Fernbedienung herunterfällt und er dann nicht mehr selbstständig den Aufzug hätte bewegen können. Eine solche Sprachsteuerung wurde von Herstellerseite aber nicht angeboten. Dank eines befreundeten IT-Spezialisten konnte hierfür eine individuelle Lösung gefunden werden.

RAMPE ZUM KLAPPEN

Gebraucht wurden zwei individuell angefertigte Rollstuhlrampen in einem Mietreihenhaus für die Nutzung mit einem Rollstuhl mit kraftverstärkendem Elektroantrieb. Auf der Vorderseite des Hauses mussten drei Eingangsstufen überwunden werden, auf der Rückseite eine Stufe plus der Terrassentürschwelle. Auf der Eingangsseite gab es zudem die Herausforderung, dass der kleine Handlauf an der Hauswand weiterhin zu nutzen sein sollte. Gleichzeitig war dies allerdings der einzig mögliche

Platz für die Rampe. Die Lösung: Die Rampe lässt sich der Länge nach einklappen, sodass die Stufen sicher mithilfe des Handlaufs begehbar sind. In ausgeklapptem Zustand ist sie dennoch stabil und ebenfalls sicher befahrbar.

Auf der Terrassenseite wiederum wurde eine Lösung gebraucht, die nicht nur die Stufe, sondern auch die Schwelle überbrückt. Diese Schwellenrampe hat ebenfalls einen Klappmechanismus, allerdings in der Querrichtung. Ist sie ausgeklappt, lässt sich die Schwelle problemlos überfahren. Ist sie eingeklappt, lässt sich die Tür schließen.

Kleine Lösungen und Kombilösungen

Neben kreativen Lösungen sind es oft auch die kleinen Maßnahmen, die einen staunen lassen, was alles möglich ist. Gerade Ideen, die mit wenig Aufwand und ohne Eingriffe in die Bausubstanz zum Ziel führen, sind ideal für Mietwohnungen oder -häuser. In der Regel sind dies dann auch die Maßnahmen, die bei begrenztem Budget gut umsetzbar sind. In jedem Fall stellen sie oftmals einen ersten Schritt dar. Nicht jeder und jede beginnt direkt mit dem Komplettumbau.

HILFSMITTEL

Wer seinen Alltag analysiert und überlegt, wo eigentlich genau die Einschränkungen liegen, wird feststellen, dass mitunter schon einfachste Hilfsmittel eine große **ERLEICHTERUNG** bedeuten. So kann es bereits hilfreich sein, an der richtigen Stelle einen zusätzlichen stabilen Stuhl als „Zwischenstopp" zu deponieren. Haltegriffe an optimaler Stelle, ein Badewannenbrett, mit dem man sich auf Höhe des Wannenrandes setzen kann, ein Duschhocker oder einfache Kunststoffelemente zur Überwindung der Balkonschwelle gehören zu den beliebtesten Hilfsmitteln, die von Ratsuchenden angenommen werden. Aber auch Anziehhilfen, Waschhilfen oder Stehhilfen tragen dazu bei, das selbstständige Leben in den eigenen vier Wänden möglichst lange aufrechtzuerhalten. Auch wenn die Optik der im Handel erhältlichen Hilfsmittel mitunter nicht besonders ansprechend ist – gerade Modelle, die von der Krankenkasse bezahlt werden, gewinnen selten Designpreise –, können sie ohne viel Aufwand für eine enorme Erleichterung bei der Bewältigung des Alltags sorgen.

MASSNAHMEN OHNE EINGRIFF IN DIE BAUSUBSTANZ

Neben reinen Hilfsmitteln gibt es eine ganze Reihe von kleineren Maßnahmen, die ohne Eingriff in die Bausubstanz große Wirkung erzeugen und doch recht effektiv sein können. Diese sogenannten **NIEDERSCHWELLIGEN MASSNAHMEN** sind mit wesentlich geringerem Aufwand, manchmal sogar ohne Baustellen-Feeling, umsetzbar und stellen daher in der Regel auch finanziell eine weniger hohe Hürde dar. Ist zum Beispiel ein höheres WC gewünscht, lässt sich dies in drei abgestuften Varianten erreichen. Erstens: Auf dem bestehenden WC wird ein Kunststoffaufsatz, also ein Hilfsmittel, befestigt. Zweitens: Das WC-Becken wird gegen ein höheres Becken ausgetauscht. Dazu muss zwar ein Handwerker kommen, aber der Aufwand ist überschaubar und die Lösung ist optisch deutlich ansprechender. Die dritte Variante ist der Einbau eines höhenverstellbaren WCs. Damit ist für maximale Flexibilität gesorgt – allerdings hat diese Möglichkeit auch ihren Preis.

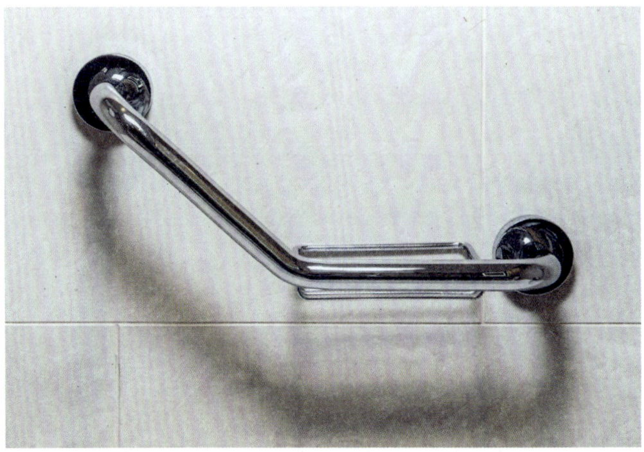

Wandhaltegriffe unterstützen das Gleichgewicht im Bad. Sie erleichtern das Ein- und Aussteigen aus Wanne oder Duschkabine.

BARRIEREFREI UND ENERGETISCH OPTIMIERT

Energetisch sanierte Häuser sind nachhaltig für die Umwelt, ein barrierefrei saniertes Haus ist nachhaltig für Sie! Wenn Sie beides kombinieren, können Sie das Leben in den eigenen, ertüchtigten vier Wänden besonders lange selbst genießen. Wenn Sie sich ohnehin für eine grundlegende Baumaßnahme entschieden haben, dann wickeln Sie gleich beide Anpassungen in einem Rutsch ab. Das spart Kosten und Stress. Am Ende haben Sie eine umfänglich sanierte Immobilie, die Sie, sollten Sie doch irgendwann ausziehen, zu einem entsprechenden Preis verkaufen können.

SICHERHEIT ist nicht nur für viele ältere Menschen ein wichtiges Thema, sondern auch für Personen, die sich durch körperliche Einschränkungen leichter einer bedrohlichen Situation ausgeliefert fühlen. Der Einbruchsschutz ist daher ebenfalls ein Thema der Barrierefreiheit. Entsprechende Maßnahmen, wie Fensterschlösser, Bewegungsmelder oder kabellose Smart-Home-Lösungen, aber auch der Schutz vor und die Hilfe bei Stürzen und anderen Unfällen, wie Sturzmatten oder ein Notrufsystem, haben daher große Wichtigkeit und den Vorteil, dass sie sich sehr gut und in vielen Fällen ohne größere Umbauten nachrüsten lassen.

KOMBIMASSNAHMEN

Wer sowieso vorhat, sein Haus oder seine Wohnung zu modernisieren, kann in diesem Zug viele Maßnahmen zur Barrierefreiheit gleich mit umsetzen und damit die Kosten gering halten. Einiges liegt dabei klar auf der Hand. Soll beispielsweise ohnehin nach 20 Jahren Familienleben das Bad modernisiert werden, wäre es schon fast fahrlässig, diese Gelegenheit nicht zu nutzen, um die neuen Sanitärmöbel anzupassen, Befestigungsmöglichkeiten für Haltegriffe zumindest vorzuhalten und eine schwellenfreie Dusche einzubauen. Ein anderer Bereich ist der Eingang. Einige ältere Häuser haben Feuchteprobleme im Kellergeschoss, sodass früher oder später eine Drainage um das Haus gelegt werden muss, um diesen trockenzulegen. Das könnte eine Gelegenheit darstellen, auch die Erschließung des Hauses barrierefrei anzupassen. Hier muss natürlich nicht gleich eine Hebebühne gebaut werden, aber es könnte eine entsprechende Fläche vorbereitet werden. Vielleicht lässt sich auch in die neue Gartengestaltung ein ansteigender Gartenweg integrieren oder das Terrain insgesamt so gestalten, dass gar keine Stufen mehr notwendig sind. Und wie sieht es mit der Haustür aus? Viele Haustüren entsprechen weder aktuellen Energie- noch Sicherheitsansprüchen. Je nach Baujahr der Tür könnte diese gegen eine neue ausgetauscht oder die alte ertüchtigt werden. Wird also ohnehin der Eingangsbereich modernisiert, sollten die Aspekte Sicherheit und ausreichende Bewegungsflächen im Fokus der Planung stehen. Werden die Fenster aus energetischen Gründen ausgetauscht, lassen Sie die Fenstergriffe im unteren Drittel anbringen, dann können Sie die Fenster auch im Sitzen öffnen.

In jedem Fall sparen Sie Kosten, wenn Sie eine Architektin nicht zweimal beauftragen müssen, und auch die Einrichtung der Baustelle muss nicht doppelt erfolgen. Nutzen Sie also die Gelegenheit, energetische und auch andere Modernisierungsmaßnahmen mit einer barrierefreien Planung zu verbinden. So könnten Sie beispielsweise auch Fördergelder für die energetische Ertüchtigung in die Kalkulation einrechnen. Welche Maßnahmen sich gut kombinieren lassen, finden Sie im nachfolgenden Kapitel „Passende Maßnahmen planen“.

INTERVIEW MIT ULRICH MÜLLER

→ „Es gibt ein großes Repertoire."

Spezialisten, die sich mit den Anforderungen von beeinträchtigten Menschen an ihre Wohnumgebung befassen, lenken bei der Planung den Blick auf die entscheidenden Details.

Ulrich Müller ist DIN-geprüfter Fachingenieur „Barrierefrei". Er betreut als Architekt ausschließlich Menschen mit Behinderung, sowohl Ältere als auch Unfallopfer oder Menschen, die schon immer im Rollstuhl sitzen.

Sie arbeiten überwiegend für Menschen, die in einer Notsituation sind und einen speziellen Bedarf haben. Geht es trotzdem um Barrierefreiheit?

Das ist richtig, wir bearbeiten in der Regel sehr individuelle und komplexe Fälle, die eine andere Aufgabe darstellen als barrierefreie Räume in einem öffentlichen Gebäude, das für möglichst viele Zielgruppen zugänglich und nutzbar gemacht wird. Wir arbeiten natürlich in Anlehnung an die DIN, aber meistens sind die Fälle schwieriger. Der Wohnraum muss an den speziellen Bedarf der Kunden angepasst werden.

Was sind die typischen Bereiche, in denen der größte Handlungsbedarf besteht? Beziehungsweise: Welche Maßnahmen für Barrierefreiheit führen Sie häufig durch?

Ganz klar: Eingang, Bad und die vertikale Erschließung. Im Bestand bauen wir dafür häufig Plattformlifte ein. Treppensitzlifte haben zwei Nachteile: Zum einen schränken sie die Laufbreite stärker ein, zum anderen brauchen Rollstuhlnutzende zwei Rollstühle, also einen auf jeder Etage. Sie sind daher nur sinnvoll für Menschen, die nicht auf den Rollstuhl angewiesen sind und wo auch davon auszugehen ist, dass das noch eine Weile so bleibt.

Wie sieht es mit dem Badezimmer aus? Machen Sie dort Einzelmaßnahmen oder eher Komplettumbauten?

Sofern das Geld zur Verfügung steht, sanieren wir das gesamte Bad. Natürlich ist es auch möglich, Maßnahmen Schritt für Schritt durchzuführen, aber wenn es irgendwie möglich ist, entkernen wir das alte Bad bis zum Rohbauzustand und versuchen in einer

→ In der Bauordnung gibt es keine Anforderungen bezüglich des schwellenlosen Übergangs auf den Freisitz. Hier haben viele Bauherren das Problem, dass ausführende Firmen nicht die Gewährleistung übernehmen wollen.

Gesamtlösung möglichst WC, Waschbecken und Dusche anzupassen. In der Regel wird im Zuge der Durchführung eine Fußbodenheizung eingebaut, und alle Vorwandinstallationen können zumindest ertüchtigt werden.

Apropos Dusche – halten Sie schwellenlose Duschen mit Rinne oder mit Mittelgulli für die bessere Lösung?

Die Rinne hat eindeutig ästhetische Vorteile! Die Fliesen müssen nicht auf Gehrung geschnitten werden, sondern sie können im selben Format durchlaufen.

Aber kann es bei der Rinne nicht passieren, dass das Gefälle nur umgesetzt werden kann, indem auf der Raumseite eine Aufkantung entsteht? In Altbauten reicht die Decke oft nicht aus.

In fast allen Fällen kann der geringe Höhenunterschied mit einer festen Abtrennung (Wandscheibe oder Glasabtrennung) kaschiert werden. Direkt neben dem geplanten WC ist so ein kleiner Höhenunterschied ebenfalls problemlos möglich. Das alles wird in einer ganzheitlichen Planung im Detail durchleuchtet und meistens auch – immer in Abhängigkeit der baulichen Voraussetzungen – zur Zufriedenheit der Kunden gelöst.

Was halten Sie vom Einbau einer Tür in die bestehende Badewanne? Ist dies aus Ihrer Sicht eine hilfreiche Maßnahme fürs Bad?

Davon kann ich eigentlich nur abraten! Die Person, die die Wanne benutzen möchte, muss logischerweise erst in die Wanne steigen, um dann das Wasser einzulassen. Das ist schon eine kalte Angelegenheit. Noch schlimmer ist es allerdings, wenn man nach dem Bad in der Badewanne warten muss, bis das Wasser abgelaufen ist.

Der dritte neuralgische Bereich, den Sie erwähnt haben, ist der Eingang. Welche Maßnahmen sind hier sinnvoll, wenn es nicht um Rollstuhlgerechtigkeit geht, sondern um Barrierefreiheit?

In jedem Fall muss im Eingangsbereich ausreichend Platz sein. Das heißt, auch wenn die Haustüren in der Regel breit genug sind, kann ein zu kleiner Windfang schon Probleme bereiten. Zudem ist das Ziel auf jeden Fall, immer schwellenlos das Haus erreichen zu können. Für einige technische Lösungen sind dabei eine Entwässerungsrinne und ein großes Vordach Voraussetzung. Letzteres sollte allerdings ohnehin eingebaut werden.

Was ist mit dem Übergang zum Freisitz, also auf die Terrasse oder den Balkon?

Hier verbauen wir gerne Hebeschiebetürkombinationen, weil – bei durchdachter Detailplanung – das Bodenführungsprofil des Schiebeelements genau bodenbündig eingebaut werden kann. Der Nutzer muss dann lediglich über Führungsrillen gehen oder fahren.

In der Bauordnung gibt es übrigens keine Anforderungen bezüglich des schwellenlosen Übergangs auf den Freisitz. Hier haben viele Bauherren das Problem, dass ausführende Firmen nicht die Gewährleistung übernehmen wollen, da die Ausführung nur in Verbindung mit einer verpflichtenden regelmäßigen Wartung der Magnetdichtungen steht. Der Bauherr muss den Ausführenden diese Wartungspflicht schriftlich bestätigen.

Wenn ein Kunde oder eine Kundin den Weg zu Ihnen gefunden hat, wie läuft so ein Ersttermin ab?

Das Wichtigste für die Planung ist, dass wir wirklich wissen, was der Kunde oder die Kundin kann und wo es Schwierigkeiten gibt. Wir stellen also viele Fragen, zum Beispiel: Wie gehen Sie ins Bett? Können Sie sich das Essen noch selbst zubereiten?

Oder auch sehr intime Fragen wie: Gehen Sie selbstständig auf die Toilette oder werden Sie mit dem WC-Stuhl über die Toilette geschoben? Anschließend müssen wir das Haus analysieren und aufmessen, um zu sehen, was überhaupt möglich ist.

Gibt es Grenzen? Also kann es passieren, dass ein Haus nicht angepasst werden kann?

Ja, leider gibt es das tatsächlich, aber sehr selten. Es gibt Häuser, die so klein sind, dass es nicht möglich ist, Wände zu versetzen, Räume größer zu machen und somit die ausreichenden Bewegungsflächen zu schaffen. Wenn das Grundstück das hergibt, könnte ein Anbau helfen, sonst bleibt nur der Neubau. Aber „zu klein" ist relativ. Wir haben auch schon ein ehemaliges Gäste-WC plus einem daneben liegenden Abstellraum mit insgesamt nicht einmal fünf Quadratmetern zu einem nahezu barrierefreien Bad umgebaut, immer in direkter Abhängigkeit von den Einschränkungen des Nutzers. Und es gibt natürlich auch finanzielle Grenzen, also wenn nur bestimmte Maßnahmen Abhilfe schaffen würden, die nicht bezahlt werden können. Das ist es, was mich so fasziniert an dem Thema: Wir überlegen uns technische und bauliche Accessoires und Möglichkeiten, um es jemandem so einfach wie möglich zu machen, darin zu wohnen. Es gibt mittlerweile ein großes Repertoire, wie man das möglich machen kann. Das muss nicht unbedingt ins Geld gehen.

Es heißt immer, es sei deutlich günstiger, die Barrierefreiheit schon im Neubau zu berücksichtigen. Haben Sie dazu einen Vergleich?

Eine breitere Tür im Neubau einzuplanen kostet vielleicht 100 oder 200 Euro zusätzlich. Müssen Sie im Altbau einen Türdurchgang nachträglich verbreitern und eine neue Tür nachrüsten, liegen Sie schnell bei 2500 Euro mit allen notwendigen Anpassungsmaßnahmen. Mehrkosten verursachen im Neubau im Grunde die Flächen, die im rollstuhlgerechten Haus mehr gebraucht werden. Ein Aufzug oder eine Nullschwelle verursachen natürlich auch im Neubau zusätzliche Kosten. Die Mehrkosten sind aber marginal im Vergleich zum Nachrüsten im Bestand. Wir sprechen hier von technischen Sonderausstattungen.

Was sind Ihrer Erfahrung nach typische Hemmnisse von Ratsuchenden?

Die größte Angst besteht nach meiner Einschätzung vor den Kosten und vor den komplexen Anforderungen mit teilweisen unklaren Standards, die ein Umbau mit sich bringt.

Was raten Sie den Bauherren?

Es ist auf jeden Fall wichtig, größere Maßnahmen von Anfang an von jemandem begleiten zu lassen, der oder die vom Fach ist. Wer beispielsweise neu bauen will, sollte am besten schon bei der Grundstückssuche jemanden einbinden, um nicht am Ende Probleme zum Beispiel mit dem Gefälle und der Zuwegung zu bekommen.

Übernehmen denn Architekturbüros so kleine Aufträge?

Da kann ich nur von mir sprechen: Ich nehme jeden Auftrag mit dem Hintergrund „barrierefrei" oder „rollstuhlgerecht" an, weil ich mein Zusatzfachwissen anbringen und den Leuten helfen kann. Aber es gibt auch Sanitärbetriebe, die sehr viel wissen und sich intensiv mit barrierefreien Bädern beschäftigt haben. So gibt es inzwischen schlüsselfertige Bäder, die von Sanitärfirmen angeboten werden, in die auch Maler, Elektriker und Fliesenleger eingebunden sind. Dann fungiert die Sanitärfirma quasi als Generalunternehmer für das Bad, was entsprechend mit bezahlt werden muss.

→ Passen Sie auf, dass eine Nullschwelle wirklich als Nullschwelle ausgeführt wird und nicht als Zwei-Zentimeter-Schwelle!

3 Den eigenen Bedarf zu hinterfragen ist wichtig, das Angebot an Möglichkeiten zur barrierefreien Gestaltung zu kennen eine ebenso notwendige Voraussetzung. Finden Sie für sich die beste Option von der schlüssigen Grundrissaufteilung über die bodengleiche Dusche bis zur passenden Smart-Home-Lösung.

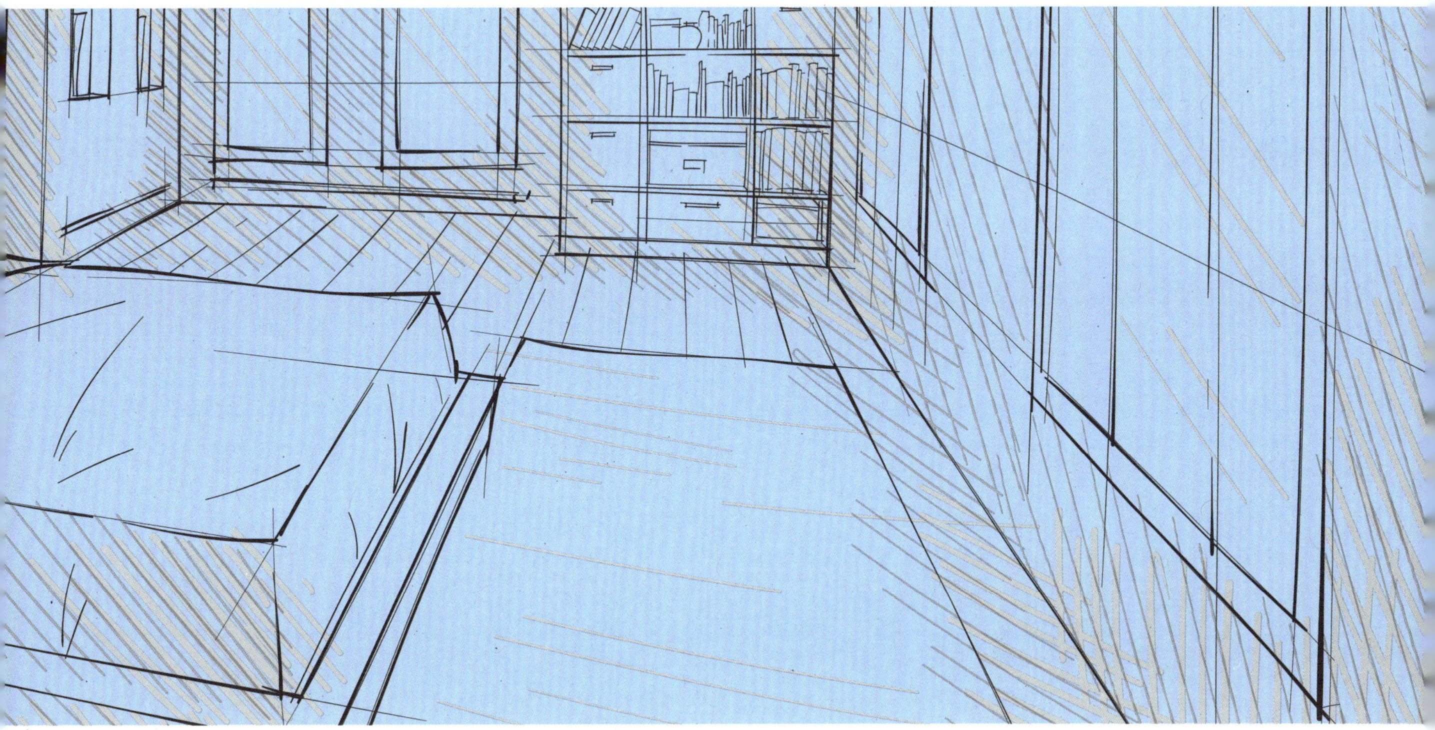

→ **Grundrissaufteilung und Raumnutzung** Gewohntes überdenken ist ein wichtiger Schritt, wenn es um neue Lösungen im Bestand geht. Generell, also auch im Neubau, ist bei der barrierefreien Grundrissgestaltung Flexibilität ein wichtiger Baustein.

WAS ERFAHRE ICH?

Viele Menschen halten auf dem Weg zum barrierefreien Haus oder zur barrierefreien Wohnung zunächst an Gewohntem fest. Dabei liegt es nahe, die vorhandenen Räume anders als bisher zu nutzen. Am einfachsten ist das, wenn das Haus oder die Wohnung über **GLEICHWERTIGE INDIVIDUALRÄUME** verfügt. Vielleicht kann aber auch ein sehr großer Raum in zwei kleine Räume unterteilt werden. Es kann sich ein regelrechter Knoten lösen, wenn beim **BRAINSTORMING** zum Wohnungsgrundriss erst einmal alles erlaubt ist. Jeder Gedanke darf gedacht und sollte auch laut ausgesprochen und diskutiert werden.

Wurde der Grundriss jahrzehntelang auf dieselbe Weise genutzt, dauert es unter Umständen etwas, sich davon zu lösen und alles noch einmal ganz neu zu organisieren. Wie einfach oder komplex die Umsetzung einer solchen Veränderung ist, hängt von mehreren Faktoren ab. Im Folgenden skizzieren wir einfache Maßnahmen, komplexere Eingriffe und Kombinationsmöglichkeiten. Wir beginnen beim Grundriss und bewegen uns anschließend durch die verschiedenen Wohnbereiche.

Tauschen statt umbauen

Mit der Grundrissänderung können sehr aufwendige Maßnahmen einhergehen, denn oftmals soll mehr Bewegungsfläche durch Wegfall oder Verschieben von Trennwänden geschaffen werden. Manchmal sind es aber auch gerade die simplen Lösungen, die zu erstaunlich effektiven Ergebnissen führen.

ZIMMERTAUSCH

Am einfachsten ist es, die Nutzung zweier Räume zu tauschen oder ein frei gewordenes Zimmer mit einer neuen Nutzung zu belegen. Gibt es beispielsweise einen Raum im Erdgeschoss, der der mobilitätseingeschränkten Person als Schlafzimmer dienen kann, liefert diese Möglichkeit eine schnelle und einfache Lösung.

In vielen Einfamilienhäusern, insbesondere in Reihenhäusern, liegen die Individualräume allerdings im Obergeschoss. Im Erdgeschoss befinden sich oftmals Küche, Essbereich und Wohnzimmer. Mitunter gibt es aber durchaus abgeschlossene Esszimmer, die auch als Privaträume umgestaltet und somit anders genutzt werden könnten.

Bei der Umnutzung von Räumen lässt sich auch das gemeinsame Schlafzimmer in zwei getrennte Zimmer aufteilen, beispielsweise weil einer von beiden schnarcht oder die andere nachts des Öfteren die Toilette aufsuchen muss. In diesem Fall muss nicht eines der Zimmer im Erdgeschoss liegen. Dann handelt es sich allerdings streng genommen auch nicht um eine barrierefreie, wohl aber um eine altersgerechte Maßnahme, die je nach persönlichem Befinden durchaus die Lebensqualität heben kann.

DIE MÖBLIERUNG ÄNDERN

Überprüfen Sie nicht nur die Zimmernutzung, sondern auch die **EINRICHTUNG** Ihrer Räume. Indem Sie die Möblierung an Ihre aktuellen Bedürfnisse und Fähigkeiten anpassen, lässt sich ohne bauliche Eingriffe häufig eine barrierefreie oder zumindest barrierearme Wohnumgebung schaffen. Dabei geht es einerseits darum, in vielen Bereichen für ausreichende **BEWEGUNGSFLÄCHEN** zu sorgen und auf der anderen Seite zusätzliche **SITZMÖGLICHKEITEN** zu schaffen, durch die Arbeiten erleichtert, Wege überbrückt oder Tätigkeiten wieder möglich gemacht werden.

In vielen kleinen Küchen der 1950er-Jahre war beispielsweise gar keine Fläche für einen Tisch mit Bestuhlung vorgesehen. In solchen Fällen lässt sich Abhilfe schaffen, indem unterhalb der vorhandenen Arbeitsfläche ein herausziehbares Brett installiert wird. Falls hierfür sowieso ein Teil der Unterschrankfläche geopfert werden muss, findet dann auch gleich der Stuhl seinen Platz, der sonst im Weg stehen würde. Auch im Flur oder Garderobenbereich und im Bad sollte es Sitzgelegenheiten zum Anziehen der Schuhe, zum Ankleiden sowie für die Morgentoilette geben.

Die Möblierung zu ändern kann auch einfach nur bedeuten, die Waschmaschine aus dem Badezimmer in die Küche zu stellen, um so die Bewegungsflächen im Bad zu vergrößern.

Wie sieht es im Schlafbereich aus? Wenn es um die Pflege einer Person geht, muss man von drei Seiten an das Bett gelangen können. Die benötigte Fläche dafür sollte vorgehalten werden, das Bett muss aber nicht von Beginn an in dieser Position im Raum stehen. Ebenso kann es zunächst an zwei Seiten an die Wände geschoben und im Bedarfsfall abgerückt werden.

Wurde bislang ein Doppelbett genutzt, kann man daraus auch zwei Einzelbetten machen und diese jeweils an den Rand schieben. So entsteht deutlich mehr Bewegungsfläche im Raum. Und natürlich kann auch ein schmaleres Bett für mehr Bewegungsfläche sorgen.

AUFWAND REDUZIEREN

Denken Sie auch einmal darüber nach, welche Räume Ihrer Immobilie Sie derzeit überhaupt noch nutzen. Könnte es eine Erleichterung sein, wenn Sie in Zukunft weniger Räume sauber und ordentlich halten müssten? Besteht die Möglichkeit, das Haus in zwei Wohneinheiten zu gliedern beziehungsweise eine Einliegerwohnung vom Rest des Hauses abzutrennen? Oder wäre ein Wohnungstausch eine Option?

AUSLEUCHTUNG UND ELEKTRIK

Die Beleuchtung hat nicht direkt etwas mit dem Grundriss des Hauses zu tun, wohl aber mit der optimalen Nutzung der Räume. So können mit dem richtigen Licht ganze Zimmer oder einzelne Bereiche besser genutzt werden. Dabei sollten Sie nicht nur an Kunstlicht denken. Wenn etwa durch die Vergrößerung eines Fensters mehr Tageslicht in einen Raum fällt, kann das die Atmosphäre und auch die Nutzungsmöglichkeiten dieses Raumes entscheidend verändern. Lesen Sie mehr zum Thema Licht und Beleuchtung auf Seite 137.

Wichtig: Wenn ohnehin die Elektroleitungen neu gemacht werden müssen, überdenken Sie die neue Planung auch in puncto Barrierefreiheit: Steckdosen und Lichtschalter am richtigen Platz sind Gold wert!

BEISPIEL: BAD- UND KÜCHENTAUSCH

In einem 70 Quadratmeter großen Ferienhaus befand sich direkt neben dem Eingangsflur ein recht kleines und entsprechend enges Badezimmer. Um das Bad herum, links den Flur entlang, kam man zur Küche. Diese war ausgesprochen groß, was aber gar nicht so sinnvoll war, da der eigentliche Essplatz vorne im Wohnzimmer lag. Einkäufe mussten also umständlich in die Küche und das zubereitete Essen wiederum in den Essbereich gebracht werden. Der große Platz in der Küche war im Grunde verschenkte Fläche.

Es lag also nahe, Bad und Küche zu tauschen. Die Küche ist nun nicht mehr abgetrennt, sondern ein Teil der Eingangsdiele. Das wäre vielleicht in einer Privatimmobilie etwas gewöhnungsbedürftig, im Falle des Ferienhauses ist es eine echte Wohltat! Die Einkäufe können direkt dort abgestellt werden, wo sie gebraucht werden, das Haus ist offen und hell, die Wege werden verkürzt, und eine Person im Rollstuhl kann sich sowohl im nun sehr großen Bad als auch im gesamten Haus sehr gut bewegen.

Nachdem das Bad mit der Küche getauscht worden war, konnte diese ohne Trennwände mit der Diele zu einem großzügigen offenen Küchenbereich zusammengefasst werden.

Neue Raumaufteilung

Wenn Sie Grundrissveränderungen nicht scheuen, bieten sich durch das Entfernen und Hinzufügen von Wänden sehr viel mehr Möglichkeiten, um die Wohnung oder das Haus an Ihre Bedürfnisse anzupassen. Sollte es in Ihrem Haus zum Beispiel kein separates Esszimmer mehr geben, lohnt es sich, in alten Plänen nachzusehen, ob hier bei einem früheren Umbau Trennwände weggenommen wurden, die nun wieder ergänzt werden könnten. Natürlich können Sie auch unabhängig von dieser alten Planung mit Trockenbauwänden relativ schnell neue Räume schaffen. Gerade wenn die Kinder aus dem Familienhaus ausgezogen sind, kann es eine gute Möglichkeit sein, nun auf den großen Tisch im Wohnbereich zu verzichten und den Essplatz in die Küche zu verlegen. So kann das Wohnzimmer in zwei Räume geteilt und ein zusätzlicher Schlafraum im Erdgeschoss untergebracht werden.

WÄNDE VERSCHIEBEN

Keine Sorge: Das **ERRICHTEN** einer Trockenbauwand bringt verhältnismäßig wenig Dreck mit sich. Mit einer doppelten Beplankung und speziellen Schallschutzplatten lässt sich zudem eine erstaunlich gute Schalldämmung erzielen. Geht es um das **ENTFERNEN** von Wänden, sieht es etwas anders aus. Je nach Beschaffenheit der Wand ist dabei mit deutlich mehr Schmutz und Lärm zu rechnen. Beim Einreißen einer gemauerten Wand oder einer Betonwand muss man schon von echter Baustellenatmosphäre sprechen.

Wer plant, eine Wand zu entfernen, muss unbedingt zunächst von Fachleuten prüfen lassen, ob es sich um eine tragende Wand handelt. Zwar können im Prinzip auch tragende Wände entfernt werden, wenn stattdessen eine Unterfangung, beispielsweise mit einem Stahlunterzug, vorgesehen wird. Diese Maßnahme ist allerdings aufwendig und in der Regel nur sinnvoll, wenn ohnehin das gesamte Haus saniert wird. Zudem muss hierfür, je nach Bundesland, ein Bauantrag gestellt werden (siehe Kapitel „Experten finden und beauftragen" ab Seite 142). Wenn es sich tatsächlich um eine tragende Wand handelt, die mit einem Unterzug abgefangen werden muss, nimmt der Eingriff zwischen drei Tagen und einer guten Woche in Anspruch: Die alte Wand muss rausgeschlagen und der Unterzug eingefügt werden. Dann müssen alle betroffenen Oberflächen neu verputzt und gestrichen werden. Der Aufwand ist natürlich abhängig von der Größe und Beschaffenheit der Wand und der Erfahrung und Professionalität der ausführenden Firma. Versierte Firmen entfernen eine bestehende Wand unter Umständen in nur einem oder einem halben Tag, sodass die gesamte Maßnahme in nur drei Tagen fertiggestellt sein kann. Das reduziert nicht nur die Dauer des lästigen Baulärms, sondern auch die Staubemission. Fragen Sie nach, welche Maßnahmen die Firma generell für den Staubschutz ergreift. Handelt es sich um eine nicht tragende massive Wand, entfällt die Unterfangung, und die Bauzeit reduziert sich um circa ein Drittel.

Neben dem **VERSCHIEBEN VON TRENNWÄNDEN** kann es auch sinnvoll sein, Flurwände zu verziehen. Ein breiterer Flur oder ein Flur, der sich stellenweise aufweitet, bietet mehr Bewegungsfläche im Garderoben- und Eingangsbereich, wo nicht nur Raum zum An- und Ausziehen sein muss, sondern unter Umständen auch, um den Rollator oder ein anderes Hilfsmittel abzustellen oder um überhaupt mit inem Rollator die Tür öffnen und durch sie hindurchgehen zu können.

NEUE RÄUME SCHAFFEN

Gerade in den Grundrissen der Nachkriegszeit sind die Wohnzimmer als Repräsentationsräume deutlich größer als die übrigen Zimmer und bieten oftmals genug Fläche, um hier einen zusätzlichen Schlafraum im Erdgeschoss abtrennen zu können. Dieser könnte dann sowohl als ständiger Individualraum einer Bewohnerin oder eines Bewohners dienen, die oder der nicht mehr in der Lage ist, das obere Stockwerk zu erreichen, oder er könnte als temporäres Pflegezimmer genutzt werden, wenn eine Person für eine bestimmte Zeit auf das Bett angewiesen ist, aber dennoch gerne in der Nähe des zentralen Geschehens im Haus sein möchte. In der übrigen Zeit könnte das Zimmer als Gäste- oder Ausweichzimmer genutzt werden.

Ein neues Zimmer ist auch eine sinnvolle Maßnahme, um eine ständige Pflegeperson im Haus oder der Wohnung unterzubringen, wobei dieses Zimmer dann nicht zwingend im Erdgeschoss liegen muss.

Auch eine großzügige Wohnküche kann unter Umständen noch einmal geteilt werden, sodass Waschmaschine und Trockner aus dem Keller in einen neuen Hauswirtschaftsraum im Erdgeschoss wandern können.

STANDORT BADEZIMMER

Die Möglichkeit, sich im intimen Raum Badezimmer so lange wie möglich eigenständig bewegen und versorgen zu können, ist für die Lebensqualität entscheidend, sodass alle Möglichkeiten für ein **BARRIEREFREIES BAD** geprüft werden sollten. Das heißt, es geht nicht nur darum, was in dem vorhandenen Badezimmer möglich ist (siehe Kapitel „Das barrierefreie Bad" ab Seite 82), sondern beispielsweise auch um die Frage, ob das Bad in einem anderen Raum in Zukunft besser untergebracht wäre. Aufgrund der vorhandenen Installationen bieten sich dafür insbesondere die Küche und angrenzende Räume an. Hätte es Vorteile,

Küche und Bad zu tauschen? Könnte das an die Küche grenzende Esszimmer zum barrierefreien Bad umgebaut werden? Oder könnte das Gäste-WC im Eingangsbereich durch einen Anbau erweitert werden?

Besteht sonst die Möglichkeit, das Badezimmer zu verbreitern? Welches Zimmer grenzt an das Bad? Ist es denkbar, dieses entsprechend zu verkleinern oder ganz darauf zu verzichten, sodass die Fläche komplett dem Bad zugeschlagen werden kann? Bedenken Sie, dass es dabei gar nicht immer um Meter geht. Manchmal sind es nur wenige Zentimeter, die den Unterschied machen. Den zusätzlichen Platz im Bad werden Sie sehr wahrscheinlich sinnvoll nutzen können, da hier sehr viele unterschiedliche **BEWEGUNGSABLÄUFE** funktionieren müssen, während weniger Fläche in einem anderen Raum gut zu verkraften ist. Nicht unwichtig für den zu erwartenden Aufwand ist, ob in der zu verschiebenden Wand die Installationsrohre liegen oder nicht.

Falls Ihr Haus eine separate Küche aufweist, ließe sich die Küche vielleicht auch dem offenen Wohnbereich zuschlagen und im Küchenraum ein Bad installieren. Das muss man natürlich mögen. Nicht jeder und jede will sich auf den Spülberg gucken lassen oder hat gerne den Fischgeruch in der ganzen Wohnung. Vielleicht ist aber auch denkbar, die Räume nur zu tauschen, ohne die Küche einem anderen Bereich zuzuschlagen, auch wenn das bedeutet, dass die Küche nun sehr schmal würde. Das hängt ganz von der persönlichen Situation ab und davon, wer die Küche in Zukunft nutzen soll, denn letztendlich geht es ja um Wohnkomfort.

Wie aufwendig eine Verlegung des Badezimmers im konkreten Fall wird, hängt entscheidend davon ab, ob Leitungen verlegt werden müssen und wenn ja, wohin. So ist ein Umzug des Badezimmers in ein angrenzendes Zimmer deutlich einfacher als in einen weiter entfernten Raum oder in das Obergeschoss, da die Leitungen in der Regel im Keller liegen.

WOHNEINHEITEN UNTERTEILEN

Eine Unterteilung des Hauses in zwei eigenständige Wohneinheiten kann zum Beispiel dann infrage kommen, wenn das Obergeschoss nicht mehr aktiv genutzt wird, sondern vor allem als Abstellraum oder gelegentliches Gästezimmer dient. Die Vorteile einer solchen Maßnahme sind durchaus bedenkenswert: Nicht nur entfällt die Verantwortung für die Reinigung und Instandhaltung von letztlich überflüssigen Räumen. Die zweite Wohneinheit ist vermietbar und kann Ihnen eine **ZUSATZEINNAHME** verschaffen. Außerdem sind Sie nicht mehr alleine im Haus – bei guter Nachbarschaft ein nicht zu unterschätzender Vorteil. Ob ein Haus dafür geeignet ist, in zwei Wohneinheiten untergliedert zu werden, und welcher Aufwand dafür notwendig ist, muss natürlich genau geprüft werden. Wichtige Punkte sind dabei vor allem die Erschließung, das Bad und die Küche. Gibt es eine elegante Möglichkeit, das obere Geschoss unabhängig vom Untergeschoss zu erreichen? Kann eine Außentreppe die Lösung sein? Gibt es im unteren Geschoss ein Bad oder die Möglichkeit, ein neues Bad zu schaffen? Ähnliches gilt im Obergeschoss für die Küche, wobei eine kleine Pantryküche im Prinzip relativ unproblematisch nachgerüstet werden kann.

In Bezug auf die Erschließung bieten Häuser am Hang hier einen echten Vorteil, da sie an verschiedenen Punkten des Terrains ohne zusätzliche Treppen erreicht werden können. Aber es handelt sich dabei nicht automatisch um barrierefreie Erschließungen, denn nicht jede Steigung des Hangs kann mit Hilfsmitteln überwunden werden.

Wertvollen Raum gewinnen

Durch Kombimaßnahmen lässt sich häufig Raum gewinnen. Gemeint sind sowohl miteinander verknüpfte Anpassungen zum barrierefreien Bauen als auch Kombinationen von Barrierefrei-Maßnahmen mit beispielsweise energetischen oder anderen Modernisierungen. Welche solcher Maßnahmen bieten in Bezug auf den Grundriss **SYNERGIEEFFEKTE**? Welche lassen sich sinnvollerweise miteinander verbinden, sodass am Ende eine nachhaltige Lösung entsteht und sogar etwas Geld gespart werden kann? Dafür lohnt sich insbesondere die eingehende Betrachtung des Grundrisses. Erst mit dem Blick auf das große Ganze werden Zusammenhänge und Abhängigkeiten, aber auch charmante Lösungsmöglichkeiten deutlich.

NEUER EINGANG

Wird aus energetischen Gründen eine neue Haustür eingebaut, lässt sich das unter Umständen gut mit einer Barrierefrei-Maßnahme verbinden. Möglichkeiten dafür bieten der Bereich außen vor dem Eingang, also das Eingangspodest, die Überdachung über dem Eingang und eventuell auch die Eingangsstufen, außerdem der Flurbereich innen. Falls Ihr Haus einen Windfang aufweist, wird dieser mit der neuen, energetisch hochwertigeren Eingangstür möglicherweise überflüssig. Wenn Sie den Windfang dem Eingangsbereich zuschlagen können, gewinnen Sie dort wertvolle Bewegungsfläche. Viele Häuser haben im Eingangsbereich auch ein, mitunter enges, Gäste-WC, das mit dem Wegfall des Windfangs eventuell vergrößert werden kann.

ERWEITERUNG DURCH EINEN ANBAU

Die Erweiterung der Eingangssituation durch einen Anbau oder Vorbau sieht man sehr häufig bei Sanierungen von Siedlungshäusern der 1920er- und 30er-Jahre oder bei kleineren Einfamilienhäusern der Nachkriegszeit. Sie haben häufig so enge Eingangsbereiche, dass viele Familien den Garderobenbereich vor dem alten Eingang in einem neuen Vorbau unterbringen, um Bewegungsfreiheit zu gewinnen.

Prüfen Sie auch, ob ein neuer Eingangsanbau an anderer Stelle des Hauses Vorteile bietet, die im eigentlichen Eingangsbereich nicht gegeben sind. Es könnte an einem neuen Eingangsanbau ein Hublift Platz finden oder später nachgerüstet werden. Auch eine Rampe lässt sich so vielleicht besser realisieren.

In einem Anbau im Erdgeschoss kann auch ein barrierefreies Bad untergebracht werden, das es bislang auf dieser Etage gar nicht oder nur als kleines Gäste-WC gab. Oder in einem deutlich größeren Anbau finden das zu einem barrierefreien Bad erweiterte Gäste-WC sowie ein zusätzlicher Individualraum Platz.

KÜCHENMODERNISIERUNG PLUS

Eine Einbauküche hält, je nach Qualität, bis zu 25 Jahre. Es ist also gar nicht so selten, dass Immobilienbesitzer sich dafür entscheiden, nach dem Auszug der Kinder die gesamte Einbauküche neu zu gestalten. Abgesehen davon, dass dies der passende Zeitpunkt ist, in die Küchenplanung die Barrierefreiheit einfließen zu lassen, könnten Sie einmal durchspielen, ob bei dieser Gelegenheit der gesamte Grundriss anders organisiert werden sollte. Ist die Küche ein abgetrennter Raum, den Sie eigentlich gerne öffnen würden, um hier einen großzügigen Essbereich zu erhalten? Oder ließe die Küche sich auf der anderen Seite der Trennwand zum Wohnzimmer unterbringen, sodass hier ein offener Küchen-, Wohn- und Essbereich entsteht und in der ehemaligen Küche ein barrierefreies Bad Platz hat?

Grundrissplanung im Neubau

Wer beim Neubau von Anfang an die Barrierefreiheit berücksichtigt, hat später ohne großen Mehraufwand und für nur geringfügige Zusatzkosten eine **NACHHALTIGE IMMOBILIE**, in der es sich lange selbstständig und komfortabel wohnen lässt. Die bisher als Umbaumaßnahmen im Bestand angesprochenen Punkte lassen sich in vorausschauender Planung beim Neubau gut integrieren:

BEWEGUNGSFLÄCHEN BERÜCKSICHTIGEN

Jeder Quadratmeter mehr im Neubau kostet viel Geld. Bei einer intelligenten Planung, beispielsweise durch Doppelbelegung von Flächen, lassen sich die Kosten für die bei barrierefreier Planung benötigten zusätzlichen Bewegungsflächen aber reduzieren. So könnte beispielsweise die Fläche des Duschplatzes mit 1,2 Meter x 1,2 Meter gleichzeitig als Bewegungsfläche vor dem Waschtisch genutzt werden. Auch im Schlafraum können sich sehr gut die Bewegungsflächen neben dem Bett und vor dem Schrank überschneiden. Je größer die Wohnung, desto weniger fallen Zusatzflächen ins Gewicht. Dies belegt auch eine Studie des Deutschen Städte- und Gemeindebundes und der Firma Terragon von 2017.

Demnach verursacht Barrierefreiheit bei Neubauten keine Mehrkosten, wenn entsprechend intelligent geplant wird. Sollen dennoch zusätzliche Quadratmeter für die rollstuhlgerechte Planung vorgehalten werden, schlägt dies je nach Lage und Quadratmeterpreis entsprechend zu Buche. Insbesondere das Badezimmer sollte nicht zu klein geplant werden.

DUSCHBAD MIT BODENGLEICHER DUSCHE IM ERDGESCHOSS EINPLANEN

Neben dem Familienbad im Obergeschoss sollten Sie in einer zwei- oder mehrgeschossigen Immobilie auch im Erdgeschoss ein Badezimmer vorsehen. Das große Familienbad wird zwar in der Regel im Obergeschoss in der Nähe zu den Schlafräumen gewünscht. Aber das Gäste-WC im Erdgeschoss kann gut als Duschbad mit bodengleicher Dusche ausgeführt werden. Auch wenn akut noch kein Bedarf an einem barrierefreien Badezimmer herrscht, kann eine solche Maßnahme die Badezimmersituation im Familienalltag entzerren.

ABTRENNBAREN RAUM IM EG EINPLANEN

Was ist notwendig, um in den eigenen vier Wänden wohnen zu bleiben, wenn man nicht mehr in der Lage ist, die Treppe nach oben zu nutzen? Neben dem Badezimmer wird dann auch ein Schlafraum im Erdgeschoss gebraucht. Ein zusätzlicher Individualraum im Erdgeschoss neben dem offenen Wohn-Ess-Küchenbereich ist daher eine gute Investition. Hier kann zunächst das Gäste- oder Arbeitszimmer oder vielleicht auch ein Ausweichschlafzimmer für Schnarchempfindliche untergebracht werden.

PLATZ ZUR NACHRÜSTUNG MIT AUFZUG EINPLANEN

Beim Neubau eines Einfamilienhauses sollte die Möglichkeit vorgehalten werden, dieses später bei Bedarf mit einem Homelift oder Senkrechtaufzug nachrüsten zu können. Diese sind zwar etwas teurer als Treppensitzlifte, bieten aber erhebliche Vorteile. Treppensitzlifte sind zwar teilweise für relativ kleines Geld zu bekommen und können, wenn keine andere Möglichkeit besteht, selbstverständlich ebenfalls eine gute Lösung darstellen. Der Sitz des Treppenliftes allerdings ragt immer zu einem gewissen Grad auf den Treppenlauf und kann beim Herauf- und Heruntergehen stören. Ein Homelift kann auch Menschen zugutekommen, die selbst noch die Treppe benutzen können, beispielsweise, um schwere Gegenstände von einem Geschoss in das andere zu transportieren.

Um eine solche Diskussion später überhaupt führen zu können, ist es gut, wenn beim Neubau grundsätzlich eine geeignete Fläche berücksichtigt wurde. Eine Möglichkeit könnte sein, im Erdgeschoss zunächst einen Vorratsraum vorzusehen, der sehr gut als solcher genutzt werden kann, solange die gesamte Familie noch im Haus ist. Zu zweit oder alleine ist eine Vorratskammer zwar komfortabel, aber es lässt sich auch darauf verzichten, wenn stattdessen an dieser Stelle ohne großen Aufwand ein Aufzug in das obere Geschoss nachrüstbar ist. Überlegen Sie auch, wo der Homelift im Obergeschoss zum Halten kommt. Hier brauchen Sie eine ausreichende Bewegungsfläche für den sicheren Ein- und Ausstieg.
Für die Nutzung mit einem Rollstuhl sind dies 1,5 m x 1,5 m. Alternativ kann auch von vornherein das Treppenauge so konzipiert werden, dass ein Homelift darin Platz findet. Eine weitere Möglichkeit, um das Obergeschoss barrierefrei zu erreichen, ist die Nachrüstung mit einem Außenaufzug. Da diese allerdings relativ teuer sind, würde sich bei der Neubauplanung in der Regel ein Senkrechtlift im Haus (Homelift) eher anbieten.

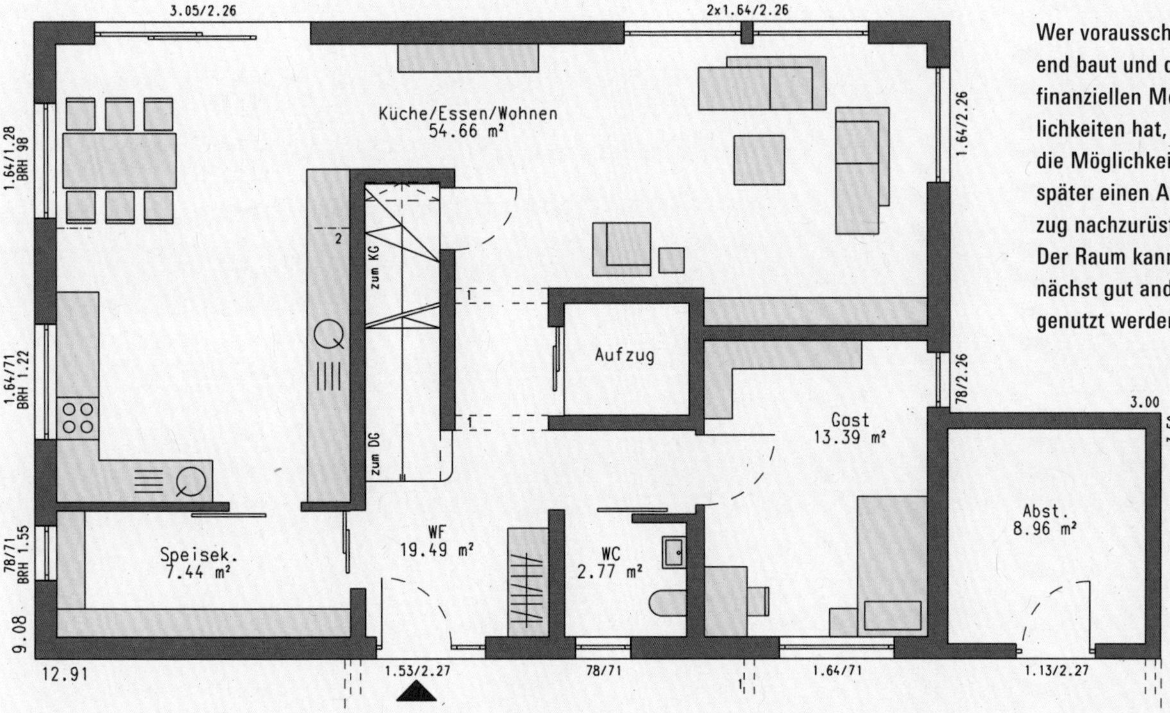

Wer vorausschauend baut und die finanziellen Möglichkeiten hat, hält die Möglichkeit vor, später einen Aufzug nachzurüsten. Der Raum kann zunächst gut anders genutzt werden.

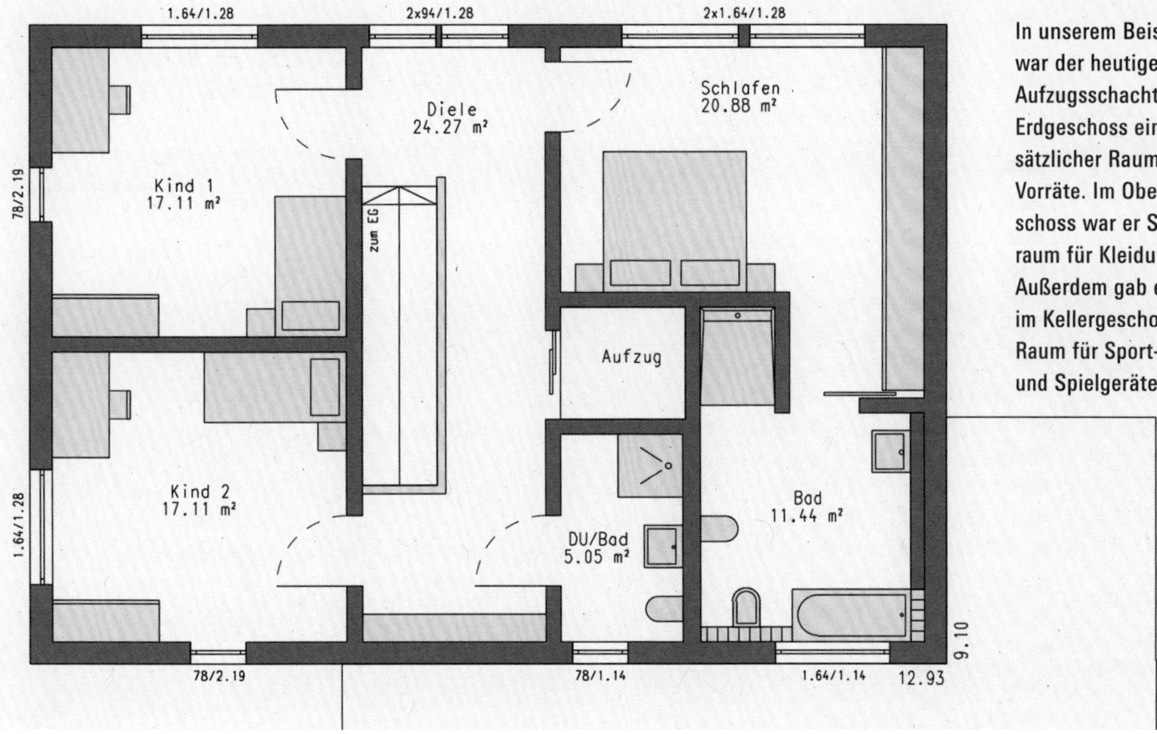

In unserem Beispiel war der heutige Aufzugsschacht im Erdgeschoss ein zusätzlicher Raum für Vorräte. Im Obergeschoss war er Stauraum für Kleidung. Außerdem gab es im Kellergeschoss Raum für Sport- und Spielgeräte.

→ Sicheres Bewegen im Haus Eine wichtige Basis für das barrierefreie Leben in den eigenen vier Wänden ist, sich sicher und mit ausreichender Fläche bewegen zu können. Dabei helfen Haltegriffe, passende Tür- und Flurbreiten sowie der Abbau von Schwellen und Stolperfallen.

WAS ERFAHRE ICH?

Sich sicher im Haus oder in der Wohnung zu bewegen ist eine elementare Grundlage für den Verbleib in den eigenen vier Wänden. Nicht umsonst ist eine der Voraussetzungen zur Förderung eines barrierefreien Badezimmers, dass die Wohnung überhaupt barrierefrei erreicht werden kann. Während allerdings für die Förderung konkrete DIN-gemäße Vorgaben zur barrierefreien Erschließung eingehalten werden müssen, kann eine frei finanzierten Lösung im selbstgenutzten Privatbau genau auf individuelle Fähigkeiten und Bedürfnisse abgestimmt werden.

Fragen Sie sich daher detailliert, wo Sie Unterstützung brauchen. Erstellen Sie eine **BEDARFSANALYSE** (siehe Kapitel „Den Bedarf ermitteln" ab Seite 26), für die Sie alle Bereiche Ihrer Wohnung oder Ihres Hauses daraufhin überprüfen, wo sich für Sie Unsicherheiten auftun, ob Sie eventuell von sich aus Bereiche meiden oder Hindernisse Ihnen das Weitergehen verbieten. Gibt es Teile Ihres Hauses, in denen Sie sich gar nicht mehr aufhalten?

Griffe, Bodenbelag und Schwellen

Zunächst stellen wir Ihnen Maßnahmen vor, die Sie recht einfach und ohne hohe Investitionen umsetzen können. Zum Teil lassen sich diese vom versierten Heimwerker oder der versierten Heimwerkerin auch selbst erledigen. In anderen Fällen sagen wir Ihnen, an welche Gewerke oder Unternehmen Sie sich mit dem jeweiligen Anliegen wenden können.

HANDLÄUFE UND HALTEGRIFFE

Eine der einfachen Maßnahmen, um für mehr Sicherheit zu sorgen, sind Haltegriffe und Handläufe an den entscheidenden Stellen. An den Eingangsstufen ist vermutlich bisher kein Haltegriff vorhanden. Ein kurzer Handlauf an der Außenwand des Hauses kann endlich wieder für einen souveränen Aufstieg in das leicht erhöhte Erdgeschoss sorgen. Kann der Handlauf nicht an der Hauswand befestigt werden, da die Stufen senkrecht auf das Haus zulaufen oder es sich um den zweiten Handlauf an der freien Seite der Treppe handelt, muss dieser entweder auf den Stufen, seitlich an oder neben der Treppe befestigt werden. Aber achten Sie darauf, dass der Handlauf immer noch gut für Sie zu erreichen ist. Es gibt Handläufe auf Pfosten oder zum Beispiel gebogene Edelstahlhandläufe, die individuell auf Kundenwunsch gefertigt werden. Die Montage können Bauherren selbst durchführen, oder sie beauftragen eine Schlosserfirma, einen Garten- und Landschaftsbaubetrieb oder eine Firma für Servicearbeiten rund um das Haus.

Alle weiteren Treppen verfügen über einen Handlauf im Treppenauge. Hier kann ein zusätzlicher Handlauf entlang der Wand für einen sicheren und bequemeren Auf- und Abstieg sorgen. Beachten Sie, dass Sie den Handlauf wirklich umgreifen können müssen, damit er Ihnen sicheren Halt gibt. Auch eine **ERGONOMISCHE FORM** hilft dabei.

Wo noch würde es Ihnen helfen, wenn Sie sich bei bestimmten Bewegungsabläufen festhalten können? Auch ein Haltegriff im kleinen Gäste-WC, in das Sie nicht mit dem Rollator passen, kann Ihnen den nötigen Halt geben. Gerade in Badezimmern ergeben Haltegriffe Sinn, insbesondere da hier der Boden rutschig sein kann. An der Dusche könnte eine Duschstange befestigt werden, die gleichzeitig als Haltegriff fungiert. Dafür gibt es besondere Produkte, nicht jede Stange ist dafür geeignet. Wichtig ist, gerade im Bad, einen Haltegriff mit gutem Grip zu wählen, wie dies Haltegriffe mit Edelstahlkern und einer Oberfläche aus ABS-Kunststoff oder Nylon bieten. Auch Edelstahlstangen mit gerändelter Oberfläche sorgen für einen sicheren Halt. Einfache, kurze Haltegriffe sind bereits im kleineren zweistelligen Bereich im Baumarkt erhältlich. Einige Firmen vertreiben ihre Produkte allerdings nur über den Fachhandel, sodass Sie hierfür einen Sanitärbetrieb beauftragen müssen. Ärztlich verschriebene Haltegriffe bekommen Sie über ein Sanitätshaus, das den Griff auch für Sie montiert.

Befestigen Sie den Haltegriff am besten dort, wo Ihre Hand gewohnheitsgemäß nach Halt sucht. Das ist die ideale Position für Sie persönlich. Die DIN-gerechten Höhen und Abstände für Stütz- und Haltegriffe finden Sie in den einzelnen Unterkapiteln.

Sollten Sie in einer Wohnung mit einem langen Flur leben, ist es auch denkbar, hier einen Handlauf zu befestigen, der gerade bei Menschen mit Gleichgewichtsstörungen eine großartige Unterstützung bietet. Schließlich gibt es auch Drückergriffe, beispielsweise für die Terrassentür, die gleichzeitig als Haltegriffe fungieren können.

HALTEGRIFFE BEFESTIGEN

Einen Haltegriff zu befestigen kann mit sehr unterschiedlich hohem Aufwand verbunden sein. Falls Sie beispielsweise den Griff an einer **BETONWAND** anbringen wollen und dafür sowohl die richtige Bohrmaschine als auch die passenden Dübel haben, ist dies eigentlich kein Problem.

Entscheidend ist immer die **STABILITÄT** der Wand. Wenn diese nicht genug Halt für einen Griff bietet und eine Verstärkung in der Wand nachgerüstet werden muss, kann es aufwendig werden. Gerade die langen Haltegriffe an der Toilette brauchen wegen des entsprechend langen Hebelarms eine sichere Befestigung. In diesem Fall kommen Sie in der Regel nicht ohne Handwerksfirma aus. Die Maßnahme gehört so nicht mehr zu den einfachen Anpassungsmöglichkeiten. Es gibt auch sogenannte mobile Haltegriffe, die mit **SAUGNÄPFEN** an der Wand befestigt werden. Diese sind in erster Linie für die **KURZZEITIGE ANWENDUNG** auf Reisen gedacht und bieten nur einen sicheren Halt, wenn gewährleistet ist, dass keine Luft unter die Saugnäpfe gelangt. Eine saubere, glatte Oberfläche ist dafür eine notwendige Voraussetzung, die nicht immer gewährleistet werden kann. Für die langfristige Anwendung empfehlen sich daher Griffe, die fest mit dem Untergrund verbunden sind.

Teppiche stellen wegen ihrer Kanten, aber auch wegen der erhöhten Rutschgefahr eine nicht zu unterschätzende Unfallgefahr dar.

Am Übergang zwischen zwei unterschiedlichen Bodenbelägen helfen Übergangsprofile bei der Vermeidung von hochstehenden Kanten.

BODENBELÄGE UND STOLPERFALLEN

Die vermutlich einfachste Maßnahme gegen Stolperfallen lautet: Vermeiden Sie Teppichkanten! So banal es klingt, aber tatsächlich sind gerade diese nur Millimeter hohen Hindernisse häufig Ursache für Stürze. Insbesondere hochflorige Teppiche sollten zumindest aus den üblichen Gehwegen genommen werden. Am sichersten ist es, wenn Sie ganz auf Teppiche verzichten. Falls der Teppich aber bleiben soll, um die wohnliche Atmosphäre zu erhalten, legen Sie ihn so, dass die Kanten jeweils unter einem Möbelstück verschwinden, oder fixieren Sie die Teppichecken. Auch rutschfeste Matten sind hilfreich.

Wenn Sie sich dafür entscheiden, den Teppich aus dem Raum zu nehmen, kann der Boden so genutzt werden, wie er ist, oder ein **FESTVERLEGTER TEPPICHBODEN** sorgt statt des bisherigen Teppichs für die gewünschte Behaglichkeit. Ein solcher Teppichboden muss unbedingt faltenfrei verlegt und idealerweise für diesen Zweck vollflächig verklebt werden. Am Übergang von einem Raum zum nächsten und somit häufig auch von einem Bodenbelag zum nächsten, sorgen **ÜBERGANGSSCHIENEN** im Türrahmen für einen sauberen Abschluss ohne hochstehende Kanten. Aber Achtung! Der Teppichboden sollte nicht zu weich sein. Insbesondere für Rollstuhlfahrende kann es ansonsten sehr beschwerlich werden. Ein guter Hinweis ist die Bezeichnung „stuhlrollengeeignet". Damit sind zwar in der Regel die Rollen von Bürostühlen gemeint, aber auch mit einem Rollstuhl lässt sich ein solcher Teppichboden gut befahren.

Wollen Sie stattdessen den Boden nutzen, wie er ist, oder einen anderen Bodenbelag, beispielsweis PVC, verlegen, gilt ebenfalls: Der Bodenbelag sollte nicht zu weich beziehungsweise nicht zu elastisch sein, sonst wird es beschwerlich, sich mit einem Rollstuhl darauf zu bewegen. Gut geeignet sind Holz-, Fliesen- oder Natursteinböden, die sich in der Regel ebenfalls recht gut reinigen lassen. Auch formschlüssige Vollvinyl-Klickverbindungen gelten als barrierefrei. Bei Fliesen wird insbesondere im Badezimmer noch der sogenannte R-Wert, der Haftreibewert, in Bezug auf die Rutschfestigkeit relevant, da feuchte Fliesen hier eine besondere Gefahr darstellen. Darauf gehen wir im Kapitel „Das barrierefreie Bad" ab Seite 82 genauer ein.

Eine klassische Stolperfalle stellen Kabel dar. Gerade im Wohnzimmer, wo vielleicht verschiedene Stehlampen für angenehmes Licht sorgen und einige weitere technische Geräte angschlossen sind, liegen häufig lose Kabel herum. Kabelschellen und Kabelkanäle können für Ordnung sorgen und ermöglichen

BODENBELÄGE

Sichere, barrierefreie Bodenbeläge sollten rutschsicher beziehungsweise rutschhemmend und je nach Hilfsmittel stuhlrollengeeignet sein.

Bodenbelag	Rutschsicherheit	Für Rollstuhl-Selbstfahrer geeignet	Oberflächeneigenschaften	Sonstiges
Teppichboden	Die Kennzeichnung DS bestätigt die Rutschsicherheit textiler Bodenbeläge	Je nach Florigkeit unter Umständen zu weich	Angenehme Oberfläche	Sollte antistatisch sein
Laminat	Rutschfeste Laminatböden erhältlich	Geringer Rollwiderstand	Gut zu reinigen	In unterschiedlichen Qualitäten erhältlich
Holzboden	R10, R11 (teilw. R13) nicht mit Lack versiegeln, besser bürsten und ölen	Geringer Rollwiderstand	Gut zu reinigen	Lädt sich nicht statisch auf
Naturstein / Fliesen	Im Nassbereich mind. R10 (rutschhemmend ausgeführte Oberfläche)	Geringer Rollwiderstand	Gut zu reinigen	
PVC	Besondere Ausführungen rutschhemmend	Sehr weich	Trittelastisch, gut zu reinigen	
Linoleum	Klasse R9 und R10 erhältlich		Angenehme Oberfläche, gut zu reinigen	
Kork	I.d.R. Klasse R9 und R10 erhältlich	Resteindruck möglich	angenehme Oberfläche	

eine gefahrlose Verlegung. Bedenken Sie also bereits bei der Inneneinrichtung eine möglichst kurze Distanz zwischen Steckdose und Leuchte oder anderen Geräten. Positionieren Sie beispielsweise eine Stehlampe möglichst in der Nähe zur Wand.

Was häufig übersehen wird: Kabel können sehr gut in **SOCKELLEISTENKANÄLEN** verschwinden, wobei dies bedeutet, dass die Möbel um die entsprechende Breite von etwa 4 bis 6 Zentimetern vor der Wand stehen müssen. Um diesen Abstand zu vermeiden, können Einbaumöbel im Bereich der Sockelleiste im Querschnitt ausgesägt werden, sodass sie dann direkt an der Wand stehen. Mit einem entsprechenden Anstrich fällt der Kabelkanal nicht auf und kann optimal an die Gestaltung Ihrer Räume angepasst werden.

SCHWELLEN ÜBERBRÜCKEN ODER ENTFERNEN

Für einen Rollstuhlfahrenden stellt die Teppichkante in der Regel keine Gefahr dar, dennoch kann es anstrengend sein, diese Schwelle immer wieder überrollen zu müssen. Das ist stark abhängig von der Art des Rollstuhls und der Kraft des Rollstuhlbenutzers. Grundsätzlich lassen sich einseitige Schwellen, also der Übergang von einem Niveau auf ein anderes, deutlich leichter mit dem Rollstuhl überwinden als eine schmale Schwelle, wie man sie beispielsweise in alten Häusern zwischen den Türrahmen findet. Diese Türschwellen lassen sich mit einem normalen Rollstuhl nur mit sehr viel Schwung überwinden. Zum Überbrücken können aber bereits einfache angeschrägte Holzleisten, die vor und hinter die Schwelle gelegt

Die optimale Steigung für eine sichere Nutzung von Rollstuhlrampen hängt vom jeweiligen Nutzungsbereich ab und von der Konstitution einer Hilfsperson.

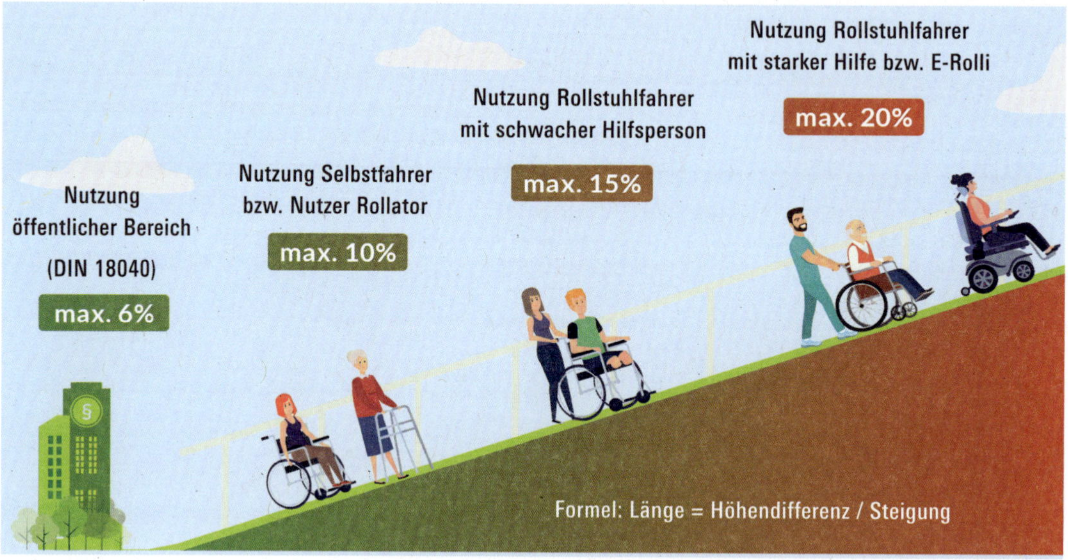

werden, eine temporäre Lösung bieten. Langfristig eignen sich **SCHWELLENRAMPEN** aus Vollgummi, Aluminium oder glasfaserverstärktem Kunststoff. Vollgummirampen haben ein hohes Eigengewicht, weshalb sie sehr gut gegen Verrutschen gesichert sind. Rampen aus Aluminium oder Kunststoff hingegen wiegen deutlich weniger, was wiederum den Vorteil bietet, dass das eigenständige Hinlegen der Rampen erleichtert wird. Statt eine Schwelle mit zwei Schwellenrampen zu überwinden, können auch einteilige **BRÜCKENRAMPEN** genutzt werden. Aber Achtung! Passen Sie auf, dass die Rampen nicht wackeln. Einfache Ausführungen ohne verstärkten Rahmen oder höhenverstellbare Füße können wackeln, wenn die Höhen vor und hinter der Rampe unterschiedlich sind. Erkundigen Sie sich auch, ob die Rampen auch für die Benutzung mit einem elektrischen Rollstuhl geeignet sind. Erhältlich sind die Rampen im Sanitätshaus, über das Internet oder in ausgesuchten Baumärkten.

Um die allseits bekannten Schwellen zwischen Wohnraum und Terrasse beziehungsweise zwischen Wohnraum und Balkon zu überwinden, bieten beispielsweise Sanitätshäuser Stecklösungen aus Kunststoff an, die, je nach gewünschter Höhe, zusammengesteckt und an die jeweilige Situation angepasst werden können. Die Frage ist allerdings, wie hoch die Schwelle und wie groß der Balkon ist. Denn daraus ergibt sich, welche Fläche für die **KUNSTSTOFFSCHWELLE** benötigt wird, um einen moderaten Übergang herzustellen. Hierbei geht es in der Regel weniger um Rampen mit 6-Prozent-Steigung, wie sie die DIN für selbstfahrende Rollstuhlfahrer im öffentlichen Bereich vorgibt, denn dies würde bei einem Höhenunterschied von 10 Zentimetern bereits eine **RAMPENLÄNGE** von 1,67 Metern bedeuten. Ein Rollstuhlfahrer mit Hilfsperson hingegen kann auch eine steilere Rampe von 12 bis 15 Prozent Steigung überwinden. Das reduziert die Rampenlänge auf 67 Zentimeter. Mit einer starken Hilfsperson sind auch 20 Prozent Steigung denkbar, sodass die Rampe auf der Balkon- oder Terrassenseite nur 50 Zentimeter lang sein muss. Zum Innenraum ist die Länge deutlich kürzer, da der Höhenunterschied in der Regel nur wenige Zentimeter beträgt. Alternativ zur Kunststoffschwelle kann auch ein sogenannter Drehsitz an einer senkrechten Bodendecken- beziehungsweise einer angepassten Bodenwandstange auf dem Freisitz dabei helfen, das Hindernis Terrassen- oder Balkonschwelle zu überwinden. So kann sich die betroffene Person vom Rollstuhl auf den Drehsitz setzen, aus eigener Kraft oder mithilfe einer zweiten Person nach draußen ziehen und sich dort bei Bedarf wiederum auf einen bequemeren Terrassenstuhl umsetzen. Ein Haltegriff an der Türzarge kann hier zusätzliche Sicherheit bieten. Die Drehsitze werden individuell, auf die jeweilige Einbausituation zugeschnitten, angefertigt.

Falls am Übergang zwischen Flur und Badezimmer ein geringer Niveauunterschied von ein bis zwei Zentimetern überwunden werden muss und eine Schwellenrampe beispielsweise aus ästhetischen Gründen für Sie nicht infrage kommt, kann auch ein vermittelndes **ESTRICHGEFÄLLE** eine Lösung darstellen. Dieses sollte sich allerdings ausschließlich auf die Tiefe der Türzarge beschränken, damit nicht links und rechts des Gefälles Stolperkanten entstehen. Bei einer Zargentiefe von 15 Zentimetern und einer Höhendifferenz von 2 Zentimetern bedeutet dies ein Gefälle von 13 Prozent.

MEHR BEWEGUNGSFREIRAUM

Wie im vorhergehenden Kapitel bereits angesprochen, sind ausreichende Bewegungsflächen wesentliches Element der barrierefreien Planung. Um diese zu schaffen, können größere Einzelmaßnahmen notwendig sein, die in die Baustruktur eingreifen (siehe unten). Es gibt aber auch Möglichkeiten, einfacher mehr Bewegungsfreiheit zu erreichen, in erster Linie durch das Umstellen von Möbeln. Überall dort, wo Möbel, die weit in den Raum ragen, an den Rand gerückt werden, entsteht mehr Bewegungsfläche, wie wir es bereits bei dem Beispiel des Ehebettes gesehen haben. Der Zugewinn ist erstaunlich. Vielleicht erweist sich auch das ein oder andere Möbelstück als gar nicht mehr notwendig oder zeitgemäß und kann verkauft oder verschenkt werden.

TÜREN ANPASSEN

Offen stehende Türen können eine Gefahrenquelle darstellen. Um möglichen Verletzungen durch einen Sturz gegen die geöffnete Tür vorzubeugen, können Sie die Kanten an Zarge und Türblatt am besten von einer Tischlerfirma abrunden oder Schrankpendeltüren gegen **SCHIEBETÜREN** austauschen. Klemmschutzprofile können verhindern, dass versehentlich Finger eingequetscht werden.

Eine Alternative sind **AUTOMATISCHE TÜREN**, die sich von allein wieder schließen. Ein Innentürantrieb kann auch im Bestand nachgerüstet werden. Der Einbau erfolgt in der Regel über die Vertriebspartner der Herstellerfirmen.

SITZGELEGENHEITEN

„Sitzgelegenheit" klingt erst einmal nicht nach Bewegung, und doch können Ihnen Sitzgelegenheiten an der richtigen Stelle dabei helfen, sicher von A nach B zu kommen. In manchen Treppenhäusern stehen auf den Zwischenpodesten Stühle, sodass auch ältere Mitbewohnerinnen oder beispielsweise Menschen mit Herz-Kreislauf-Problemen motiviert sind, die Treppe zu nutzen. Ebenso können im eigenen Haus oder der eigenen Wohnung an bestimmten Stellen ein Stuhl oder eine Bank dafür sorgen, dass ein selbstständigeres, mobileres Leben zu Hause möglich bleibt.

Türschwellen lassen sich mit Schwellenrampen überwinden. Ausgeklügelte Modelle erlauben das Ein- und Ausfahren per elektrischem Antrieb.

Möglichkeiten für eine Pause auf dem Weg von einem Raum in den anderen oder vom Erdgeschoss ins Obergeschoss werden von bewegungseingeschränkten Personen gerne angenommen.

Eventuell kann bereits ein einfacher Hocker eine Hilfe sein, sofern dieser einen sicheren Sitz bietet. Ein Dreibein reicht nicht aus!

Türgestaltung und Aufzüge

Neben diesen einfachen Maßnahmen gibt es eine ganze Reihe von Einzelmaßnahmen, die sehr effektiv sind, allerdings unter Umständen auch mit deutlich mehr Dreck und Lärm einhergehen. Flächen zu vergrößern, um sich innerhalb einer Etage beziehungsweise der eigenen Wohnung sicherer bewegen zu können, und das Ergänzen der vertikalen Erschließung mit einem Lift oder Aufzug stehen dabei im Vordergrund.

BEWEGUNGSFLÄCHEN

Die Wichtigkeit von ausreichendem Spielraum, um sich bequem, sicher und souverän im eigenen Wohnraum bewegen zu können, wurde bereits angesprochen. Zu den Einzelmaßnahmen zählt hier in erster Linie das Verschieben von Wänden. Gemeint ist damit der Rückbau oder der Abriss der alten Wand und der Bau einer neuen.

Relevant beim Thema Bewegungsflächen sind die Bereiche vor den Türen, um die Klinke gut zu erreichen. Oftmals ist die Eingangssituation nicht mehr ideal. Ein Eingangsbereich mit ausreichendem Platz sowohl für die Garderobe als auch zum An- und Ausziehen hingegen käme dabei auch größeren Familien zugute. Diese brauchen hier zunächst in erster Linie Stauraum und werden sich im Alter darüber freuen, die Schuhe bequem auf einem Stuhl oder auf einer Garderobenbank sitzend anziehen zu können.

TÜRBREITEN

Sobald ein Hilfsmittel benutzt wird, spielt die lichte Breite der Türen, also der Abstand zwischen dem Türrahmen links und rechts, eine erhebliche Rolle. Bei einer 73,5 Meter breiten Standardtür müssen Personen mit einem Rollator gut rangieren können, um die Tür zu durchqueren, insbesondere wenn sie erst geöffnet werden muss. Bei einer schmalen Innentür mit einer Breite von nur 61 Zentimetern wird es sehr umständlich, da die Breite der meisten Rollatoren bei 60 Zentimetern von Außenkante zu Außenkante der Reifen beträgt. Bequem wird es ab einer Türbreite von 86 Zentimetern. Dies entspricht dann auch den Anforderungen der DIN an die Barrierefreiheit mit einem Mindestmaß von 80 Zentimetern. Mit einem Rollstuhl können Türen, die schmaler sind als 90 Zentimeter, nur mit sehr großem Aufwand passiert werden. Erst ab 90 Zentimetern lässt sich eine Tür problemlos nutzen. Denn nicht nur die Breite des Rollstuhls selbst muss bedacht werden, sondern auch die Hände, mit denen die Person ihren Rollstuhl antreibt. Wenn bereits der Flur sehr schmal ist, ist es umso wichtiger, dass der Türdurchgang breit genug ist, da sonst selbst mit Hin- und Herfahren keine Chance besteht, im richtigen Winkel hindurchzufahren. Eine Tür zu verbreitern ist mit verhältnismäßig hohem Aufwand verbunden, vor allen Dingen, wenn der vorhandene Türsturz nicht breit genug ist und ausgetauscht werden muss. Die angrenzenden Wände müssen entsprechend bearbeitet und ein neuer Türsturz eingezogen werden. Eine Tür in einer Leichtbauwand lässt sich dabei deutlich leichter verbreitern als Türen in Wänden aus Beton oder Ziegel. Die Türöffnung muss anschließend wieder sauber eingefasst, der neue Sturz eingezogen und eine neue Tür eingepasst werden. Abschließend müssen in der Regel auch die Oberflächen der Wände, unter Umständen auch des Fußbodens, wiederhergestellt werden. Kalkulieren müssen Sie hier zwischen 1 500 und 3 000 Euro. Der Zeitaufwand ist mit etwa einer bis eineinhalb Wochen vergleichbar mit dem Durchbruch einer Wand, auch wenn in diesem Fall bereits eine Wandöffnung gegeben ist. Der Aufwand der Verbreiterung ist auch bei dieser Maßnahme stark von der Beschaffenheit der Wand abhängig. Zudem muss hier nun neben dem Wiederherstellen eines sauberen Wandanschlusses eine neue Tür eingebaut werden. Muss der Sturz hingegen nicht ausgetauscht werden, weil der Türdurchgang nur um wenige Zentimeter verbreitert werden muss, kann die Arbeit in ein bis zwei Tagen erledigt sein.

TÜRSCHWELLEN UND TÜRENTAUSCH

Sollen in einem Altbau Schwellen der Zimmertüren entfernt werden, muss zunächst die Konstruktion der Tür überprüft werden. Erst danach lässt sich sagen, wie aufwendig der Umbau sein wird. Dabei gilt es verschiedene Aspekte zu beachten: Sitzt die Schwelle unter dem Türrahmen oder zwischen den Zargen? Und wie sitzt wiederum die Zarge in der Wand? Muss der Untergrund so tief herausgearbeitet werden, dass ein neues Brett bodenbündig eingesetzt werden kann, das stabil genug ist, um die alte Schwelle zu ersetzen? Klären Sie diese Fragen am besten mit einer Tischlerfirma. Falls Sie es sich selbst zutrauen und Ihnen die Konstruktion klar ist, können Sie eine Schwelle unterhalb der Zarge am besten, zum Beispiel mit einer Japansäge, an den Seiten absägen beziehungsweise eine Schwelle, die zwischen den Zargen sitzt, herausstemmen. Die entstandene Lücke kann am besten mit Estrich aufgefüllt werden, um eine ebene Fläche herzustellen.

Wird die Türschwelle entfernt, entsteht zwischen Türblatt und Boden in der Regel eine Lücke. Je nachdem, welche Räume die Tür verbindet, kann dadurch lästige Zugluft entstehen und die Heizbilanz verschlechtert werden. Falls die Lücke geschlossen werden soll, kann das Türblatt gegen ein neues, passendes ausgetauscht werden – das ist allerdings relativ kostspielig. Einfacher ist es, das Türblatt mit einer passenden Holzleiste zu verlängern, die

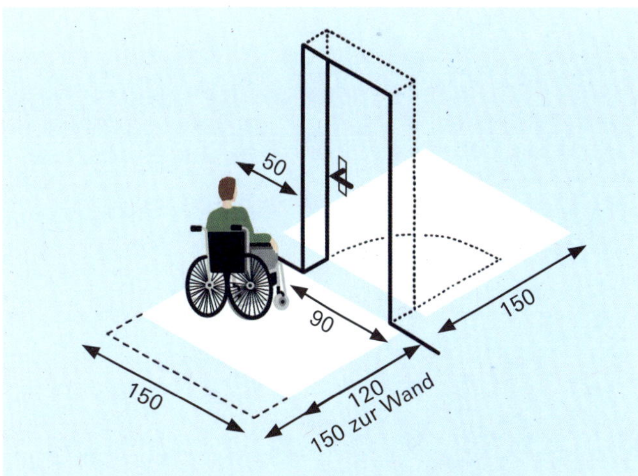

Bewegungsfläche vor einer manuell betätigten Drehflügeltür

Lücken, die nach dem Entfernen von Türschwellen entstehen, können durch Absenk- oder Bürstendichtungen geschlossen werden.

unten an die Tür angeschraubt oder angeleimt wird. Wird die Verlängerung anschließend im selben Farbton wie die Tür gestrichen oder lackiert, ist die Veränderung kaum zu sehen. Der entstandene Spalt lässt sich aber auch einfach durch eine **ABSENKDICHTUNG** schließen, die angeklebt, geschraubt oder eingefräst wird. Dabei stoppt eine Gummilippe, die beim Schließen der Tür durch einen herausragenden Stift abgesenkt wird, die Zugluft. Noch simpler funktioniert eine **BÜRSTENDICHTUNG**, die es ebenfalls zum Kleben oder Anschrauben gibt.

Wird die Tür ausgetauscht, sollten Sie schwellenlose Türelemente einbauen lassen. Achtung: Auch Elemente mit bis zu zwei Zentimeter Höhe gelten als barrierefrei, da die DIN dies toleriert, wenn es „technisch notwendig" ist. Da aber eine Zwei-Zentimeter-Schwelle ebenso ein Hindernis und eine Stolperfalle darstellen kann, sollten Sie immer versuchen, eine Nullschwelle einbauen zu lassen. Dabei müssen Außentüren, ob am Eingang, zum Balkon oder zur Terrasse, natürlich trotzdem zuverlässig gegen Regen und Wind abdichten. Daher wurden in den letzten Jahren verschiedene Systeme als Kombinationen aus **NULLSCHWELLENPROFILEN** und **ABSENKDICHTUNGEN** entwickelt. Erhältlich sind beispielsweise Magnettürschwellen. Hierbei sitzen zwei Magnetschienen in einer in den Boden eingelassenen Leiste und die Gegenpole an der Unterkante des Türflügels. Beim Schließen der Tür werden die Magnete angehoben und dichten so den Raum ab. Beim Öffnen der Tür sinken sie wieder ab und verschwinden komplett in der bodengleichen Leiste.

Um bei Terrassen-, Balkon- und Außentüren sowohl den Anforderungen der Barrierefreiheit als auch den Anforderungen gegen Feuchte gerecht zu werden, ist es günstig, wenn die Tür möglichst konstruktiv geschützt wird, etwa durch eine Überdachung. Hilfreich und bei einigen Systemen notwendig sind zudem Entwässerungsrinnen direkt vor der Tür. Dann fließt Wasser ungehindert ab, anstatt sich anzustauen. Schwellenlose Übergänge gelten als Sonderlösungen, weshalb Sie als Bauherrin oder Bauherr diese mit Ihrer Planerin und der ausführenden Firma als solche besprechen und gemeinsam festlegen müssen. Lesen Sie dazu mehr im Kapitel „Eingang und Außenbereich" ab Seite 110.

Eine Maßnahme, mit der ebenfalls mehr Bewegungsfläche geschaffen wird, ist der Türentausch. Schiebetüren oder sogenannte Raumspartüren brauchen weniger oder keine Fläche, in die sie aufschlagen können. **RAUMSPARTÜREN** werden vor allem dort eingesetzt, wo sehr breite Türdurchgänge gewünscht sind, der Platz für eine Tür aber nicht gegeben ist. Schiebetüren hingegen dienen als elegante Lösung, die ein modernes, schlichtes Design mit hohem Komfort verbinden.

Schiebetüren werden gerne aus ästhetischen Gründen ausgewählt. Ein weiterer Vorteil ist, dass sie nicht in den Raum ragen und somit A) mehr Bewegungsflächen bieten und B) auch für Menschen mit Seheinschränkungen keine Gefahrenquelle darstellen. Schiebetüren mit Griffmulden, auch Griffmuscheln genannt, sind allerdings für viele ältere Menschen nicht so gut geeignet, da sie schwerer zu greifen sind.

TÜRGRIFFE

Türgriffe spielen eine wichtige Rolle, wenn es schwieriger wird, sich sicher und komfortabel durch die eigene Wohnung zu bewegen. Niedrigere Türklinken erleichtern Menschen im

Rollstuhl und kleineren Personen das Öffnen und Schließen der Tür. Dazu sollte an sich die Klinkenhöhe auf 85 Zentimeter versetzt werden. Es ist allerdings so, dass gemäß den Vorgaben für barrierefreies Bauen Bedienelemente auf einem Tableau auf einer Höhe zwischen 85 Zentimetern und 1,05 Metern erlaubt sind. Wird die Wohnung von unterschiedlichen Personen bewohnt, gehen Planende davon aus, dass die Klinke auf einer üblichen Höhe von 1,05 Metern auch für Rollstuhlfahrende benutzt werden kann. Es kann hilfreich sein, die Klinke selbst auszutauschen und eine möglichst ergonomische Form oder alternativ einen Drücker zu wählen. Der Aufwand, um die Klinke und somit auch das Türblech in der Zarge zu versetzen, ist relativ hoch, und die Maßnahme ist auch nicht bei jeder Tür möglich. Wenn es allerdings um die Anpassung für Rollstuhlnutzer geht, wird vermutlich ohnehin eine neue, breitere Tür eingebaut werden, die dann entsprechend mit der Klinke auf der optimalen Höhe ausgestattet wird.

TREPPENSITZLIFTE

Leben Sie auf mehr als einer Ebene, ist die vertikale Erschließung entscheidend für die Barrierefreiheit. Wo befindet sich Ihre Wohnung, wie viele Treppen müssen Sie überwinden, um zu Ihrer Wohnungstür zu gelangen? Oder leben Sie in Ihrer eigenen, mehrgeschossigen Immobilie und können das obere Geschoss nicht mehr oder nur noch sehr mühsam erreichen? Zum Glück gibt es heutzutage eine Vielzahl an Möglichkeiten, die zudem auch optisch immer mehr dazugewonnen haben. Allerdings sind die meisten Varianten kostenintensiv, da hier zum einen die technischen Hilfsmittel selbst einen gewissen Preis haben, zum anderen der Einbau mit mehr oder weniger großem Aufwand verbunden ist.

Die günstigste Variante, die sich fast überall einbauen lässt, ist der Treppensitzlift, der in Fachkreisen als **STUHLANLAGE** oder **SITZLIFT** bezeichnet wird. Hierbei wird eine Sitzschale entlang einer Schiene an der die Treppe umschließenden Wand geführt. Nutzende können

Eine Terrasse mit schwellenlosem Übergang und Schiebetür bietet eine wunderbare barrierefreie Erweiterung des Innenraums.

sich einfach auf die Sitzschale setzen und werden dann auf Knopfdruck langsam nach oben befördert. Bei einem kurvigen Treppenverlauf wird das Schienensystem genau an die Treppe angepasst. **EINROHRSYSTEME** lassen sich hierbei deutlich besser auch an komplizierte Treppenverläufe anpassen.

Voraussetzung ist eine Treppenbreite von 70 bis 80 Zentimetern im Einfamilienhaus, sodass die notwendige Laufbreite weiterhin gegeben ist, zumindest wenn der Sitz hochgeklappt wird. In einem Gebäude mit mehr als zwei Wohneinheiten beträgt die Mindestbreite 100 Zentimeter. Zudem muss der Sitzlift sehr gut fixiert werden können. Da die meisten Systeme mit Schienen auf den Treppenstufen befestigt werden, ist diese Voraussetzung in der Regel gegeben. Nachteilig ist, dass die Laufbreite der Treppe eingeengt wird und andere Bewohner nun unter Umständen mehr Schwierigkeiten haben, die Treppe sicher nutzen zu können. Der Platzbedarf für das Schienensystem beträgt dabei etwa 30 bis 35 cm, entscheidend ist also der Platzbedarf des Sitzes selbst, sofern er nicht sowohl unten als auch oben um die Ecke herum, außerhalb der Laufbreite der Treppe, geparkt wird. Viele Modelle lassen sich inzwischen mit wenigen Handgriffen oder auf Knopfdruck zusammenklappen, sodass sie, solange sie nicht im Einsatz sind, nur etwa 40 Zentimeter Platz benötigen.

Erhältlich sind sowohl Schienensysteme, die auf den Treppenstufen (entweder entlang der Wand oder auf der gegenüberliegenden Seite) montiert, als auch Systeme, die an der angrenzenden Wand befestigt werden. Mit einem Kurvenelement kann der Treppenlift am Anfang oder am Ende der Treppe weitergeführt werden, um den Lift dort zu parken. Besprechen Sie mit einem Händler oder Herstellervertreter, was in Ihrem Haus möglich ist.

PLATTFORMLIFTE

Wer auf den Rollstuhl angewiesen ist, müsste bei einem Treppensitzlift vom Rollstuhl auf den

Voraussetzung für die Installation eines Treppensitzlifts ist im Einfamilienhaus eine Treppenbreite von 70 bis 80 Zentimetern.

Sitzlift und oben wieder in einen zweiten Rollstuhl umsteigen. Das ist in der Regel zu unpraktisch. Daher werden unter der Bezeichnung Treppenlift auch Hebebühnenanlagen für Rollstühle angeboten. Dabei fährt eine Plattform, nach dem gleichen Prinzip der Treppenlifte, die Treppe entlang, um Rollstuhlfahrende von einer Etage in die nächste zu bringen. Plattformlifte werden für gerade und kurvige Treppen angeboten und finden im Innen- und Außenbereich Anwendung. Die Plattformen mit einer Breite ab 60 cm werden nach der Benutzung in der Regel senkrecht hochgeklappt. Alternativ gibt es auch **HEBEBÜHNEN**, mit denen ein Höhenunterschied von bis zu drei Metern in der Senkrechten überwunden werden kann. Ebenso gehören **SENKRECHTLIFTE**, bei denen ebenfalls eine Plattform in einem Schacht bis zu knapp 20 Meter herauf- und herunterfährt, in die Kategorie der Plattformlifte. Solche **HOMELIFTE** können in das Treppenauge gestellt werden, sofern dieses die nötige Größe aufweist. Ist kein Treppenauge vorhanden oder ist dieses zu klein, kann der Lift auch an einer anderen Stelle platziert werden. Dazu wird die Decke zwischen Erd- und Obergeschoss an der entsprechenden Stelle durchbrochen. In einem Mehrfamilienhaus wird das in der Regel nicht möglich sein, im Einfamilienhaus ist diese Variante aber durchaus realisierbar, falls sich oberhalb des Einstiegsorts ein geeigneter Ausstiegsort findet. Ein solcher Eingriff in die Bausubstanz ist zwar laut und macht Dreck, kann aber durchaus an einem Tag erledigt werden. Die Leistung von Plattformliften ist zwar geringer als die gewöhnlicher Aufzüge, im Einfamilienhaus sowie in kleineren Mehrfamilienhäusern mit einer überschaubaren Anzahl an Wohneinheiten jedoch völlig ausreichend.

TREPPENLIFTE IM MIETSHAUS

Im Fall eines Brandes gilt die Treppe als erster **RETTUNGSWEG**, der eine Mindestbreite aufweisen muss. Diese Breite darf durch den nachträglichen Einbau eines Treppenliftes nicht unterschritten werden. Die Regelungen sind in den Landesbauordnungen (LBO) festgeschrieben, und in Gebäuden mit mehr als zwei Mietparteien sind bestimmte Voraussetzungen zu erfüllen. In der eigenen Immobilie können Hauseigentümer **TREPPENLIFTE** ohne Probleme installieren lassen. Ein Mieter oder eine Mieterin im Mehrfamilienhaus hat nach § 554 BGB (Bürgerliches Gesetzbuch) grundsätzlich ein Anrecht auf den barrierefreien Zugang. Wenn allerdings die Installation eines Treppenliftes die Sicherheit der anderen Bewohnerinnen und Bewohner beeinträchtigt, weil die Laufbreite zu eng wird oder eine sichere Entfluchtung nicht mehr gewährleistet werden kann, kann der Vermieter den Einbau eines Treppensitzliftes ablehnen. Die Alternative könnte der Einbau eines Homelifts im **TREPPENAUGE** sein.

Rollstuhlfahrende können Treppen mithilfe von Hebebühnenanlagen überwinden. Diese werden für gerade und kurvige Treppen angeboten.

HOME- UND SENKRECHTLIFTE

Bei der Nachrüstung mit einem Senkrechtlift muss zunächst geklärt werden, wo die Antriebstechnik des Lifts, also beispielsweise der Hydraulikzylinder, der die Plattform anhebt, sowie die Steuerung untergebracht werden können. So wäre es beispielsweise möglich, den Lift im Erdgeschoss beginnen zu lassen und die notwendige Technik im Keller unterzubringen. Bei selbsttragenden Homeliften ohne Schacht ist die Antriebseinheit, egal ob **SEILZUG-**, **HYDRAULIK-** oder **SPINDELANTRIEB**, in den oberen Teil der Kabine integriert. Dann wird kein separater Antriebskasten gebraucht. Die gesamte Elektrik befindet sich in der Verkleidung der Kabine. Homelifte, die aus einer Kabine bestehen, die sich an freistehenden Schienen ohne Schacht bewegt, benötigen mit einer

SENKRECHT- ODER HOMELIFT

Senkrecht- oder auch Homelifte sind nicht das Gleiche wie konventionelle Aufzüge. Sie fahren langsamer und können auch nicht so viele Personen transportieren. Sie benötigen in der Regel keine oder eine wesentlich kleinere Grube unter dem Lift, und auch ein Schachtkopf, also der obere Abschluss des Schachts, wird oft nicht oder nur bedingt benötigt, sodass sie sich durch die platzsparende Technik gut im Bestand nachrüsten lassen. Sie unterliegen nicht der Aufzugs-, sondern der Maschinenrichtlinie, können somit sehr viel kleiner ausfallen, wodurch der Einbau einfacher und kostengünstiger ist.

Ein Aufzug kann in einem Mehrfamilienhaus, das über ein geräumiges Treppenauge verfügt, nachgerüstet werden.

Grundfläche von unter einem Quadratmeter sehr wenig Platz. Für die rollstuhlgerechte Ausführung sind es etwa 1,3 Quadratmeter. Während diese Lifte für zwei bis drei Haltestellen geeignet sind, bedienen **VAKUUMLIFTE** bis zu fünf Haltestellen. Beide Varianten sind allerdings nur für den Innenbereich geeignet. Senkrechtlifte, die sowohl für den Innen- wie für den Außenbereich geeignet sind, sind in sehr kleinen Ausführungen erhältlich.

Steht der Lift im Treppenauge, muss an den Haltestellen der einzelnen Etagen das Treppengeländer, wenn Sie es nicht selbst machen wollen, von einem Tischler oder Metallbauer entfernt und entsprechend angepasst werden.

HEBEPLATTFORMEN

Hebeplattformen sind eine Alternative zu Rampen an der Haustür und kommen im Haus eher selten zum Einsatz. Auf sie gehen wir daher speziell im Kapitel „Eingang und Außenbereich" ab Seite 110 ein.

Sinnvolle Kombinationen

In dem Moment, in dem Sie sich dazu entschließen, größere Maßnahmen am Gebäude vornehmen zu lassen, ist es auf jeden Fall sinnvoll, einmal darüber nachzudenken, ob Sie im Zuge der anstehenden Baustellensituation weitere Umbauten durchführen lassen wollen, die ebenfalls mit Dreck und Lärm verbunden sind. Werfen Sie noch einmal einen Blick auf Ihre Prioritätenliste! Gibt es sich ergänzende Maßnahmen?

WÄNDE VERSETZEN + TÜREN VERBREITERN

Haben Sie sich beispielsweise dazu entschlossen, an den Grundriss zu gehen und ein oder zwei Wände versetzen zu lassen, könnten im Zuge dessen auch einige Türen verbreitert werden. Neben der Tür in der zu versetzenden Wand selbst könnten jetzt, wo ohnehin eine Rohbaufirma ins Haus kommt und Sie sowieso geplant haben, für die Zeit das Feld zu räumen, auch andere Türen auf das Mindestmaß von 80 Zentimetern (barrierefrei) beziehungsweise 90 Zentimetern (rollstuhlgerecht) verbreitert werden. Dazu müssen die alten Türstürze in der bestehenden Wand gegen neue Stürze ausgetauscht werden. Das ist zwar mit entsprechenden Kosten verbunden (zwischen 1 500 und 3 000 Euro inklusive Sturzverlängerung, neuer Tür und Wiederherstellung der Wand- und Bodenoberflächen), aber wenn die Gelegenheit günstig ist, kann sich der zusätzliche Aufwand lohnen: Eine ausreichende Bewegungsfläche und bequeme Türdurchgänge beziehungsweise Türdurchfahrten sind ein großer Zugewinn an Lebensqualität.

BEWEGUNGSFLÄCHEN VERSCHIEDENER RÄUME

Wenn es um größere Eingriffe wie das Versetzen von Wänden geht, um für mehr Bewegungsfreiheit im Haus zu sorgen, lohnt es sich in jedem Fall, sich zunächst intensiv, gerne auch mit Fachleuten (siehe „Experten finden und beauftragen" ab Seite 142), mit dem Grundriss zu beschäftigen. Gute Grundrisse sind oft einfache Grundrisse, die fast schon banal aussehen. Je verwinkelter und verschachtelter der Grundriss ist, desto schwieriger wird es, hier die nötigen Bewegungsflächen zu schaffen. Zudem sind Grundrisse mit ähnlich großen Zimmern flexibler in der Umnutzung. Ist dies bereits der Fall, lässt sich hier sicher für die Wohnungsanpassung eine charmante Lösung finden, denn vermeintlich banale Grundrisse sind in der Regel auch sehr flexibel. Wenn dies nicht der Fall ist, könnte der Grundriss Ihres Hauses es ja jetzt werden! Vielleicht können Bewegungsflächen einzelner Räume kombiniert werden, wenn Trennwände ganz wegfallen.

TÜRSCHWELLEN ENTFERNEN UND BODENBELÄGE

Sowohl das Versetzen von Wänden als auch das Entfernen von Türschwellen bedeutet in der Regel, dass die bestehenden Böden in Mitleidenschaft gezogen werden. Das könnte die Gelegenheit sein, grundsätzlich über die vorhandenen Bodenbeläge nachzudenken und diese gegebenenfalls auszutauschen. In der Tabelle auf Seite 69 haben wir Vor- und Nachteile verschiedener Bodenbeläge gegenübergestellt. Es ist auf jeden Fall sinnvoll, die jeweils empfohlenen Rutschfestigkeiten der Oberflächen einzuhalten.

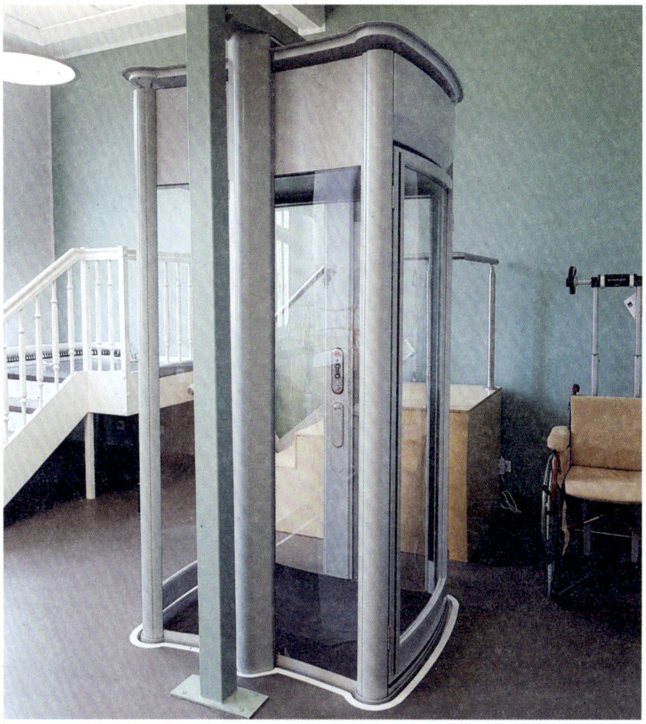

Ein Homelift für die senkrechte Beförderung zwischen Etagen kann auch mit platzsparendem, integriertem Antrieb installiert werden.

Großzügige Flächen im Neubau

Bauherren von Neubauvorhaben haben die Möglichkeit, von Beginn an die für barrierefreies Wohnen erforderlichen Bewegungsflächen vorzusehen. Das bedeutet in der Regel für alle Familienmitglieder einen Zugewinn.

BEWEGUNGSFLÄCHEN EINPLANEN

Im Garderobenbereich kommt die von der DIN für Rollstuhlnutzende vor Garderobenschränken mit Drehflügeltür geforderte Bewegungsfläche von 1,50 Meter auf 1,50 Meter auch Personen mit einem Kinderwagen oder Buggy zugute. Familien mit Kindern werden einen großzügigen Garderobenbereich zu schätzen wissen, sei es, um hier ausreichend Stauraum für Mäntel, Schuhe oder Fahrradhelme anzubieten oder um sich bequem mit mehreren kleinen und großen Personen gleichzeitig Jacken und Stiefel anzuziehen.

Ein Flur mit einer Breite von 1,20 Meter verbraucht zwar Fläche, an der man vielleicht gerne aus finanziellen Gründen sparen möchte, wird sich später aber auszahlen, da das nachträgliche Versetzen von Wänden aufwendig und teuer wird. Alternativ kann ein Einfamilienhaus auch so konzipiert werden, dass alle statischen Lasten auf den Außenwänden liegen, sodass sämtliche Trennwände nicht tragend und so beschaffen sind, dass sie ohne großen Aufwand zu einem späteren Zeitpunkt flexibel „verschoben" werden können.

BREITERE TÜRSTÜRZE

Nicht jedem gefallen 90 Zentimeter breite Türen, zumal sie entsprechend viel Raum beim Öffnen einnehmen. Wer hier trotzdem Vorsorge treffen will, um später nicht den Aufwand von Türverbreiterungen zu haben, lässt auch bei einer schmaleren Tür einen ausreichend breiten Türsturz einbauen. Das ist nämlich die Voraussetzung für eine Türverbreiterung, die im Bestand nur mit viel Aufwand nachgerüstet werden kann. Eine vorausschauende Maßnahme also, die finanziell nicht ins Gewicht fällt.

SCHWELLENLOSE TÜREN

Dank der heutigen technischen Möglichkeiten kann auch mit schwellenlosen Türen ein zuverlässiger Schutz gegen Regen und Feuchtigkeit gewährleistet werden. Magnettürschwellen funktionieren über eine Magnetdoppeldichtung, bei der eine Magnetdichtung an der Unterseite der Tür, die andere in einer im Boden eingelassenen Fußleiste sitzt. Diese unteren Magnete heben sich beim Schließen und senken sich beim Öffnen der Tür vollständig ab. Auch Hebeschiebetüren, bei denen der öffenbare Teil der Tür aus der dichten Verschlussposition angehoben wird, lassen sich schwellenlos einbauen. Zimmertüren können ohnehin problemlos ohne Schwellen eingebaut werden, da hier die Problematik der Abdichtung nicht gegeben ist. Achten Sie auf einen möglichst durchgehenden Bodenbelag.

PLATZ FÜR DEN AUFZUG VORHALTEN

Auch wenn es zunächst ähnlich wie beim Flur nach „verschwendeten" Quadratmetern klingt, ist es sinnvoll, darüber nachzudenken, wie im Einfamilienhaus mit Obergeschoss im Bedarfsfall mit einem Homelift nachgerüstet werden könnte. Entweder sollte die Treppe so geplant werden, dass im Treppenauge ausreichend Platz für einen Lift wäre, oder es könnte im Erdgeschoss beispielsweise in einem zusätzlichen Stauraum oder einer Speisekammer die Decke so konzipiert werden, dass ein späterer Deckendurchbruch ohne großen Aufwand durchgeführt werden könnte. Möchten Sie innerhalb des Hauses keine Platzreserven für einen Aufzug vorsehen, könnten Sie überlegen, ob Sie schon jetzt Voraussetzungen für die Nachrüstung mit einem Außenaufzug schaffen. Planen Sie beispielsweise ein bodentiefes Fenster an geeigneter Stelle ein und bauen bereits das notwendige Fundament.

KFZ-STELLPLATZ

Wenn Sie für Ihren Neubau auch einen Carport oder eine Garage planen, bauen Sie bitte auch diese von Anfang nicht zu schmal. Für Rollstuhlnutzerinnen und -nutzer müssen auch hier 1,50 m neben dem Fahrzeug eingeplant werden. Diese Fläche ist notwendig, um sicher mit dem Rollstuhl an das Auto heran rollen zu können. Zudem wird damit ausreichend Fläche geschaffen, um beispielsweise eine Vorrichtung ausfahren zu können, die den Rollstuhl in das Fahrzeug hebt. Ein weiterer echter Mehrwert ist es, bei schlechtem Wetter eine überdachte Umgebung zu haben, um das Umsteigen vom Rollstuhl ins Auto und umgekehrt angenehm zu gestalten.

FOKUS: SICHERES BEWEGEN IM HAUS

Bewegungsräume lassen sich in **GRUNDRISSPLÄNEN** sehr anschaulich darstellen. In den folgenden Beispielen sehen Sie, wie die notwendigen Bewegungsflächen für Rollstuhlfahrende in Bad, Küche, Wohn- und Schlafzimmer organisiert werden könnten. In der Küche sorgt etwa eine Übereck-Lösung für Komfort. Im Bad bietet ein befahrbarer Duschplatz genug Freiraum. Auch im Schlafzimmer sind 1,50 Meter Abstand zwischen den Möbeln und zu den Wänden notwendig. Auch am Essplatz und auf dem Freisitz muss ausreichend Spielraum gegeben sein.

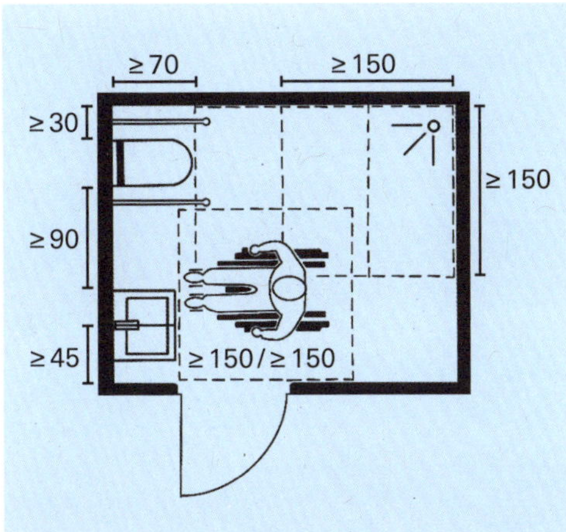

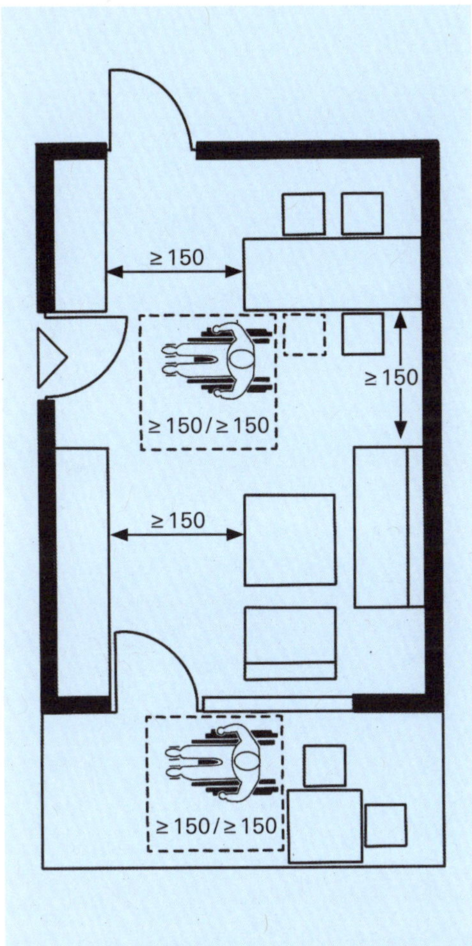

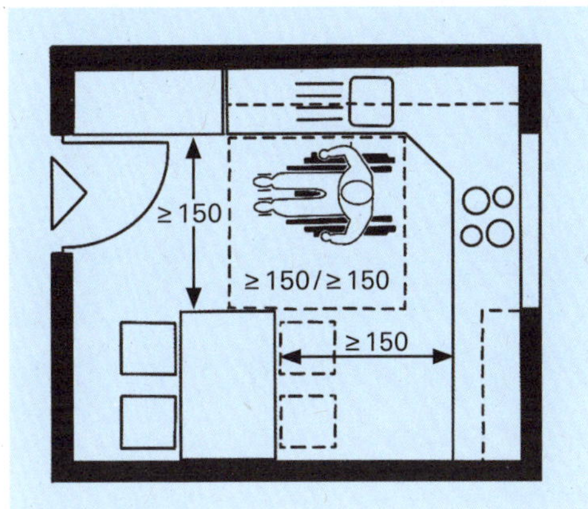

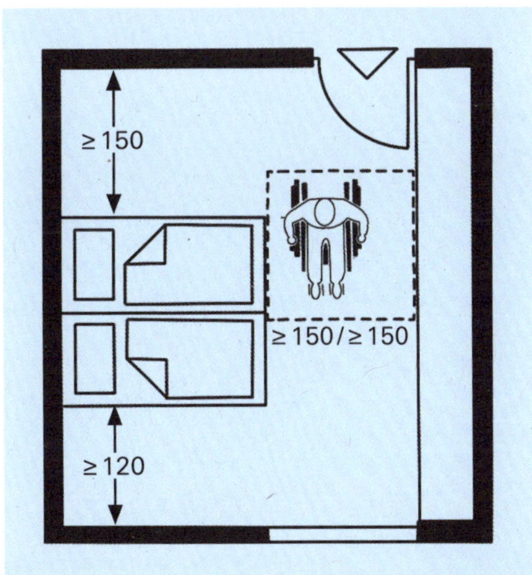

→ Das barrierefreie Bad Der Wunsch nach einem barrierefreien Bad steht bei den meisten Bauherren ganz oben auf der Prioritätenliste. Kein Wunder, denn das Bad ist der Raum, in dem wohl die meisten Menschen so lange wie möglich ohne fremde Hilfe zurechtkommen möchten.

WAS ERFAHRE ICH?

Dem Bad kommt beim barrierefreien Planen und Bauen eine große Bedeutung zu. Zum einen ist es ein Raum, in dem wir uns gerne alleine zurückziehen. In einem Badezimmer verrichten wir die intimsten Tätigkeiten, und das wollen wir auch möglichst lange selbstständig und in Eigenregie machen. Zum andern handelt es sich bei einem Badumbau mit dem Ziel der Barrierfreiheit meistens um ein größeres Vorhaben, das von erfahrenen Fachleuten betreut und umgesetzt werden sollte.

Nicht immer sind die ganz großen Eingriffe möglich und zum Glück auch gar nicht immer notwendig. Wir werfen im Folgenden einen Blick auf simple und erschwingliche, aber auch auf komplexere Umbaumaßnahmen für Ihr Badezimmer. Der Komfortgewinn nach einer solchen Baderneuerung ist oft enorm.

Einfache Optimierungen im Bad

Gerade wer zur Miete wohnt, ist auf Alternativen angewiesen, die nicht oder nur unwesentlich in die Bausubstanz eingreifen. Dennoch sollten sie eine deutliche Erleichterung zum Vor-Zustand mit sich bringen. Auch im Eigenheim können diese einfachen Maßnahmen schon eine wesentliche Verbesserung bringen.

SITZMÖGLICHKEITEN SCHAFFEN

Im Bad möchte man sich waschen, duschen, die Haare waschen, ein Fußbad nehmen und sich unter Umständen auch anziehen. All diese Tätigkeiten lassen sich gerade im Alter besser im Sitzen erledigen. Hocker und Bänke, die Waschen oder Anziehen erleichtern, können zusätzlich als Stauraum dienen. Mit einer Sitzgelegenheit in der Dusche muss aber nicht unbedingt ein separater Duschhocker gemeint sein. Dezente **KLAPPSITZE**, die an der **DUSCHRELING**, also einer umlaufenden horizontalen Haltestange, befestigt sind, können für andere Duschnutzerinnen hochgeklappt werden und passen zum gesamten Design der Duschausstattung. Wie jeder Haltegriff muss auch die Relingstange sicher an der stabilen Wand befestigt werden. Die Klappsitze werden dann einfach eingehängt. Es gibt auch Klappsitze, die, wie Haltegriffe, direkt an die Wand geschraubt werden. Andere Varianten werden mittels Wandschiene befestigt, sodass der Sitz, je nach Ausrichtung der Schiene, nach links und rechts oder nach oben und unten verschoben werden kann. Eine Befestigung an der Duschtrennwand bietet nicht die erforderliche Tragfähigkeit! Die von der DIN empfohlene ideale Sitzhöhe liegt bei 48 Zentimetern, die Montagehöhe der Reling bei 85 Zentimetern.

Um am Waschbecken sitzen zu können, braucht es die nötige Beinfreiheit. Am besten geeignet sind dafür Waschbecken ohne Unterbau. Falls dennoch ein Unterschrank gewünscht wird, könnte dieser so gebaut sein, dass die Einlegeböden leicht ausgeschnitten werden, sodass beim Öffnen der Türen die nötige Beinfreiheit gegeben ist.

HILFSMITTEL AN DUSCHE UND WANNE

Wem es (zunächst) nicht möglich ist, sein Bad umzubauen, der kann durch teilweise sehr einfache Hilfsmittel erstaunlich große Unterstützung bekommen. Soll beispielsweise für den Moment der Bodenbelag im Bad nicht gegen eine rutschhemmende Variante ausgetauscht werden, kann durch **SELBSTKLEBENDE ANTIRUTSCHSTREIFEN** vor der Badewanne oder in der Dusche für Abhilfe gesorgt werden.

Auch **BADEWANNENBRETTER** sind so simpel, wie der Name vermuten lässt. Das Kunststoffbrett wird einfach auf den Badewannenrand aufgelegt. Voraussetzung ist, dass es Ihnen möglich ist, in die Badewanne hineinzusteigen. Wenn dies allerdings geschafft ist, müssen Sie nicht unter der Dusche stehen, sondern können sich bequem im Sitzen abduschen. Übersetzhilfen, wie beispielsweise **DREHSCHEIBEN**, mit deren Hilfe Personen im Sitzen um 360° gedreht werden können, oder besonders stabile Haltegriffe, die am Wannenrand befestigt werden, sind tolle Hilfsmittel für den sicheren Einstieg in die Wanne. Auch **WANNENEINSTIEGSHILFEN** mit Trittstufe und Haltestange können den Einstieg erleichtern und sogar eine gewisse Eleganz ins Badezimmer bringen.

BADEZIMMERSPIEGEL EINSTELLEN

Sitzt eine Person zur täglichen Hygiene am Waschbecken, wird es ihr nicht möglich sein, sich im Spiegel zu sehen, sofern dieser auf der üblichen Höhe hängt. Die einfachste Alternative ist, hier einen länglichen Spiegel so hinzuhängen, dass sich sowohl eine sitzende als auch eine stehende Person sehen können. Natürlich können auch schräg gestellte Kippspiegel über dem Waschbecken genutzt werden. Diese lassen sich individuell einstellen. Für Personen im Stehen wird dann wiederum ein zweiter Spiegel notwendig sein.

HALTEGRIFFE ANBRINGEN

Im Badezimmer mit einem unter Umständen nassen und entsprechend rutschigen Boden sind sichere Möglichkeiten, um sich festhalten zu können, enorm wichtig. Haltegriffe sind daher eine weitverbreitete Maßnahme, um bewegungseingeschränkten Personen mehr Sicherheit im Bad zu bieten.

Mittlerweile sind auch optisch ansprechende Varianten erhältlich. Mitunter sind die Griffe und Stangen sehr dezent in die Badgestaltung integriert und gar nicht als Stützen erkennbar, beispielsweise, wenn die Stange für die Brause an der Dusche als Haltegriff ausgelegt ist. Auch der Handtuchhalter kann gleichzeitig und unauffällig als Stützgriff dienen.

ZWISCHENLÖSUNG KUNSTSTOFFRAMPE

Soll eine flache Duschtasse mit einem Rollstuhl befahrbar sein, kann dazu ein Stecksystem aus Kunststoff zur Anwendung kommen, wie es auch zur Überbrückung der Schwelle zur Terrasse dient. Das ist möglich, wenn die Duschtasse etwa fünf bis sechs Zentimeter hoch ist. Ist die Duschtasse innen tiefer, kann sie ebenfalls mit Kunststoffelementen ausgelegt werden, um den Niveauunterschied auszugleichen. Als Übergang kann diese einfach zu installierende Lösung eine große Hilfe sein.

AN DER DUSCHE: Gerade wegen des feuchten und mehr oder weniger rutschigen Bodens sind Haltegriffe an der Dusche eine große Hilfe. Hier kann unter Umständen die Duschstange selbst so ausgeführt werden, dass sie als Haltegriff funktioniert. Sie muss entsprechend sicher in der Wand fixiert sein, einen

→ Standardhaltestangen sind in der Regel nicht als Haltegriffe ausgelegt!

Abstand von etwa fünf Zentimetern zur Wand und einen Durchmesser von drei bis fünf Zentimetern haben, damit man sich gut daran festhalten kann. Testen Sie auch, ob ein ovaler Durchmesser sich für Sie besonders sicher anfühlt. Standardhaltestangen sind in der Regel nicht als Haltegriffe ausgelegt! Alternativ kann im Duschbereich eine horizontal umlaufende Reling, wie oben beschrieben, sicheren Halt bieten. Brausestangen, die auch als Haltestangen funktionieren, bieten einige Hersteller auch für Endkunden an, andere sind nur über den Fachhandel erhältlich. Dann müssten Sie einen Sanitärfachbetrieb mit Kauf und Montage beauftragen. Erkundigen Sie sich auch bei Ihrer Krankenkasse, welche Haltestangen finanziell übernommen werden. Gegebenenfalls können Sie diese dann über das Sanitätshaus bekommen und befestigen lassen.

AM WC: Ein weiterer Bereich, in dem Haltegriffe deutlich mehr Sicherheit geben, ist das WC. Um bei unsicherem Stand, sei es durch Gleichgewichtsstörungen oder Erkrankungen wie Multiple Sklerose (MS) oder Parkinson, nicht auf das WC herunterzufallen oder zu sacken, kann, neben einer Erhöhung des WCs, ein Haltegriff oder eine Haltestange verhindern, dass im harmlosen Fall die WC-Brille oder auch das WC selbst in Mitleidenschaft gezogen, im schlimmeren Fall ein Sturz provoziert wird. Zudem wird das Aufstehen erleichtert. Keine Sorge: Zu diesem Zweck braucht es nicht unbedingt die großen, weit in den Raum hineinragenden Stützbügel, wie man sie etwa von barrierefreien öffentlichen Toiletten kennt. Je nach Einbausituation kann es sich auch um einen kurzen 30-Zentimeter-Haltegriff handeln, der einfach an der Wand neben oder gegebenenfalls gegenüber der Toilette befestigt wird. Die **TRAGFÄHIGKEIT** des Griffes ist auf den Produkten vermerkt, entscheidend ist auch hier die Stabilität der Wand und dass die Befestigungsmittel ebenfalls für die Belastung ausgelegt sein müssen. Diese Griffe, die in unterschiedlichen Ausführungen wie beispielsweise in Edelstahl, in Edelstahl mit gerändelter Oberfläche oder in Edelstahl mit einem Mantel aus Kunststoff, erhältlich sind, bekommen Sie im Baumarkt, im Sanitätshaus oder auch über das Internet. Eine entsprechende Stütze kann auch mit einem Toilettenpapierhalter kombiniert werden und fällt dann gar nicht weiter auf.

Ein zu niedriges WC kann Probleme beim Hinsetzen und Aufstehen bereiten. Das lässt sich mit einer separaten Erhöhung aus Kunststoff ausgleichen, wenn man nicht das WC gegen ein höheres austauschen will (siehe Abschnitt „WC-Höhe anpassen", Seite 89).

AM WASCHBECKEN: Auch neben dem, über dem oder am Waschbecken können Griffe sichereren Halt bieten und auch beim Aufstehen helfen, wenn vor dem Waschbecken eine Sitzgelegenheit platziert ist.

WC-SITZHÖHE

Um die Sitzhöhe des WCs auf eigene Größe und Bedarf anzupassen, kann statt einer separaten Erhöhung aus Kunststoff darüber nachgedacht werden, das vorhandene Wand-WC entsprechend höher zu montieren, sofern dieses an einem höhenverstellbaren Vorwandelement befestigt wurde. Wenn es sich um ein Stand-WC handelt, kann es gegen ein Modell mit höherem Fuß ausgetauscht werden.

ARMATUREN TAUSCHEN

Sollten Sie an Ihren Waschbecken noch Zweihebelarmaturen nutzen, also separate Hebel für Warm- und Kaltwasser, überlegen Sie, ob Ihnen das Vertraute in diesem Fall wichtiger und damit sicherer erscheint als eine neue **EINHEBELMISCHBATTERIE**, die deutlich mehr Komfort und, mit einem **VERBRÜHSCHUTZ** ausgestattet, auch mehr Sicherheit bietet. Das Wasser kommt direkt in der passenden Temperatur aus dem Hahn, der sich wiederum einfach und ohne großen Kraftaufwand mit einer Hand bedienen lässt. Extralange, in der Regel 15 bis 20 Zentimeter lange Bedienhebel erleichtern die Bedienung im Sitzen und verringern den Kraftaufwand. Berührungslos gesteuerte Armaturen, wie man sie beispielsweise von öffentlichen Waschräumen kennt, sind ebenfalls eine Möglichkeit für Menschen mit stark eingeschränkter Greiffähigkeit. Die Steuerung erfolgt in der Regel über einen **INFRAROT-SENSOR** am Wasserhahn und kann auch mit einer Temperaturregelung kombiniert werden.

Bauliche Eingriffe im Bad

Wenn es Ihnen möglich ist, bauliche Veränderungen in Ihren Sanitärräumen vorzunehmen, können die im Folgenden vorgestellten Maßnahmen gute und nachhaltige Lösungen für alle Nutzerinnen und Nutzer des Bades ermöglichen. Klären Sie auf jeden Fall vorher ab, ob die gewünschten Umbauten oder Sanierungsmaßnahmen baulich umzusetzen sind und ob – falls es sich um eine Mietwohnung handelt – die Vermieterin einverstanden ist. Um die Kosten abschätzen zu können, sollten Sie mehrere Angebote einholen (siehe Kapitel „Wen brauche ich wann?“ ab Seite 158).

BODENGLEICHE DUSCHE

Bodengleiche Duschen erfreuen sich großer Beliebtheit. Und in der Tat ist eine bodengleiche Dusche ein enormer Zugewinn: Der Zugang ist selbst mit einem Rollstuhl problemlos möglich, unter Umständen wird gleichzeitig die allgemeine Bewegungsfläche im Bad vergrößert. Andererseits ist der nachträgliche Einbau einer bodengleichen Dusche auch die aufwendigste Lösung, um ein Badezimmer barrierefrei zu gestalten.

Bei der Sanierung stellen das Ablaufsystem und die damit verbundene Aufbauhöhe den kritischen Knackpunkt dafür dar, ob ein Einbau mit einer Nullschwelle möglich ist oder nicht. Für den störungsfreien Ablauf des Wassers bis zum Abfluss muss das **GEFÄLLE** des Bodens zwei Prozent betragen. Bei einer Länge von einem Meter entspricht dies einem Höhenunterschied von zwei Zentimetern. Es geht aber auch um das Gefälle des Abflussrohrs zwischen Ablauf und Fallrohr. Auch hier muss das Gefälle mindestens ein, besser allerdings zwei Prozent betragen, damit keine Rückstände das Rohr auf Dauer zusetzen können. Kritisch kann es werden, wenn die vorhandene Decke sehr dünn ist und keine Möglichkeit besteht, die Leitungen unterhalb der Decke zu verziehen. Sitzt der Anschluss an das Fallrohr im Bestand zu hoch, weil die alte Dusche selbst deutlich höher gebaut war, kann eine spezielle **BODEN-ABLAUFPUMPE** die rettende Lösung darstellen. Diese erzeugt allerdings zusätzliche Kosten im Betrieb.

Grundsätzlich können bodengleiche Duschen als Komplettsysteme oder aus Einzelkomponenten hergestellt werden. Dabei geht es nicht immer um einen Bodenaufbau mit Fliesen, auch bodengleiche Duschwannen

VORSICHT STOLPERFALLEN!

Aus optischen Gründen werden **BODENGLEICHE DUSCHEN** häufig mit einem Gefällekeil und einer Ablaufrinne Richtung Wand gebaut. Dadurch entstehen aber kleine, keilförmig zulaufende Höhendifferenzen, die eine Stolpergefahr darstellen können, wenn hier keine starre Duschabtrennung steht, die ein Weitergehen ohnehin verhindert. Duschflächen mit einem gleichseitigen Gefälle zu einem Ablauf in der Mitte haben hingegen keine Schwelle, können aber unter Umständen die **STANDSICHERHEIT** eines Rollators beeinflussen. Auch hier gilt wieder: am besten in einer Beratungsstelle ausprobieren!

Bild oben: In dem schmalen Schlauchbad erkennt man zwischen WC und Waschbecken den Ablauf der bodengleichen Dusche.
Bild unten: Der untere Teil der gläsernen „Klönschnacktür" dient als Spritzschutz für die Pflegenden.

stellen eine Möglichkeit dar. Gefliest werden kann wiederum auf einem Duschelement (Duschboard) oder auf einem Gefälleestrich. Während ein gefliester Duschbereich den Raum sehr großzügig wirken lässt, haben Duschwannen den Vorteil, dass es hier keine schadensanfälligen Fugen gibt. Aber Achtung, nicht alle Produkte sind mit dem Rollstuhl befahrbar!

Egal, ob es sich um ein System oder um Einzelkomponenten handelt, stehen drei verschiedene **ABLAUFSYSTEME** zur Auswahl: der Punktablauf, die einseitige oder die umlaufende Duschrinne. Während die Punktentwässerung weniger Platz benötigt und daher für kleinere Bäder infrage kommt, ist der Vorteil der Rinnenentwässerung, dass hier mit großformatigeren Fliesen gearbeitet werden kann. Bei der Punktentwässerung muss das Gefälle von vier Seiten hergestellt werden, was nur mit kleinteiligeren Fliesen möglich ist.

Die bodengleiche Duschfläche sollte mindestens 90 x 90 Zentimeter betragen. Besser, und nach der DIN für Barrierefreiheit gefordert, sind 120 x 120 Zentimeter, für Rollstuhlfahrende sind 150 x 150 Zentimeter erforderlich. Diese Duschfläche kann, sofern sie nicht von einer festen Duschtrennwand umgeben ist, gleichzeitig als Bewegungsfläche im Bad dienen. Wird also beispielsweise das WC neben der Dusche angeordnet, kann der Duschbereich als notwendige Bewegungsfläche neben dem WC genutzt werden. Voraussetzung ist ein entsprechend beweglicher Spritzschutz (siehe nachfolgenden Abschnitt „Spritzschutz").

Selbst sehr schmale Schlauchbäder, in denen ein Bewegungsradius von 1,20 Metern nicht erreicht werden kann, können barrierearm gestaltet werden. Hier kann beispielsweise die Fläche zwischen dem WC an der hinteren Stirnseite und der Tür, in der sogar noch ein schmales Waschbecken Platz findet, als Duschbereich ohne Schwelle genutzt werden. Es bleibt nicht aus, dass bei dieser Variante ein Großteil des Badezimmers nass wird und im Anschluss gründlich trockengewischt werden sollte, damit niemand ausrutscht. Für sehr kleine Wohnungen mit wenig Spielraum kann diese plstzsparende Lösung aber durchaus eine Alternative sein.

VORSICHT BEI BADEWANNEN MIT TÜR!

Immer wieder werden auch Badewannen mit Tür als barrierearme Alternative vorgeschlagen. Was dabei leicht übersehen wird, ist, dass die Nutzer oder Nutzerinnen der Wanne gleich zweimal in Kauf nehmen müssen zu **FRIEREN**, denn sowohl beim **EINSTIEG** als auch beim **AUSSTIEG** muss die Wanne natürlich leer sein. Das bedeutet, dass Sie zunächst in die leere Wanne einsteigen und dann erst das Wasser einlassen können. Noch extremer ist es, wenn Sie die Wanne wieder verlassen möchten, nun aber wiederum warten müssen, bis diese leergelaufen ist.

SPRITZSCHUTZ

Für den Spritzschutz, der den Duschbereich vom übrigen Bad trennt, gibt es, abgesehen von einem einfachen Duschvorhang, verschiedene Abtrennsysteme mit Pendel-, Klapp-, Schiebe- oder Falttüren, die in jedem Fall nach außen beziehungsweise zur Seite zu öffnen sein sollten und dennoch nicht die Bewegungsfreiheit im Bad einschränken dürfen. Alle Varianten, die sich leicht wegklappen oder zusammenfalten lassen, haben den Vorteil, schnell mehr Bewegungsfreiraum zu schaffen, aber auf der anderen Seite sind sie weniger stabil als eine starre Trennwand. Besonders sicher sind Abtrennungen, die ganz an die Wand geklappt werden können. Eine horizontal in zwei Flügel geteilte Tür, in Norddeutschland als „Klönschnacktür" bekannt, bietet die Möglichkeit, dass eine zweite Person beim Duschen hilft, ohne nass zu werden.

Offen stehende Türen können eine Gefahr darstellen. Blinde Menschen oder Menschen mit Seheinschränkungen werden mit einer Dusch-Pendeltür Schwierigkeiten haben, da sie sich nicht an ihr festhalten können. Die individuellen Bedürfnisse der Nutzer müssen bei der Auswahl des passenden Spritzschutzes daher unbedingt berücksichtigt werden.

Gerade in großen Bädern muss der Spritzschutz nicht unbedingt umlaufen. Dann ist auch eine Walk-in-Dusche ohne Tür denkbar. Ist die Walk-in-Dusche an nur einer Seite offen, sollte sie 1,40 Meter lang sein, um das Badezimmer nicht bei jedem Duschgang zu fluten. Varianten mit zwei offenen Stirnseiten brauchen eine Länge von 1,60 Meter.

BADEWANNEN MIT EINSTIEGSHILFE

Nicht immer lässt sich die Badewanne gegen eine barrierefreie Dusche austauschen, etwa wenn Sie die Wohnung zur Miete bewohnen und die Zustimmung für den Umbau nur unter der Bedingung erhalten haben, diesen beim Auszug wieder rückgängig zu machen. Wollen oder müssen Sie die Badewanne weiterhin nutzen, gibt es, neben den bereits erwähnten Einstiegshilfen mit Trittstufe (siehe Seite 83), auch technisch aufwendigere Alternativen, wie Badewannenlift, Schwenklift oder Hebehilfen.

WASCHBECKEN MIT BEINFREIHEIT

Nicht nur die Dusche spielt bei der Suche nach mehr Bewegungsfreiheit im Bad eine Rolle: Auch zum Waschbecken gibt es Alternativen

Geöffnet bietet der Waschtisch-Unterschrank genügend Raum für die Knie.

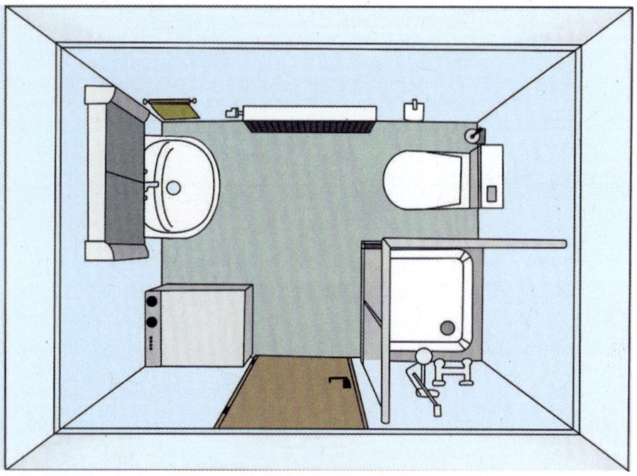

Ein Badezimmer vor der Ertüchtigung mit barrierefreien Maßnahmen. Der Umbau (siehe rechts) bringt viele erleichternde Elemente.

mit Zusatzfunktionen. Wie für die Küche (siehe Abbildung auf Seite 98) gibt es auch für das Badezimmer Waschbecken, die sich mittels Hub- und Senkfunktion nach oben oder unten fahren lassen. Die Höhenverstellbarkeit hat allerdings unter Umständen eine geringere Priorität als die Unterfahrbarkeit, denn Beinfreiheit unter dem Waschbecken ist eine Voraussetzung, um sich auch im Sitzen waschen zu können. Das gilt in jedem Fall für Rollstuhlnutzende, aber auch, wenn ein Stuhl vor dem Waschbecken steht. Dafür sollte nach Möglichkeit der Unterschrank wegfallen oder gegen einen Unterschrank ausgetauscht werden, dessen Regalböden leicht ausgeschnitten sind. Wird der Schrank geöffnet, entsteht die benötigte Lücke für die Beine (siehe Abbildung auf Seite 87). Vielleicht lassen sich auch die Regalböden Ihres Unterschranks entsprechend anpassen. Die Norm macht für Wohnungen keine näheren Angaben zur Beinfreiheit unter dem Waschtisch. Es empfiehlt sich, über eine Breite von 90 Zentimeter und einer Tiefe von mindestens 30 Zentimeter eine freie Höhe von mehr als 67 Zentimeter vorzusehen.

Waschbecken sollten möglichst flach sein und auf einer Höhe von 80 Zentimetern befestigt werden. Durch die Installation eines Flachsiphons, lässt sich auch ohne größere Maßnahmen noch mehr Beinfreiheit gewinnen.

DUSCH-WCS

Ein Sanitärmöbel, das zunächst im asiatischen Raum bekannt wurde, sich aber zunehmend auch bei uns wachsender Beliebtheit erfreut, ist das Dusch-WC. Während Bidets als Ergänzung zum WC-Becken inzwischen kaum noch in deutschen Badezimmern zu finden sind, sind Dusch-WCs gerade in Bädern für Menschen mit Bewegungseinschränkungen eine große Hilfe, um sich auch auf lange Sicht eigenständig und sicher um den Toilettengang und die Intimpflege kümmern zu können. Die Reinigung über einen Wasserstrahl kann hierbei, ebenso wie die anschließende Föhntrocknung, per Fernbedienung gesteuert werden. Zudem können weitere Zusatzfunktionen wie eine Geruchsabsaugung, automatisch schließende Deckel oder ein Orientierungslicht den Komfort erhöhen und das Handling erleichtern. Da das Dusch-WC Toilettenbecken und Intimpflege in einem ist, wird es im Prinzip nur gegen das WC-Becken ausgetauscht. Wenn allerdings auch Föhn und Sitzheizung genutzt werden sollen, wird zusätzlich ein Elektroanschluss benötigt. Eine andere Variante sind Dusch-WC-Aufsätze. Auch diese benötigen einen Stromanschluss für die Föhnfunktion. Achtung! Nicht alle Aufsätze passen auf jedes Becken. Fragen Sie vor dem Kauf genau nach!

BEWEGUNGSFLÄCHEN SCHAFFEN

Wie im Prinzip überall in der Wohnung gilt auch im Badezimmer ein Bewegungsradius von 1,20 Metern für die barrierefreie Umsetzung und von 1,50 Metern für die Bewegung mit einem Rollstuhl. Hierbei können sich Bewegungsflächen überschneiden. Das heißt: Wenn ich neben oder vor dem WC eine freie Fläche benötige, kann sich diese mit der Fläche vor dem Waschbecken oder auch dem barrierefreien Duschbereich überlagern. Ein barrierefrei oder barrierearm umgebautes Bad muss also gar nicht so groß sein, wie man vielleicht zunächst denken könnte. Je nach Anordnung der Sanitärmöbel ist hier selbst auf nur vier Quadratmetern eine Menge möglich!

Wenn allerdings keine ausreichende freie Fläche geschaffen werden kann oder der Bau einer bodengleichen Dusche nicht mit dem vorhandenen Grundriss möglich ist, muss untersucht werden, ob eine der Wände verschoben werden kann. Ein solcher Eingriff in die Bausubstanz muss von einem Fachplaner oder einer Statikerin genau geprüft werden. Wichtig ist dabei auch, ob in der Wand Leitungen liegen und wie diese gegebenenfalls verlegt werden können. Sinnvoll ist ein solch aufwendiger Umbau zum Beispiel, wenn damit aus dem Gäste-WC im Erdgeschoss ein vollwertiges Badezimmer mit Dusche wird.

BADEZIMMERTÜR

Ganz wichtig im barrierefreien Bad ist die Aufschlagrichtung der Tür! Immer wieder kommt es zu Stürzen älterer Menschen im Bad. Liegt die gestürzte Person dann vor der in das Bad aufschlagenden Tür, können Helfende diese nicht erreichen. Eine ins Bad öffnende Tür sollte daher immer als Erstes getauscht werden. Die **AUFSCHLAGRICHTUNG** der Tür zu ändern ist allerdings etwas aufwendiger, als es sich anhört, da hierfür die Zarge ausgebaut, umgedreht und andersherum wieder eingebaut werden muss. Alte Türzargen sind oftmals verschraubt. Wenn man Glück hat, lassen sich die alten Schrauben wieder lösen und die Zarge abnehmen. Wenn nicht, wird es schwierig, die alte Zarge heil herauszulösen. Neuere Türen sind oftmals mit Montageschaum verklebt. Hier muss die Zargenabdeckung abgenommen und der Montageschaum herausgekratzt werden. Unter Umständen ist das auch der passende Zeitpunkt, die Türöffnung zu verbreitern und nicht nur die Aufschlagrichtung zu ändern, sondern gleich eine neue Tür einzubauen. Dem Bewegungsfreiraum im Bad kommt die Maßnahme in jedem Fall zugute.

Zudem müssen auch die Badezimmertüren ohne Schwellen ausgeführt werden. Eine nach der DIN genehmigungsfähige Zwei-Zentimeter-Kante sollten Sie hier nicht ohne Weiteres akzeptieren, da es oft gerade die kleinen Schwellen sind, die übersehen und zur Stolperfalle werden. Falls das Niveau des Badezimmerbodens über dem des angrenzenden Flurs liegt, beispielsweise, weil nachträglich eine Fußbodenheizung im Bad verlegt wurde, kann dies durch einen Gefälleestrich über die Tiefe der

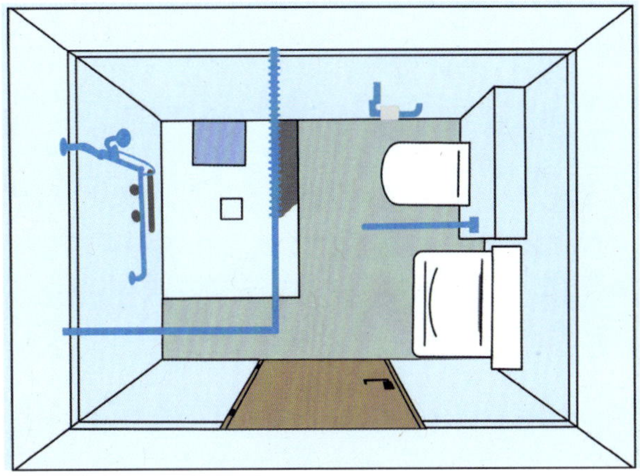

Barrierefreie Elemente: Die Tür öffnet nach außen, die Dusche ist bodengleich und bietet einen Sitzplatz, Griffe sorgen für Halt.

Türzarge angeglichen werden. Alternativ können Kunststoffschwellenrampen zum Einsatz kommen. Lassen Sie sich Vorschläge verschiedener Firmen machen, um zu prüfen, ob die Zwei-Zentimeter-Schwelle unumgänglich ist.

Die Türbreite muss gemäß der Barrierefreiheit eine lichte Breite von 80 Zentimetern haben. Für die Nutzung mit dem Rollstuhl sind es 90 Zentimeter. Das Badezimmer sollte von innen verschließbar, aber von außen im Notfall zu öffnen sein.

WC-HÖHE ANPASSEN

Für ältere Menschen und Menschen mit Mobilitätseinschränkungen stellt es eine enorme Hilfe dar, wenn das WC nicht zu tief angebracht ist. Sich auf ein WC, das eine Standardhöhe von 42 Zentimetern hat, setzen zu müssen, erfordert große Kraftanstrengungen und führt unter Umständen dazu, dass sich Personen die letzten Zentimeter eher fallen lassen, als dass sie sich kontrolliert setzen. Vor allem ohne Haltegriff besteht bei jedem Toilettengang das Risiko eines Sturzes. Auch das Aufstehen von einem niedrigen WC kann schwierig werden. Es empfiehlt sich daher, das WC-Becken höher anzubringen, falls es wandhängend an einem höhenverstellbaren Vorwandelement montiert ist. Ein Stand-WC sollte gegen ein Becken mit höherem Fuß ausgetauscht werden. Die Sitzhöhe eines barrierefreien WC-Beckens liegt zwischen 46 und 48 Zentimetern, sodass immer noch ausreichend Bodenkontakt hergestellt werden kann.

RUTSCHFESTER BODEN

Bei Bodenbelägen für ältere Menschen beziehungsweise für Menschen mit Gehunsicherheiten oder Seheinschränkungen sind zwei Aspekte wesentlich: Rutschfestigkeit und Kontrast.

→ Spots in der Decke erzeugen möglicherweise störende Reflexe. Entspanntes Licht bringen Downlights oder LED-Lichtlinien zur Akzentuierung an der Wanne.

Die Rutschfestigkeit eines Bodenbelags wird mit dem Buchstaben R und einer Ziffer gekennzeichnet, wobei mit steigender Zahl die **HAFTREIBUNG** steigt. Im barrierefreien Bauen werden Fliesen oder andere Bodenbeläge mit einer Rutschfestigkeit zwischen R9 und R13 empfohlen. Wichtig zu wissen ist, dass mit steigender Haftreibung die Reinigung der Böden immer schwieriger wird. Beläge mit einem Kennwert von R10 oder R11 sind in der Regel ein guter Kompromiss. Zum anderen werden Böden und die dazugehörigen Beläge in drei Kategorien gegliedert: A trockene Böden, B nasse Böden und C Böden für Schwimmbäder. In der barrierefreien Dusche und den daran angrenzenden Bereichen sollte die Kategorie B gewählt werden.

Menschen, deren Sehvermögen eingeschränkt ist, sind neben einer guten Ausleuchtung der Räume (siehe folgenden Abschnitt zur Beleuchtung) auch auf eine farblich kontrastreiche Umgebung angewiesen. Hilfreich ist beispielsweise, den Duschbereich optisch durch Farbkontraste als solchen kenntlich zu machen. Ebenso sollten sich Haltegriffe und Lichtschalter farblich von der Wand abheben. Solche Farbakzente können den Raum durchaus bereichern!

LICHT: AUSLEUCHTUNG UND CIRCADIANE BELEUCHTUNG

Im Badezimmer ist eine gute Ausleuchtung des gesamten Raums sehr wichtig. Daher wird ein Allgemeinlicht mit hoher Beleuchtungsstärke empfohlen. Idealerweise sollte dieses aus mehreren Lichtquellen stammen, denn das ergibt eine gleichmäßige Ausleuchtung ohne irritierende Schatten. Die Allgemeinbeleuchtung sollte also durch Leuchten links und rechts des Spiegels ergänzt werden, um das Gesicht optimal auszuleuchten.

Je nach Bedarf können auch in anderen Bereichen, in denen Sie darauf angewiesen sind, wirklich gut sehen zu können (wie an der Dusche oder am WC), weitere Leuchten platziert werden. Spots in der Decke können Armaturen und Fliesen sehr schön zur Geltung bringen, erzeugen aber möglicherweise störende Reflexe. Ein entspanntes und dekoratives Licht bringen Downlights oder beispielsweise LED-Lichtlinien zur Akzentuierung an der Badewanne. Im Spiegelschrank können Sie zudem LEDs installieren, die wie bei einem Kühlschrank angehen, wenn Sie ihn öffnen. Das sorgt für einen guten Überblick. Schließlich kann ein **BEWEGUNGSMELDER**, über den das Licht automatisch angeht, wenn Sie beispielsweise nachts die Toilette aufsuchen müssen, für zusätzliche Sicherheit sorgen. Der Preis für einen Bewegungsmelder ist nicht hoch, und auch sensorgesteuerte Wand- und Deckenleuchten sind sehr erschwinglich. Die Installation von Bewegungsmeldern an ein 223-V-Stromnetz muss generell einem Fachbetrieb überlassen werden!

Immer häufiger ist, gerade in den Beratungsstellen für Smart-Home-Lösungen, circadiane Beleuchtung, die den biologischen Tagesrhythmus des Menschen unterstützt, ein wichtiges Thema. Diese wirkt positiv auf den bei älteren Menschen oftmals gestörten Tag-

Nacht-Rhythmus und die Stimmung im Allgemeinen. Gerade im Badezimmer, wo der Tag in der Regel beginnt und endet, bietet es sich an, durch erhöhte Blau- und Rotanteile im Licht den Organismus entsprechend zu stimulieren.

Lesen Sie mehr zum Thema Licht in unserem „Fokus Licht" auf Seite 137.

Große Badmodernisierung

Maßnahmen zur Barrierefreiheit müssen nicht der alleinige Anlass für einen Umbau sein, sondern können gut im Rahmen von allgemeinen Modernisierungen umgesetzt werden. Dabei ergeben sich auch im Badezimmer oft sinnvolle Kombinationen.

FUSSBODENHEIZUNG UND BODENGLEICHE DUSCHE MIT R-BÖDEN

So könnte beispielsweise Anlass der Badezimmermodernisierung sein, dass Sie Ihr Heizsystem umstellen wollen und im ganzen Haus oder zumindest im Badezimmer Heizschleifen für eine Fußbodenheizung verlegen möchten. Wenn also ohnehin der Boden neu gemacht werden soll, ist das eine günstige Gelegenheit, um eine schwellenfreie Dusche einzubauen und einen rutschfesten Bodenbelag zu verlegen. Mindestens im Duschbereich sollten auf jeden Fall Fliesen oder andere Beläge der Klasse R11 verlegt werden. Ähnliches gilt, wenn Sie Ihre Warmwasserleitungen modernisieren lassen wollen. Auch hier bietet sich der Umbau zu einer bodengleichen Dusche an.

Generell lassen sich Kosten sparen, wenn beispielsweise die Fliesenfirma nicht zweimal kommen muss, sondern beide Maßnahmen in einem Rutsch durchführt.

WELLNESSOASE UND BARRIEREFREIE VORRÜSTUNG

Nicht immer ist Barrierefreiheit der Anstoß für eine Badmodernisierung. Vielleicht ist Ihr Bad einfach in die Jahre gekommen und Sie wollen sich jetzt, wo die Kinder aus dem Haus sind, eine Wellnessoase einrichten. Warum dann nicht gleich mit der Perspektive auf Barrierefreiheit sanieren? Machen Sie es zumindest so, wie es auch für Neubaumaßnahmen vorgeschlagen wird: Bauen Sie schon jetzt bei der Sanierung **TRAVERSEN** und **STÜTZVORRICHTUNGEN** für Haltegriffe in die neue Vorwandinstallation ein. Vielleicht ist dies zudem bereits der passende Zeitpunkt, um auch die Tür zu verbreitern und nach außen aufschlagen zu lassen, da nun sowieso schon Dreck und Staub für umfassendes Baustellen-Feeling sorgen.

Beim Verlegen einer Fußbodenheizung bietet sich der Einbau einer bodengleichen Dusche im gleichen Zuge an.

Optimale Badplanung im Neubau

Im Neubau bietet sich gerade im Bad die wundervolle Möglichkeit, von Anfang an alles richtig zu machen und so später teure Umbaumaßnahmen zu vermeiden. Zunächst einmal kann man sagen, dass gerade im Einfamilienhausbau heutzutage nicht mehr die Gefahr besteht, dass Bäder zu klein konzipiert werden. Auch Baufamilien, die sich vor der Planung nicht mit Barrierefreiheit befasst haben, denken in großzügigen Kategorien. Wie sollte ein barrierefreies Bad im Neubau aussehen?

DIE RAUMGRÖSSE

Um ein Badezimmer später ohne Probleme anpassen zu können, sollte es sechs bis sieben Quadratmeter groß sein. Da auch für ein

Eine charmante Lösung für eine Sitzmöglichkeit in der Dusche: Diese ist wie in einem römischen Bad direkt in die Wand eingelassen. Denkbar sind hier auch attraktive Lösungen mit marokkanischem Tadelakt (Kalkputz).

Familienbad mit Wanne plus Dusche und Doppelwaschbecken gerne sieben bis neun Quadratmeter eingeplant werden, sollte dies also kein Problem darstellen. Wer nach DIN baut, muss, wie im Abschnitt „Grundrissaufteilung und Raumnutzung" ab Seite 58 beschrieben, vor allen Sanitärmöbeln den Bewegungsradius von 1,20 Metern sicherstellen, wobei sich die Flächen überschneiden dürfen. Wesentlich für die Raumgröße ist also nicht zuletzt, wie viele Sanitärobjekte eingeplant werden sollen. Soll es beispielsweise eine Dusche und eine Badewanne geben, oder möchten Sie sich von Anfang an auf eine großzügige bodengleiche Dusche beschränken? Brauchen Sie zwei Waschbecken, eins für die Kinder, eins für die Erwachsenen? Dann könnte eines davon vielleicht schon jetzt unterfahrbar konzipiert werden. Planen Sie doch einmal Ihr **TRAUMBAD** und prüfen Sie dann, unter welchen Bedingungen sich daraus ein barrierefreies oder sogar rollstuhlgerechtes Bad machen ließe. Wenn es an wenigen Zentimetern scheitert, sollten Sie diese von Anfang an draufschlagen, um später die größeren Freiheiten zu haben. Welche Bewegungsflächen beziehungsweise Abstände sind wichtig?

- → Nach der DIN für barrierefreies Bauen ist vor dem WC, vor dem Waschtisch, vor der Badewanne und in der Dusche eine Fläche von mindestens 1,20 x 1,20 Metern einzuplanen. Die Flächen dürfen sich aber überlagern. Wer ganz sichergehen will und den Platz hat, plant 1,50 x 1,50 Meter ein, damit auch eine Person im Rollstuhl ausreichend Bewegungsfreiraum hat.
- → Die Toilette muss mindestens einen Abstand von 20 Zentimetern zur Wand und zu anderen Sanitärobjekten haben, bei einer rollstuhlgerechten Planung sind dies an einer Seite 30 und an der anderen Seite 90 Zentimeter bei einer Tiefe von 70 Zentimetern.
- → Planen Sie das Fenster so ein, dass es auch von einer bewegungseingeschränkten Person gut erreicht werden kann.
- → Planen Sie auch von Anfang an die Badezimmertür in der später notwendigen Breite von mindestens 80 Zentimetern für ein barrierefreies Bad und mindestens 90 Zentimetern für eine Nutzung mit dem Rollstuhl ein. Achten Sie darauf, dass die Tür nach außen aufschlägt oder entscheiden Sie sich alternativ für eine Schiebetür.

Wird das Badezimmer nach DIN gebaut und muss den Vorgaben der Rollstuhlgerechtigkeit entsprechen, wird übrigens gefordert, dass bei Bedarf auch das nachträgliche Aufstellen einer Badewanne mit Lifter möglich sein muss. Hierzu ist unbedingt eine fachliche Einschätzung erforderlich, um zu klären, welche entsprechenden statischen Maßnahmen notwendig sind. Im ersten Teil der DIN zum barrierefreien Bauen wird dies nicht gefordert, sondern lediglich empfohlen.

DIE BODENGLEICHE DUSCHE

Während der nachträgliche Einbau einer bodengleichen Dusche beziehungsweise der Austausch von Badewanne gegen Dusche nur mit relativ großem Aufwand umgesetzt werden kann, ist die barrierefreie Dusche im Neubau technisch kein Problem und gehört im Prinzip zum Standard. Die Dusche hat es im Grunde geschafft, die Barrierefreiheit „salonfähig" zu machen und zu zeigen, dass barrierefreies

Bauen Vorteile für alle bringt und dabei elegant und cool aussehen kann.

Dennoch gibt es Bauherren, die zunächst die Badewanne einer Dusche vorziehen, langfristig aber gerüstet sein wollen. In diesem Fall könnten Sie Ihre Architektin oder Ihren Architekten fragen, ob die Möglichkeit besteht, den betreffenden Bereich komplett mit einem Punktablauf und dem notwendigen Gefälle vorzubereiten und eine Wanne an den Ablauf anzuschließen, die dann im Bedarfsfall einfach ausgebaut werden kann.

Wer eine bodengleiche Dusche baut, kann auch gleich eine Sitzmöglichkeit integrieren, indem die angrenzende Trennwand gemauert und mit einer Sitznische versehen wird.

VORKEHRUNGEN TREFFEN

Es gibt Maßnahmen, die nicht von Anfang an umgesetzt werden müssen, die aber Voraussetzungen brauchen, die sich später nur mit großem Aufwand ergänzen lassen. Dabei geht es vor allen Dingen um statische Voraussetzungen. Ein solches Beispiel sind **VERSTÄRKUNGEN** dort, wo später unter Umständen Haltegriffe nachgerüstet werden sollen.

Insbesondere bügelförmige Stützklappgriffe am WC möchten junge Familien vermutlich nicht ohne Anlass in ihrem Badezimmer haben. Die dafür notwendige Statik hingegen wird in die Vorwandinstallation integriert und ist nicht sichtbar. Ähnlich verhält es sich mit Haltegriffen im Duschbereich, wobei tragfähige Duschstangen von Anfang an umgesetzt werden können, da sie sich optisch nicht von herkömmlichen Stangen unterscheiden müssen. Die Punktlast von Stützklappgriffen neben dem WC beträgt am vorderen Griffende 1 kN gemäß DIN 18040 bzw. 1,5 kN nach Entwurf der VDI 6008–2. Dieser Last muss die Tragkonstruktion der Wand standhalten.

DER BODENBELAG

Auch den Bodenbelag im Nachhinein zu ändern ist aufwendig und wird nur gemacht, wenn ohnehin größere Maßnahmen im Bad vorgenommen werden. Ein Bodenbelag mit passender Rutschhemmung, insbesondere im Duschbereich, ist in jedem Fall eine gute Maßnahme, um Stürze zu vermeiden, egal, ob es sich um ein barrierefreies Bad handelt oder nicht. Insbesondere für den Duschbereich selbst, in dem man sich barfuß auf nassem Boden bewegt, gelten im barrierefreien Badbau die höchsten Anforderungen. Empfohlen werden Fliesen mit der Rutschhemmklasse R11. Es ist sinnvoll, auch den angrenzenden Bereich, der in der Regel ebenfalls nass und entsprechend rutschig wird, mit demselben Belag zu versehen. Für sogenannte nassbelastete Barfußbereiche gelten die Bewertungsgruppen A, B und C. In Duschbereichen sollte mindestens die Gruppe B gewählt werden. Durch spezielle Oberflächenbehandlungen kann die Rutschhemmung weiter verbessert werden. Vor allen Dingen aber sollte die bestehende Rutschhemmung durch geeignete Reinigungsmittel wie Feinstein- oder Steinzeugreiniger erhalten werden.

→ Wer eine bodengleiche Dusche baut, kann auch gleich eine Sitzmöglichkeit integrieren, indem die angrenzende Trennwand gemauert und mit einer Sitznische versehen wird.

BARRIEREFREI PLUS R

In barrierefrei und uneingeschränkt mit dem Rollstuhl nutzbaren Wohnungen gibt es eine Vorgabe, die Sanitärräume so zu planen, dass anstelle der Dusche der nachträgliche Einbau einer Badewanne plus ausreichender Bewegungsflächen und der Einsatz eines Badewannenlifters möglich sein muss. In barrierefreien Wohnungen ohne Rollstuhlnutzung spricht die DIN 18040-2 dazu nur eine Empfehlung aus.

→ Die barrierefreie Küche

Wie dem Bad, kommt der Küche besondere Bedeutung zu, wenn es darum geht, trotz Einschränkungen selbstbestimmt in den eigenen vier Wänden zu leben. Unterfahrbarkeit, Hubsysteme und Herd-aus-Schalter helfen, den Raum an den eigenen Bedarf anzupassen.

WAS ERFAHRE ICH?

Der Küche fällt in vielen Häusern und Wohnungen eine besondere Rolle zu: Traditionell bildet sie oft das Zentrum des sozialen Lebens im Haus. Aber vor allen Dingen muss es jedem Bewohner und jeder Bewohnerin möglich sein, sich selbst versorgen zu können. Die Küche sollte also so ausgestattet sein, dass jeder sie so komfortabel wie möglich benutzen kann. Dazu sind ausreichende Bewegungsflächen ebenso erforderlich wie eine durchdachte, ergonomisch optimierte Möblierung und Ausstattung, um die **ARBEITSABLÄUFE** zu erleichtern. Was in Ihrer Immobilie möglich ist, hängt auch vom Baujahr ab: Insbesondere in Wohnungen aus der Nachkriegszeit sind die Küchen auf einen extrem optimierten und oftmals auf eine Variante reduzierten Arbeitsablauf ausgelegt worden. Einen derartigen Grundriss barrierefrei anzupassen ist eine Herausforderung: Hier ist Abhilfe mitunter nur mit größeren Eingriffen zu schaffen, etwa indem die Küche verlegt oder zum benachbarten Raum hin geöffnet wird (siehe Abschnitt „Die Küche neu denken“ ab Seite 100). Doch auch mit kleineren Maßnahmen lassen sich deutliche Erleichterungen erreichen.

Kleine Küchenhilfen

Sofern die Küche groß genug ist und es nicht an der Grundfläche mangelt, kann der Küchenraum mit einfachen Hilfsmitteln und Ergänzungen deutlich an Komfort gewinnen. Egal, ob Sie eine Einbauküche oder eine Küche aus Einzelelementen haben, müssen Sie genau darauf achten, ob es für Ihre Möbel und die spezielle Einbausituation die passenden Elemente zum Nachrüsten gibt oder ob Sie eventuell eine individuelle Einzelanfertigung beispielsweise bei einem Tischler beauftragen müssen. Gegebenenfalls können Sie die Maßnahme auch selbst durchführen.

HANDLAUF ENTLANG DER KÜCHENZEILE

Es gilt für die Bewegung im Haus generell: Haltegriffe an der richtigen Stelle verbessern die Nutzbarkeit einzelner Räume enorm. Ein typisches Phänomen des Älterwerdens sind beispielsweise Gleichgewichtsprobleme. In der

Küche kann ein eleganter Handlauf, der an der gesamten Küchenzeile einer Einbauküche entlangläuft, bei Gleichgewichtsproblemen oder Muskelzittern (Tremor) sicheren Halt geben. Die Haltestangen können beispielsweise entlang der unterfahrbaren Arbeitsfläche unterhalb der Arbeitsplatte oder an der Stirnseite aller anderen Arbeitsplatten befestigt werden. Erscheint Ihnen die Platte dafür nicht stark genug, können Sie sie verstärken und die Verstärkung hinter einer Blende verschwinden lassen.

BEWEGUNGSRADIUS R

Für Menschen, die auf einen Rollstuhl angewiesen sind, ist ein Bewegungsradius von 1,50 Metern die Voraussetzung, um in der Küche wenden zu können. Wenn der Raum dafür zu klein ist oder wenn die Türbreite unter 90 Zentimetern liegt und auch nicht verbreitert werden kann, sollten Sie darüber nachdenken, ob ein anderer Raum der Wohnung oder des Hauses zur Küche umgebaut werden kann.

BEWEGUNGSRÄUME

Arbeitsabläufe in der Küche sollten gerade für Menschen mit eingeschränkter Bewegung mit einer Drehbewegung von 90 Grad ohne Platzwechsel, in jedem Fall ohne längere Zwischenwege, machbar sein. Sind Herd, Spüle und Arbeitsfläche beispielsweise über Eck angeordnet, sorgt dies für optimale Arbeitsabläufe. Auch schwere Töpfe müssen so nicht über weitere Strecken gehoben werden. Für Rollstuhlfahrende ist die **ÜBER-ECK-ANORDNUNG** besonders wichtig, da so nicht unnötig mit dem Rollstuhl manövriert werden muss. Ist eine Über-Eck-Lösung nicht möglich oder nicht gewünscht, sollten Spüle, Herd und Arbeitsfläche in jedem Fall nebeneinander angeordnet werden. Grundsätzlich werden Küchen einzeilig, zweizeilig, L- oder U-förmig geplant. In der barrierefreien Gestaltung sollten Sie vermeiden, dass Sie Töpfe oder andere Behälter mit Flüssigkeiten von einer Zeile zur anderen heben müssen. Als Bewegungsfläche gibt die DIN zur Barrierefreiheit 1,20 Meter vor den Küchenmöbeln vor sowie eine Bewegungsfläche zum Drehen und Wenden von 1,20 Meter x 1,20 Meter. Für Rollstuhlfahrende erhöhen sich alle Angaben von 1,20 Meter auf 1,50 Meter.

Um mehr Bewegungsraum in kleinen Küchengrundrissen zu schaffen, sollte zunächst die Möblierung überprüft werden: Kann ein großer Tisch durch einen kleineren ersetzt werden oder in einen anderen Raum wandern? Gibt es weitere Möbelstücke, die nicht mehr genutzt werden oder für die es eine platzsparende Alternative gibt? Der Austausch von Drehtüren gegen Schiebe- oder Falttüren, sowohl an den Schränken als auch der Zimmertür selbst, kann ebenfalls mehr Bewegungsfläche bringen. Sind die Unterschränke mit Auszügen versehen, gilt es abzuwägen. Für Menschen mit geringerer Beweglichkeit sind Unterschränke mit Auszügen ergonomisch leichter zu bedienen.

ARBEITSPLATZ IM SITZEN

Wenn die Möblierung überdacht wird, muss klar sein: Ein Arbeitsplatz für Tätigkeiten im Sitzen gehört unbedingt in eine angepasste Küche. Dabei muss es sich nicht unbedingt um einen großen Tisch handeln. Ausziehbare Arbeitsplatten erfüllen diesen Zweck ebenso gut und verbrauchen keine Bewegungsfläche, solange sie nicht benutzt werden. Eine Möglichkeit ist beispielsweise, einen der Unterschränke Ihrer Küche gegen einen Unterschrank mit integrierter herausziehbarer Arbeitsplatte zu tauschen.

Es gibt inzwischen auch Küchenhersteller, die ihre Produkte als **EINZELKOMPONENTEN** anbieten und diese nicht ausschließlich über den Fachhandel, sondern direkt an den Endkunden verkaufen. Herunterklappbare Tische, die an der Wandangebracht sind, verbrauchen ebenfalls wenig Fläche. Sie haben allerdings den Nachteil, dass das Hochklappen und das Aufstellen unter Umständen mit einem größeren Kraftaufwand verbunden sind.

Unterfahrbare Küchenzeilen bieten Rollstuhlfahrenden sehr gute Bedienbarkeit von zum Beispiel Herd und Spüle. Fehlende Unterschränke können durch Rollcontainer ersetzt werden.

Ist genug Platz für einen Tisch vorhanden, muss dieser auf jeden Fall stabil sein und eine auf Sie persönlich angepasste optimale Arbeitshöhe haben. Zum Arbeiten an der vorhandenen Küchenzeile kann auch eine **STEHHILFE** oder ein höhenverstellbarer Stuhl mit Feststellbremse für Erleichterung sorgen.

Soll im Sitzen an der Küchenzeile gearbeitet werden, kann das Entfernen eines Unterschranks die notwendige Beinfreiheit schaffen. Der Inhalt des Schranks könnte dann alternativ in einem flexiblen **ROLLCONTAINER** untergebracht werden. Voraussetzung dafür ist, dass die vorhandene Arbeitsplatte nicht zu hoch ist. Die empfohlene Höhe liegt bei circa 80 Zentimetern, sollte aber immer individuell angepasst werden (siehe Seite 99).

KÜCHENSCHRÄNKE OPTIMAL NUTZEN

Im Alter fällt einerseits das Bücken schwer, andererseits wird auch die Greifhöhe nach oben geringer. Dann kann es mühsam und mitunter sogar gefährlich werden, die oberen Küchenschränke zu bedienen: Angestrengtes Nach-oben-Schauen und Herumtasten können den Gleichgewichtssinn überfordern. Hierfür wurden in den letzten Jahren tolle Systeme und teilweise wirklich simple Ideen entwickelt. So wird die Suche im Oberschrank bereits erleichtert, wenn statt lichtundurchlässiger Holz- oder Kunststoffzwischenböden **TRANSPARENTE GLASBÖDEN** verwendet werden. Das sorgt für mehr Überblick. Ebenso wie Spiegel, die von unten auf die darüber liegenden Böden geklebt werden. Damit lässt es sich auch in die hinteren Ecken der Etagen blicken. In der Regel lassen sich die Oberschränke auch insgesamt ohne größeren Aufwand weiter nach unten versetzen. Aufwendiger und deutlich teurer wird es, wenn die Oberschränke mit Liftsystemen nachgerüstet werden (s. Seite 98).

Tiefe Unterschränke sind unübersichtlich, und ihr Inhalt ist schwer erreichbar. Zur besseren Bedienung können beispielsweise nachträglich herausfahrbare Schubladen, Auszüge oder Einhängekörbe montiert werden. Hierbei muss genau geprüft werden, ob die neuen inneren Systeme zu den bestehenden Schränken passen. So wird es nicht möglich sein, Schubladen in einen Unterschrank mit einem Mittelpfosten einzubauen, während es im Prinzip kein Problem darstellt, in einen 60 Zentimeter breiten Unterschrank mit Einlegeböden, diese gegen ein **AUSZUGSYSTEM** zu tauschen. Erkundigen Sie sich bei einem Küchenstudio, einem Tischler oder in einem Möbelhaus mit Küchenplanung, ob es ein passendes „Innenleben" gibt und wie hoch der Aufwand für einen Einbau ist. Wenn es um mehrere Schränke geht, ist der Austausch gegen neue Küchenmöbel unter Umständen die bessere Variante.

Wie hoch der praktische und finanzielle Aufwand einer solchen Anpassung ist, hängt von der jeweiligen Einbausituation ab. Lesen Sie mehr zum Austausch auf Seite 98.

ERREICHBARKEIT UND BEDIENBARKEIT

Sehr wichtig für das sichere und bequeme Arbeiten in der Küche ist eine gute Erreichbarkeit von Backofen, Kühlschrank und Spülmaschine. Hierbei sind inzwischen ausgesprochen praktische Varianten auf dem Markt erhältlich (siehe Seite 98). Alle Geräte können höhergestellt werden, sodass sie etwa auf Hüfthöhe oder einer individuell angepassten Höhe sehr bequem bedient werden können. Backöfen mit seitlich öffnender Tür sind leichter zu bedienen als konventionelle Öfen mit

Klappe. Hilfreich ist eine ausziehbare Abstellfläche unter dem Ofen für den heißen Kuchen. Dunstabzugshauben bieten mittlerweile viele Hersteller mit Fernbedienung an; es gibt auch Geräte, die über ein Bedienelement in der Arbeitsplatte gesteuert werden.

Wer sich jedes Mal beim Kochen damit stresst, bloß nicht am Ende zu vergessen, den Herd abzuschalten, könnte sich auf eine Herd-Abschalt-Automatik verlassen, die zwischen Herd und Steckdose sitzt. Auch für Menschen mit Seheinschränkung kann dies eine gute Sicherheit darstellen. Die **HERDÜBERWACHUNG** übernimmt das Ausschalten entweder, wenn eine zuvor eingegebene Zeit oder, bei einer Sensorsteuerung, eine kritische Temperatur überschritten wird. Zudem könnte über eine zentrale **SMART-HOME-STEUERUNG** beim Verlassen des Hauses neben diversen anderen Geräten auch der Herd ausgeschaltet werden.

Liegt hinter der Arbeitsplatte ein Fenster, muss man sich zum Öffnen und Schließen mitunter sehr strecken. Wird der Fenstergriff mit einer Griffverlängerung ausgestattet, ist das Fenster bequem zu bedienen, auch für Personen im Rollstuhl. Die Verlängerungen werden auf den vorhandenen Fenstergriff aufgesteckt und können entweder dauerhaft an einem Fenster verbleiben oder abnehmbar für mehrere Fenster genutzt werden. Die Griffverlängerungen gelten als Hilfsmittel. Fragen Sie bei Ihrer Krankenkasse an, ob der Griff über Ihren Arzt verordnet werden kann.

SPÜLBECKEN UND ARMATUREN

Selbst Menschen, die selten kochen, nutzen täglich viele Male den Küchenwasserhahn: um Trinkwasser zu zapfen oder den Wasserkocher für die Kaffee- oder Teepause zu füllen, um Geschirr auszuspülen oder sich die Hände zu waschen … Es ist also unabdingbar, dass die Armatur an der Spüle leicht zu bedienen ist.

Standard am Spülbecken sind heute Einhebelmischarmaturen. Für den Fall, dass eine Mischbatterie mit separaten Warm- und Kaltwasserreglern verbaut ist, sollte diese gegen eine Einhebel-Variante ausgetauscht werden. Hilfreich sind Armaturen mit herausziehbarem Brauseschlauch. Ein eingebauter Temperaturbegrenzer verhindert Verbrühungen. Ein extralanger Bedienhebel mit 15 bis 20 Zentimeter Länge kann die Arbeit an der Spüle deutlich erleichtern. Es gibt auch die Möglichkeit, eine Bedienarmatur neben der Spüle auf der Arbeitsfläche, möglichst weit vorne anzubringen, was insbesondere Menschen im Rollstuhl zugutekommt. Besonders komfortabel sind **BERÜHRUNGSLOSE ARMATUREN**, wie man sie aus öffentlichen Sanitärräumen kennt. Die Steuerung erfolgt hierbei über einen Infrarotsender und kann mit einer Temperaturbegrenzung kombiniert werden.

Wenn im Sitzen an der Spüle gearbeitet werden soll, muss diese unterfahrbar sein. Es empfiehlt sich, das Spülbecken dann gegen ein flaches Becken auszutauschen, in dem alle Gegenstände gut erreichbar sind.

Küchenmöbel in Bewegung

Einzelmaßnahmen in der Küche können ganz schön ins Geld gehen, das weiß jeder, der mal eine neue Küche gekauft oder auch nur darüber nachgedacht hat, dies zu tun. Werden

BLINDENGERECHTE KÜCHE

Für Menschen mit Sehbehinderung oder blinde Menschen sind wiederum Ordnung und **ORIENTIERUNG** die wichtigsten Parameter, um die notwendigen Arbeiten in der Küche ausführen zu können. Jeder Griff sollte sitzen, jedes Ding seinen Platz haben. Hilfreich sind dabei beispielsweise **ORDNUNGSSYSTEME** zur Inneneinteilung in Schränken oder natürlich eine Beschriftung in Braille-Schrift. Einfach zu ertastende Bedienelemente ersetzen in blindengerechten Küchen häufig Bedienungen über Touch-Systeme, die für blinde und seheingeschränkte Menschen nicht nutzbar sind. Zudem können akustische Signale hörbar machen, was für Blinde nicht sichtbar ist.

Um die **UNFALLGEFAHR** für Sehbehinderte zu minimieren, können die Kanten von Tisch, Arbeitsfläche und Regalen farblich abgesetzt werden. **KONTRASTE** helfen auch bei der Orientierung, beispielsweise wenn Griffe und Schalter farblich markant vom Hintergrund abgehoben werden.

Höhenverstellbare Küchenmöbel gewährleisten für Rollstuhlfahrende Zugriff auf Oberschränke. Die Hub- und Senktechnik kann in vielen Fällen auch nachgerüstet werden.

dann auch noch hochwertige Möbel mit technischen Zusatzfunktionen wie Lift- oder Hebesystemen eingebaut, macht sich dies natürlich zusätzlich bemerkbar. Andererseits ist der Gewinn einer solchen Küche sein Geld unbedingt wert, da die Erleichterungen erheblich sind und dies inzwischen in der Regel mit wirklich attraktivem Design verbunden ist. Zunächst jedoch soll es auch hier um die Frage der Raumgröße gehen.

RAUMGRÖSSE

Das ideale Maß einer barrierefreien Küche geht von einem Bewegungsradius von 1,20 Metern entlang der Küchenzeile aus. Soll die Küche auch mit einem Rollstuhl genutzt werden, müssen es 1,50 Meter sein. Je nach Raumgeometrie kann die Küchenzeile L-förmig oder zweizeilig mit der Bewegungsfläche dazwischen angeordnet werden. Nicht in jedem Wohnungsgrundriss ist dies umsetzbar, ohne dafür Trennwände verschieben oder entfernen zu müssen. Auch wenn das mit größerem finanziellen und baulichen Aufwand verbunden ist, kann es nicht nur mehr Bewegungsfreiheit, Komfort und Sicherheit, sondern auch eine ganze neue Chance für den gesamten Grundriss mit sich bringen. Durch die entfernte Wand erscheint der Raum großzügig.

Wenn Sie Ihre Küche umbauen möchten, denken Sie auch daran, dass die Elektroanschlüsse versetzt werden müssen, da Elektrogeräte und Elemente wie Steckdosen und Lichtschalter in der barrierefreien Küche häufig an anderer Stelle gebraucht werden als üblich.

Von einer Kochinsel ist unter Aspekten der Barrierefreiheit eher abzuraten. Zwar ist es im Prinzip möglich, eine Kochinsel barrierefrei und rollstuhlgerecht auszuführen. Sich mit einem Rollstuhl um die Arbeitsplatte herum bewegen zu müssen ist aber relativ mühsam.

AUSTAUSCH VON MÖBELN UND GERÄTEN

Verschiedene Hersteller bieten mittlerweile eine breite Palette von speziell auf die Bedürfnisse von bewegungseingeschränkten Menschen zugeschnittenen Küchenmöbeln. Besonders hilfreich sind etwa Küchenmöbel mit **HUB- UND SENKTECHNIK**. Diese Ausstattung macht es möglich, die Oberschränke auf eine bequeme Arbeitshöhe herunterzufahren. Je nach Ausführung und den Bedürfnissen der Nutzenden wird dabei entweder der gesamte Oberschrank abgesenkt oder nur sein „Innenleben" nach unten herausgefahren. Es ist auch möglich, den Oberschrank abzusenken und gleichzeitig ein Stück nach vorne zu fahren, sodass der Inhalt für Rollstuhlnutzer bequem erreichbar ist. Bedienbar sind derartige Küchenmöbel über eine Fernbedienung oder über Bedientaster. Ein Sicherungssystem stoppt den herunterfahrenden Schrank, falls sich darunter Gegenstände befinden.

Wichtig: Die Hub- und Senktechnik kann auch nachgerüstet werden! Sie müssen also nicht zwingend eine neue Küche kaufen, um die Vorteile nutzen zu können. Voraussetzung ist, dass die Maße Ihres Schrankes zu dem gewählten System passen. Eventuell müssen Änderungen am Schrank oder an den Installationen vorgenommen werden. Grundsätzlich gibt es aber für fast jeden Schrank das passende System.

So wie die Oberschränke kann auch die Arbeitsplatte höhenverstellbar ausgeführt werden. Hierbei sind unterschiedliche Ausführungen erhältlich mit Kochfeld und/oder Spüle, mit Unterschränken oder ohne, als gerade Zeile oder Eck-Lösung, bodenstehend oder wandhängend. Voraussetzung ist bei einer wandhängenden Befestigung oder einer zusätzlichen Fixierung an der Wand bei stehenden Elementen, dass es sich um eine stabile Wand handelt. Das gilt allerdings ohnehin immer bei der Befestigung von Küchenschränken.

Barrierefreie Küchen mit höhenverstellbaren Arbeitsflächen, inklusive Herd, Spüle, Kochfeld und absenkbaren Oberschränken, sind übrigens auch in Massivholz zu bekommen. Und auch Kochinseln können mit elektrischem Hubsockelsystem ausgestattet werden. Grundsätzlich muss hierbei auch immer an die notwendigen Elektroanschlüsse für den Motor gedacht werden, es sei denn, Sie haben sich für eine manuelle Bedienung mit einer Kurbel entschieden.

Unter einer unterfahrbaren Arbeitsplatte lassen sich Rollcontainer unterbringen, die zur leichteren Bedienung einfach herausgefahren werden können. Für feste Unterschränke gibt es Systeme, bei denen die Haushaltsgegenstände nicht auf starren Zwischenböden, sondern in Schubladensystemen oder Einhängekörben stehen, die herausgezogen und bequem von oben bedient werden können. Eine andere Möglichkeit sind **SCHWENKBARE TABLARE**, die mit einem Griff herausgezogen werden, um so auch sehr gut im Sitzen bedient werden zu können.

Ausziehbare **APOTHEKERSCHRÄNKE** sind als Unterschränke oder auch mit der vollen Einbauküchenhöhe erhältlich. Sie sind sehr schmal und von zwei Seiten zugänglich, sodass der Inhalt gut zu überblicken und zu erreichen ist.

Auch Kühlschränke sind mit Auszugssystemen erhältlich. Schubladen auf Teleskopschienen machen den Inhalt leicht zugänglich. Die Reinigung solcher Kühlschränke kann allerdings etwas schwieriger sein, da es teilweise nicht so einfach ist, Schubladen und Schienen herauszunehmen.

ARBEITSHÖHEN INDIVIDUELL ANPASSEN

Grundsätzlich können verschiedene Arbeitsbereiche in unterschiedlichen Höhen montiert werden. So wird empfohlen, den Spülenbereich für stehende Personen 15 Zentimeter höher zu setzen, sodass der Boden des Spülbeckens auf der optimalen Arbeitshöhe liegt. Geht es hingegen darum, dass eine Person im Rollstuhl Herd und Spüle bedienen möchte, muss diese im Sitzen beispielsweise auch in die Töpfe gucken können. Die optimale Arbeitshöhe hängt also von der eigenen Körpergröße und der individuellen körperlichen Situation ab. Sie liegt beispielsweise bei Menschen mit einer Größe von 1,75 Meter bei 95 Zentimetern, Personen, die größer sind als 1,80 Meter brauchen eine Arbeitshöhe von mehr als einem Meter, und für das Arbeiten im Sitzen liegt diese bei etwa 80 Zentimetern. Die Arbeitsplatten, Herd und/oder Spüle können mit einem Liftsystem an die jeweiligen Bedürfnisse und unterschiedlichen Nutzenden angepasst werden.

UNTERFAHRBARKEIT

Soll die Küche sofort oder auf lange Sicht auch von Menschen im Rollstuhl genutzt werden, spielt die Unterfahrbarkeit eine wesentliche Rolle. Nur so können Herd, Spüle und Arbeitsfläche wirklich genutzt werden. Aber auch für

UMBAU IN DER MIETWOHNUNG

Wenn Sie in einer Mietwohnung bauliche Veränderungen vornehmen wollen, wie Anschlüsse verlegen oder einen Wanddurchbruch für die neue Dunstabzugshaube, müssen Sie den Vermieter oder die Vermieterin um **ERLAUBNIS** fragen. Wenn Sie eine Einbauküche gemietet haben, diese nun aber gegen eine barrierefreie Küche eintauschen wollen, müssen Sie mit dem Vermieter abklären, was mit der alten Küche passiert. Gegebenenfalls sind Sie dazu verpflichtet, diese auszubauen, einzulagern und bei Auszug wieder einbauen zu lassen.

LED-Lichtleisten unter den Oberschränken sorgen für die optimale Beleuchtung der Arbeitsfläche in der Küche.

Personen, die nicht lange stehen können und daher in der Küche vorzugsweise im Sitzen arbeiten, ist dieser Aspekt wichtig.

Unterfahrbarkeit geht immer mit einem gewissen Verlust an Unterschrankflächen einher, wobei diese teilweise durch Rollcontainer ersetzt werden können. An den Stellen, die unterfahrbar sein sollen, sollten 90 Zentimeter in der Breite, 55 Zentimeter in der Tiefe und mindestens 67 Zentimeter in der Höhe freigehalten werden. Die Armaturen sollten maximal 40 Zentimeter von der vorderen Kante der Arbeitsplatte entfernt sein. Eventuell können berührungslose Armaturen eine gute Alternative darstellen, wenn das Greifen altersbedingt schwierig geworden ist.

Soll die Spüle unterfahrbar sein, sollte der Siphon, also der Geruchsverschluss Ihres Ablaufs, der unter der Spüle sitzt, nicht im Weg sein. Ideal ist ein platzsparender Unterputz- oder Flachaufputzsiphon an der hinteren Wand, da damit die größte **BEINFREIHEIT** erreicht werden kann.

BÖDEN

Sollten Sie für Ihre Küche über einen neuen Bodenbelag nachdenken, bedenken Sie, dass dieser rutschhemmend, rollstuhlgeeignet und leicht zu reinigen sein sollte. Sehen Sie hierzu unsere Tabelle „Bodenbeläge“ auf Seite 69.

LICHT

Gerade in der Küche, wo auch mit scharfen Messern und anderen Geräten gearbeitet wird, ist eine sehr gute Beleuchtung notwendig. Dabei geht es um die optimale Ausleuchtung des Raumes insgesamt, um die direkte Beleuchtung von Arbeitsflächen sowie um das Vermeiden von Blendung und Reflexen sowohl durch die Leuchten selbst als auch auf den Oberflächen der Möbel und Geräte. Diese sollten also vorzugsweise matt, auf keinen Fall glänzend gewählt werden.

Zu einer guten Allgemeinbeleuchtung zählt, dass ausreichend Licht da ist, um auch gut in Regale, Schränke und Schubladen sehen zu können. Dezentrale Deckenleuchten nahe den Wänden werfen fast schattenfreies Licht von oben in den Raum. Zusätzlich müssen die Arbeitsflächen direkt, blendfrei und ohne Schlagschatten beleuchtet werden. Hierfür eignen sich Leuchten unter den Oberschränken, zum Beispiel **LINEARE LED-SYSTEME**, die nach vorne abgeschirmt sind, damit sie nicht blenden. Auch für die Innenräume der Schränke gibt es leicht nachrüstbare Beleuchtungssysteme.

Lesen Sie mehr zum Thema Licht in unserem „Fokus **LICHT**“ auf Seite 133.

Die Küche neu denken

Beim Umbau zur barrierefreien oder barrierearmen Küche steht die individuelle Anpassung der Kücheneinrichtung, die entsprechend in den Grundriss eingepasst werden muss, im Mittelpunkt der Maßnahmen. Kombiniert werden hier sinnvollerweise daher Grundrissanpassung und Einrichtung sowie die Erschließung von Wohnung und Küche mit ihrer barrierefreien Ausstattung. Gerade bei umfassenden Sanierungsmaßnahmen könnte dies der richtige Zeitpunkt für einen neuen, an die Barrierefreiheit angepassten Bodenbelag sein.

GRUNDRISS UND ERREICHBARKEIT

Wer darauf angewiesen ist, die Küche mit einem Hilfsmittel zu nutzen, und entsprechende Flächen dafür schafft, sollte diesen Aufwand nur betreiben, wenn auch die Tür und idealerweise der Flur zur Küche breit genug sind, um diese später auch erreichen zu können. Gemäß DIN muss die **LICHTE TÜRBREITE** für die mit dem Rollstuhl nutzbare Variante mehr als 90 Zentimeter betragen, für die barrierefreie Ausführung reichen 80 Zentimeter.

Türverbreiterungen sind aufwändiger als man zunächst denken würde, da hier in der Regel ein neuer Türsturz eingezogen werden muss (siehe Kapitel „Sicheres Bewegen im Haus" ab Seite 66). Eventuell kann die radikalere Lösung, die Wand ganz wegzunehmen, am Ende die bessere Entscheidung sein.

NEUE WAND UND NEUE INSTALLATION

Je nachdem, wie stark bei der Küchenplanung in die bestehende Struktur eingegriffen wird, kann auch die Installation noch einmal neu überdacht werden: Wo brauche ich Wasser und Abwasser? Wie wird das Abwasser der Spüle geführt, damit diese unterfahrbar wird? Hier wird meistens ein Flachsiphon empfohlen, der möglichst dicht vor der Wand sitzt. Muss die Elektrik noch einmal überdacht werden? Wo brauchen wir Steckdosen und in welcher Höhe? Wie sieht es mit den Wasserleitungen aus? In der Regel werden Wasserleitungen durch das gesamte Haus geführt, sodass beispielsweise das Bad im Obergeschoss über der Küche im Erdgeschoss liegt. Im Mehrfamilienhaus werden in dem Punkt daher sicher keine Änderungen vorgenommen werden können. Im Einfamilienhaus ist auch das Verschieben einer Wand mit Installationsleitungen machbar. Es muss allerdings mit einem Mehraufwand von bis zu einer knappen Woche und entsprechenden Mehrkosten kalkuliert werden.

10 MERKMALE EINER BARRIEREFREIEN KOMFORT-KÜCHE

- Ausreichend Bewegungsfläche: 1,20 Meter Fläche vor der Küchenzeile sowie an einer Stelle eine Dreh- und Wendefläche von 1,20 Meter x 1,20 Meter (Die Flächen können überlappen.)
- Arbeitshöhe: Arbeitsflächen in verschiedenen Höhen oder eine in der Höhe absenkbare Arbeitsfläche, die Arbeitshöhe an die eigene Körpergröße anpassen
- Unterfahrbarkeit: An einer Stelle eine unterfahrbare Arbeitsfläche, gegebenenfalls ausziehbar, Unterschränke könnten hier durch flexible Rollcontainer ersetzt werden, um nicht auf den Stauraum verzichten zu müssen
- Ober- und Unterschränke: Oberschränke sollten nicht zu hoch hängen, Unterkante circa 50 Zentimeter über der Arbeitsfläche oder durch höhenverstellbare Oberschränke ersetzen; Unterschränke mit Vollauszug oder Apothekerauszug
- Kühlschrank und Co.: Geräte auf angepasster Höhe, Unterkante circa auf eine Höhe von 55 Zentimetern einbauen, Beispielsweise einen Ofen oder den Kühlschrank in einem Hochschrank unterbringen, wenn das nicht geht, den Kühlschrank mit Schubladen auf Teleskopschienen
- Kochfeld und Spüle: Eventuell reicht ein Herd, bei dem alle Kochfelder vorn erreichbar sind; die Spüle mit einer Einhebelmischbatterie mit verlängertem Hebel und Temperaturbegrenzer ausstatten; auch ein langer Brauseschlauch erleichtert die Erreichbarkeit und die Handhabung; Spülbecken für Rollstuhlnutzer gegebenenfalls weniger tief
- Schalter und Strom: Eventuell Einbau einer Herd-Abschaltautomatik, Bedienung des Dunstabzugs und anderer Geräte per Fernbedienung oder mit einem Bedienfeld auf 85 Zentimetern Höhe, eventuell Steckdosen an der Arbeitsflächenfront
- Haltegriffe: Haltereling entlang der Arbeitsfläche
- Für Menschen mit Seheinschränkungen: Blendfreie und kontrastreiche Gestaltung; sehr gute Ausleuchtung; Ordnungssysteme mit Brailleschrift und Haushaltsgeräte mit Quittierton oder Sprachausgabe, die haptisch oder akustisch eingestellt werden
- Bodenbelag: Rutschfester, gut zu reinigender Bodenbelag

Dennoch kann ein grundsätzliches Überdenken des bestehenden Leitungssystems zu ganz neuen Grundrissvarianten und innovativen Lösungen führen.

Küchenplanung im Neubau

Die „Gefahr", dass Küchen heutzutage so klein gebaut werden wie seinerzeit in den 1950er- und 60er-Jahren, ist relativ gering. Damals musste schnell und günstig sehr viel Wohnraum geschaffen werden. Um möglichst viele Menschen versorgen zu können, wurde entsprechend an Fläche gespart, Küche und Bad wurden vielfach auf ein Minimum reduziert. Heute ist die Küche zentraler Raum des sozialen Lebens und wird nach wie vor gerne als offener Koch-Ess-Wohnraum gestaltet. Bewegungsfläche sollte hier in der Regel kein Problem darstellen.

GRUNDRISS UND ANORDNUNG

Geht man dennoch von einer abgetrennten Küche aus, kann die Küchenzeile einzeilig beziehungsweise in einer L-Form oder zweizeilig angeordnet werden. Die Tiefe der Arbeitsplatte beträgt dabei 60 Zentimeter, der Bewegungsraum vor der Zeile 1,20 Meter für die barrierefreie, 1,50 Meter für die rollstuhlgerechte Nutzung. Ein zentraler Küchenblock ist für Menschen im Rollstuhl oder mit Bewegungseinschränkungen weniger günstig, da er in der Regel relativ viel zusätzliche Bewegung erfordert. Besser ist es, wenn die Arbeitswege kurz gehalten werden. Am günstigsten ist die Übereckanordnung von Spüle, Herd und Arbeitsfläche, sodass beispielsweise schwere Töpfe nicht über eine größere Entfernung transportiert werden müssen.

DIE KÜCHENEINRICHTUNG

Den Einbau von Möbeln mit Hebe- und Liftsystemen, mit denen Oberschränke und Arbeitsflächen hoch- und heruntergefahren werden können, wird sich eine junge, gesunde Familie ohne konkreten Bedarf nicht leisten wollen. Trotzdem ist es gut, von diesen Möglichkeiten zu wissen, um in der Küche gegebenenfalls für einen späteren Zeitpunkt, wenn vielleicht ohnehin eine neue Einbauküche angeschafft werden soll, die räumlichen Kapazitäten vorzuhalten. Zudem kann die Sturzgefahr grundsätzlich reduziert werden, wenn die Oberschränke auch ohne das Steigen auf einen Küchenhocker oder Ähnliches erreicht werden können. Soll die Küche langfristig unterfahrbar sein, könnten, zumindest unter einem Teil der Arbeitsplatte, Rollcontainer feststehende Unterschränke ersetzen. Dann kann auch spontan ein Gast im Rollstuhl mithelfen, das Gemüse beim gemeinsamen Kochabend zu schnippeln.

Wer allerdings neu baut, weil der Bedarf für eine barrierefreie Küche jetzt gegeben ist, dem stehen eine ganze Reihe innovativer Einrichtungsgegenstände und Geräte zur Auswahl. Küchenoberschränke werden auf dem Markt mit unterschiedlichen Systeme angeboten, um entweder den gesamten Oberschrank oder aber nur sein Innenleben wahlweise nur nach unten oder nach vorne und unten fahren zu können. Im eingefahrenen und geschlossenen Zustand sehen die Schränke aus wie andere Oberschränke auch.

Arbeitsplatten, die sich in der Höhe anpassen lassen, können natürlich auch dort interessant sein, wo sehr unterschiedlich große Menschen in derselben Küche arbeiten wollen. Die günstigere Alternative zur Arbeitsplatte mit Liftsystem ist, Arbeitsflächen in unterschiedlichen Höhen anzubieten.

BODENBELAG

Wie bereits beschrieben, sollte der Bodenbelag rutschhemmend, rollstuhlgeeignet und leicht zu reinigen sein. Sehen Sie hierzu unsere Tabelle „Bodenbeläge" auf Seite 69.

Die für die Küche relevanten Smart-Home-Lösungen finden Sie im Kapitel „Smart Home und Ambient Assisted Living" ab Seite 119.

→ **Barrierefreie Individualräume** Neben den Funktionsräumen Bad und Küche sollen nun auch die einzelnen Räume des Hauses oder der Wohnung betrachtet werden. Was ist in puncto Barrierefreiheit in Wohn-, Schlaf- und Arbeitszimmer zu beachten?

WAS ERFAHRE ICH?

Gerade die Grundrisse der 1920er-Jahre sowie der Nachkriegszeit zeichnen sich dadurch aus, dass sich die Räume je nach Nutzung stark in ihrer Ausformung unterscheiden: große repräsentative Wohnzimmer, relativ große Elternschlafzimmer und teilweise erschreckend kleine Kinderzimmer. Das war in den Gründerzeithäusern anders. Die Raumgrößen liegen dort oft sehr viel dichter beieinander. Repräsentation wurde beispielsweise durch das Zusammenschalten von zwei Räumen durch eine große Doppeltür geschaffen. Die Voraussetzungen im Bestand können also, was die einzelnen Zimmer, die sogenannten Individualräume, betrifft, sehr unterschiedlich ausfallen. Im Neubau wird heute wieder sehr viel stärker darauf geachtet, Raumgrößen einander anzugleichen, um mehr Flexibilität in die Nutzung und somit auch mehr Nachhaltigkeit in die Gebäude zu bringen. Es sollte im Prinzip jeder Raum auch als Wohnzimmer oder (Eltern-) Schlafzimmer funktionieren. Neben den Zimmern selbst geht es auch um den Übergang zum Freisitz, also zum Balkon oder auf die Terrasse.

Wohnzimmer

Wenn es nicht die Küche ist, dann ist das Wohnzimmer das Herz des Hauses und der Ort, wo man zusammenkommt. Klar also, dass auch das Wohnzimmer für alle erreichbar und benutzbar sein sollte. Die Größe des Raumes stellt hier an sich keine Schwierigkeit dar, da die notwendigen Bewegungsflächen in der Regel vorhanden sind. Dennoch gibt es ein paar Kleinigkeiten, die im barrierefreien Wohnzimmer zu beachten sind.

BEWEGUNGSFREIRAUM

Bei der Grundrissplanung und bei der Möblierung des Wohnzimmers sind gemäß der DIN zwei Maße wesentlich: Zum einen muss an einer Stelle im Raum eine Fläche von 120 x 120 Zentimetern freigehalten werden, um hier auch mit einem Hilfsmittel, etwa einem Rollator, rangieren zu können. Zudem muss vor Schränken und Regalen sowie vor der Sitzecke Platz für eine Fläche mit einem 90-Zentimeter-Radius sein, wobei es sich um dieselbe Fläche

STOLPERFALLEN VERMEIDEN

Gerade in Wohn-, Arbeits- und Schlafräumen stellen Teppichkanten und Kabel typische Stolperfallen dar. Achten Sie daher auf sichere Verlegung und verwenden Sie möglichst rutschfeste Bodenbeläge. Näheres dazu im Kapitel „Sicheres Bewegen im Haus" ab Seite 66.

handeln kann, da sich Bewegungsflächen überlagern können. Wenn also die Sitzecke dem Regal gegenübersteht, muss der Abstand hier mindestens 90 Zentimeter betragen. Wenn auch ein Esstisch im Wohnzimmer steht, muss zumindest an einer Seite der Abstand von einem anderen Möbelstück bis zur Tischkante 90 Zentimeter betragen.

MÖBLIERUNG

Grundsätzlich sollten alle Möbel kippsicher sein und auch ein kurzzeitiges, wiederholtes Aufstützen aushalten. Achten Sie vor allem bei in der Wand verschraubten Möbeln auf eine sichere Befestigung.

Wie für die Küche und das Badezimmer gibt es auch für Wohn- und Arbeitszimmer Schränke und Regale, die durch elektrische oder manuelle Zusatzfunktionen besser für alle nutzbar sind. **GARDEROBENLIFTE** für den nachträglichen Einbau, Karussellfächer sowie verschiebbare oder ausziehbare Böden können den Alltag deutlich erleichtern. Das Öffnen und Schließen von Schranktüren kann umständlich werden, wenn ein Rollstuhl oder auch ein Rollator verwendet wird. Unter Umständen muss man dann manövrieren. Zudem können offen stehende Schranktüren leicht den Durchgang versperren und sogar Stürze provozieren. Schiebetüren sind leichter zu bedienen und ohne Gefahr, wenn einmal vergessen wird, sie zu schließen. Mitunter lassen sich die Türen einfach ersetzen, sodass Sie kein neues Möbel kaufen müssen. Eine gute Variante sind auch Jalousieschränke, bei denen die Tür wie ein Rollladen von oben heruntergezogen wird. Wem das Bücken schwerfällt, sollte allerdings kein System verwenden, bei dem der Rollladen bis ganz unten heruntergezogen werden muss.

Ein Extramöbel, das zwar zusätzlichen Platz bracuht, gerade von Älteren aber sehr geschätzt wird, ist der **KOMFORTSESSEL** mit Liegefunktion und Aufstehhilfe. Sitzmöbel mit hochklappbaren Armlehnen sind hilfreich für Menschen, die sich vom Rollstuhl auf einen normalen Stuhl setzen wollen. Sie können sich dann von der Rollstuhlsitzfläche auf den Stuhl hinüberziehen. Nach dem gleichen Prinzip gibt es auch Sofas mit motorunterstützter Aufstehhilfe.

Der Esstisch, ob er nun im Wohnbereich, der Küche oder in einem Esszimmer steht, sollte eine Höhe von 80 Zentimetern haben und mit einer lichten Höhe von 67 Zentimetern eine gute Unterfahrbarkeit bieten.

Komfortsessel gibt es in verschiedenen Formen und Farben sowie mit unterschiedlichen Funktionen von der Liegeposition bis hin zur Unterstützung beim Aufstehen.

LICHT

Das Licht im Wohn- und Esszimmer muss in der Regel unterschiedlichen Aufgaben gerecht werden. So gibt es gerichtetes Licht am Lesesessel, beispielsweise durch eine Stehlampe, und gleichmäßig verteiltes Licht einer Pendelleuchte mit weitem Schirm über dem Esstisch, die auf Größe und Form des Tisches abgestimmt ist. Wie in allen Bereichen der Wohnung oder des Hauses ist entscheidend, dass der Raum durch die Allgemeinleuchte sehr gut ausgeleuchtet werden kann. Eine Leuchte über dem Tisch kann sehr leuchtstark sein und trotzdem bei Bedarf gedimmt werden. Eine indirekte Wandleuchte bringt eine angenehme Atmosphäre in den Raum.

Schlafzimmer

Grundsätzlich ist für die Planung, Umgestaltung und Einrichtung des Schlafzimmers wichtig, wie stark es auch am Tag genutzt wird. Je nach Beeinträchtigung verbringen Pflegebedürftige oder auch Menschen mit einer chronischen Erkrankung mehr Zeit in ihrem Schlafzimmer als andere. Fenstergröße und Erreichbarkeit des Fensters sind daher sehr wichtig (siehe auch Seite 107).

In sehr vielen Schlafräumen lassen ein großes Bett und eine sehr große Schrankwand wenig Platz zur Bewegung, insbesondere um das Bett herum. Wer einen Rollator benutzt, gerät dann leicht in Schwierigkeiten. Muss eine dauerhaft bettlägerige Person gepflegt werden, ist es besonders wichtig, dass das Bett von allen Seiten gut erreichbar ist.

BEWEGUNGSFREIRAUM

Die in der DIN festgehaltenen Bewegungsflächen gelten unabhängig davon, ob es sich um einen Schlafraum mit Einzel- oder Doppelbett handelt. Die meisten hierzu konzipierten Grundrissvorschläge beziehen sich dabei auf eine Möblierung mit Bett und Schrank. Dabei wird auf der einen Seite des Bettes eine 90 Zentimeter breite Fläche, auf der anderen Seite des Bettes eine 1,20 Meter breite Fläche vorgesehen. Dadurch ist automatisch eine Bewegungsfläche von 1,20 x 1,20 Metern gegeben. Zudem ist das Bett nun auch im Pflegefall für die Helfenden von beiden Seiten zugänglich. Der Kleiderschrank muss ebenfalls mit einem Abstand von 90 Zentimetern zu den anderen Möbelstücken platziert werden.

Erstaunlich ist, wie viel mehr Bewegungsfläche im Raum entsteht, wenn aus einem Doppelbett, das in den Raum hineinragt, zwei Einzelbetten werden, die jeweils mit der Längsseite an zwei Wände über Eck geschoben werden. So ist zwar keines der Betten von beiden Längsseiten zugänglich, aber im Raum kann man sich deutlich besser bewegen.

BEWEGUNGSFREIRAUM IM SCHLAFZIMMER

Da pflegebedürftige Menschen viel Zeit im Schlafzimmer verbringen und zudem die Pflegenden dort ein und aus gehen, ist ausreichend Bewegungsfläche in diesem Räumen wichtig. In der linken Abbildung sind die Abstände ausreichend. Der Raum in der Mitte gewinnt durch Umstellen der Betten an Bewegungsfläche (Abb. rechts).

NATÜRLICHE FENSTERLÜFTUNG

Gerade im **SCHLAFZIMMER** sollte ohne Aufwand das Fenster erreicht werden können. Insbesondere wenn keine Lüftungsanlage für den notwendigen Luftwechsel sorgt, muss das Fenster jederzeit von Hand geöffnet werden können.

Der **FENSTERGRIFF** sollte daher so positioniert sein, dass er auch aus sitzender Position erreicht werden kann. Ideal für die Erreichbarkeit aus der sitzenden Position ist eine Höhe zwischen 85 Zentimetern und 1,05 Metern. Da das Umrüsten eines bestehenden Fensters oft schwierig ist, können **GRIFFVERLÄNGERUNGEN** eine gute und günstige Alternative darstellen.

Es ist auch möglich, das Fenster mit einem elektrischen **FENSTERANTRIEB** auszustatten. Diese können über einen Schalter, eine Fernbedienung oder als smarte Lösung per Funk auch über die Sprachsteuerung bedient werden.

MÖBLIERUNG

Möbel mit Extrafunktionen können aussehen wie gewöhnliche Möbel. Ein Bett mit einer motorisierten **AUTOMATISCHEN HÖHENVERSTELLUNG** des Kopf- und Fußteils, sieht nicht aus wie ein Krankenbett. Lattenrost und Matratze liegen in einem Rahmen, der sich nicht von einem konventionellen Bettrahmen unterscheidet. Seine unterstützende Wirkung beim Aufrichten, Aufstehen und Hinlegen zeigt sich erst, wenn sie durch eine Fernbedienung aktiviert wird. Wichtig ist, dass Lattenrost und Bettgestell in Größe und Bauweise kompatibel sind. Sogenannte **AUFSTEHBETTEN** können eine liegende Person durch Anwinkeln und Drehen von Lattenrost und Matratze in die sitzende Position an der Bettkante und durch Anheben der Sitzfläche in die stehende Position bringen. Es gibt in diesem Bereich aber auch simplere Hilfsmittel, wie Haltegriffe, die seitlich unterhalb der Matratze am Lattenrost befestigt werden, oder Boden-Decken-Stangen, die verschraubt oder eingespannt neben dem Bett das sichere Aufstehen erleichtern. Die preisgünstigste Variante ist die sogenannte Bettleiter, eine Art Strickleiter, die am Fußende befestigt wird und an der man sich Sprosse für Sprosse nach oben zieht. Aufstehhilfen, auch ein Pflegebett mit Zusatzfunktion, gehören zu den Hilfsmitteln, für die, sofern Sie dafür eine ärztliche Verordnung haben, die Kosten bis auf eine geringe Zuzahlung von der Krankenkasse übernommen werden.

Vom Bett aus müssen Lichtschalter, Alarmmelder, Steckdosen und notwendige Bedienelemente gut zu erreichen sein. Gegebenenfalls muss ein Elektriker dazu Schalter und Steckdosen verlegen beziehungsweise zusätzliche setzen. Funklösungen sind auch eine komfortable Lösung, aber nicht immer im Schlafzimmer gewünscht. Eine praktische Ergänzung sind Bewegungsmelder, um beispielsweise nachts sicher den Weg zum Badezimmer zu finden ohne nach dem Lichtschalter tasten zu müssen.

Auch für das Schlafzimmer gibt es Schränke mit beweglichen Fächern oder Garderobenstangen, die sich zur besseren Erreichbarkeit elektronisch herauf und herunter sowie nach vorne bewegen lassen. Die eingebauten Liftsysteme werden über eine Fernbedienung oder eine Tastatur am Möbel gesteuert.

Leichtgängige kugelgelagerte Schubladen erleichtern die Nutzung von Kommoden und Schrankelementen ebenso wie ausziehbare Kleiderstangen.

LICHT

Im barrierefreien Schlafzimmer gilt, was im gesamten Haus gilt: Wichtig ist eine gute und gleichmäßige Allgemeinbeleuchtung!

Außerdem werden im Schlafzimmer Leuchten am Bett gewünscht, wofür entweder Lichtauslässe oder Steckdosen notwendig sind. Für den Fall, dass das Bett auch der Pflege dienen soll, sind flexibel einstellbare Leuchten eine große Hilfe.

Zudem sollte auch der Schrankbereich so ausgeleuchtet sein, dass Sie einen guten Einblick in alle Regalfächer und Schubladen haben. Für den sicheren nächtlichen Gang ins Badezimmer könnten Sie ein schwächeres Nachtlicht mit einem Bewegungsmelder aktivieren.

Computerarbeitsplatz

Das Internet und somit auch der Computerarbeitsplatz können gerade bei Menschen mit Bewegungseinschränkungen eine größere Rolle spielen. Zudem sind Homeoffice-Plätze seit der Pandemie stärker nachgefragt als je zuvor.

Wie in jeder anderen Wohnung oder jedem anderen Haus auch, sollte es im barrierefreien Zuhause einen Arbeitsplatz geben, an dem Sie unkompliziert und ohne großen Aufwand Zugang zu einem Computer haben. Der Computerarbeitsplatz sollte, wie jeder Arbeitsplatz, individuell ergonomisch auf die jeweiligen Nutzenden angepasst sein. Arbeitshöhe und Unterfahrbarkeit lassen sich hier vermutlich leichter umsetzen als in anderen Bereichen der Wohnung. Besonders gut sind auch hier Tische mit höhenverstellbarer Arbeitsfläche. Alle benötigten Geräte, Arbeitsmittel, Schalter und Steckdosen müssen komfortabel und sicher erreichbar sein. Wenn Sie mit einem Laptop statt mit einem Stand-PC mit Bildschirm arbeiten, benötigt dieser nicht viel Platz auf dem Schreibtisch.

Praktisch sind zudem höhenverstellbare Schränke und Regale oder auch **PATERNOSTERSCHRÄNKE** mit einem vertikalen Umlauf und Computersteuerung, die nach dem gleichen Prinzip funktionieren wie die gleichnamigen Personenaufzüge. Wichtig ist der Umgang mit Kabeln, die – mal wieder – nicht zur Stolperfalle werden dürfen. **KABELKANÄLE**, Kabelwannen, -schläuche und -schnecken sind sehr gute Hilfsmittel, um Kabel zu bündeln und zu strukturieren. Hilfreich ist gerade für Rollstuhlnutzer, wenn eine Steckdosenleiste in der Schreibtischplatte integriert ist.

Eine platzsparende Lösung kann ein Schreibtisch sein, der in einen Schrank integriert ist und dessen Arbeitsplatte nach der Benutzung wieder hochgeklappt werden kann. Hierfür sollte die Platte nicht zu schwer sein, damit Ihnen das Hochklappen gefahrlos gelingt. Wie auch in anderen Bereichen, sieht die DIN für Barrierefreiheit vor dem Schreibtisch und vor Schränken und Regalen eine Bewegungsfläche von 1,20 Meter x 1,20 Meter vor, damit Sie sich sicher bewegen können.

STAU- UND ABSTELLRAUM

Auch wenn Abstellräumen keine besondere Bedeutung im barrierefreien Bauen zukommt, so können sie durchaus wichtig sein, um im gesamten Haus besser **ORDNUNG** zu halten und somit Stolperfallen zu eliminieren. Darüber hinaus könnte im Neubau ein zusätzlicher Abstellraum zunächst als solcher genutzt werden, gleichzeitig aber auch als **VORHALTEFLÄCHE** für einen späteren Homelift fungieren. Dann müsste die Decke über dem Lift allerdings idealerweise schon so ausgeführt werden, dass sie sich später leichter entfernen lässt.

Fenster und Ausblick

Dem Fenster kommt für Menschen, deren Bewegungsradius sich eingeschränkt hat, eine große Bedeutung zu, gerade im Winter, wenn es zu kalt ist, um auf dem Balkon oder der Terrasse zu sitzen. Umso mehr gilt das, wenn die Wohnung gar keinen Freisitz hat. So kann beispielsweise die Fensterbank eines der Wohnzimmerfenster verbreitert und unterfahrbar gestaltet werden, um hier einen komfortablen Platz mit Aussicht zu schaffen und mehr Tageslicht in den Raum zu holen. Auf jeden Fall sollte der Fenstergriff so angebracht werden, dass dieser auch im Sitzen betätigt werden kann. Eine verbreiterte Fensterbank sollte dabei kein Hindernis darstellen. Gegebenenfalls können die Fenstergriffe verlängert werden, oder man installiert eine automatische Fensteröffnung, die auch aus größerer Entfernung aktiviert werden kann. Das Nachrüsten mit einem elektrischen Antrieb ist nicht kompliziert, da dieser nur auf den Rahmen geschraubt werden muss. Entscheidender sind die Größe und die Bauart des Fensters, die zum Modell des Antriebs passen müssen. Während der Antrieb von einem Fenstermonteur oder von Ihnen selbst montiert werden kann, muss der Anschluss des Antriebs von einem Elektrounternehmen durchgeführt werden.

Es ist gut möglich, Fenster so zu gestalten, dass Sie auch im Sitzen gut herausschauen können, indem die Brüstung weit heruntergezogen wird. Die in der Musterbauordnung geforderte Höhe für die Fensterbrüstung ist zwar 80 Zentimeter, wenn die Absturzhöhe, also der Abstand zwischen Geländeoberkante und Fensterstock, bis zu 12 Meter beträgt, aber wie auch bei sogenannten Französischen Fenstern, die bis zum Boden herunterreichen, wird dieser Anforderung auch durch ein 90 Zentimeter hohes Fenstergitter oder beispielsweise eine Absturzsicherung aus Verbundsicherheitsglas entsprochen. Achtung! Die für Ihren Standort geltenden Höhen sind in der in Ihrem Bundesland geltenden **LANDESBAUORDNUNG** festgeschrieben. Im Einfamilienhaus kann eine solche Anpassung insbesondere im Zusammenhang mit einem energetisch motivierten Fensteraustausch eine tolle Lösung darstellen. Bis zu einer Absturzhöhe von 50 Zentimetern ist keine Sicherung vorgeschrieben. Tief heruntergezogene Fenster mit einer Fensterbankhöhe von nur 40 Zentimetern und einer Tiefe von 40 bis 50 Zentimetern können also im Erdgeschoss gleichzeitig ein toller Spiel- und Ausblickplatz für die Enkel sein – gerade im Neubau eine ästhetische und funktionale Option.

Ein guter **SONNENSCHUTZ** an den Fenstern ist aus verschiedenen Gründen sehr wichtig. Er verhindert nicht nur, dass sich der Raum im Sommer zu stark aufheizt, sondern auch Blendungen und Reflexionen durch einfallendes Sonnenlicht – diese bereiten gerade im zunehmenden Alter immer größere Schwierigkeiten. Auch für das Arbeiten am Bildschirm, auf das Menschen mit Bewegungseinschränkungen unter Umständen angewiesen sind, ist der Sonnenschutz wichtig. Ein außenliegender Sonnenschutz, bei dem die Sonnenstrahlen gar nicht erst das Fensterglas durchdringen, ist bauphysikalisch effektiver als ein innenliegender Sonnenschutz. Die Räume heizen sich weniger stark auf. Außenliegende Jalousien beispielsweise sind relativ flexibel und lassen sich sehr gezielt einstellen. Dafür sind sie weniger robust als Rollläden.

Falls es an Ihrem Haus bereits Rollläden gibt, können Sie diese auch gegen elektrische austauschen, die deutlich einfacher zu bedienen sind. Im Smart Home ist die Fensterverschattung in der Regel Teil des energetischen Gesamtkonzeptes. Auch Senkrechtmarkisen, die oft aus gestalterischen Gründen gewählt werden, können manuell oder elektrisch herauf- und heruntergefahren werden. Für die Anbringung des Sonnenschutzes von innen bieten Plissees gegenüber Jalousien und Vorhängen den Vorteil, dass sie sowohl von oben als auch von unten stufenlos verschoben werden können.

Und denken Sie auch darüber nach, ob im Zuge des Fenstertausches der Einbruchschutz verbessert werden kann (siehe Kapitel „Sicherheit und Einbruchschutz" ab Seite 132).

Zugang zu Terrasse und Balkon

Der Übergang vom Wohnraum auf die Terrasse oder auf den Balkon stellt in vielen Häusern und Wohnungen noch immer ein Hindernis von mehreren Zentimetern dar. Die Höhe der Schwelle ergibt sich vom Wohnzimmer aus im Prinzip aus der Höhe des Rahmens der Balkon- oder Terrassentür. Der Übergang nach draußen ist nochmals höher, da nun auch noch der Spritzschutz ins Spiel kommt, weshalb das Außenniveau entsprechend der DIN 18195 zur Bauwerksabdichtung abgesenkt wird. Die dort beschriebene Aufkantungshöhe von 15 Zentimetern kann im Bereich der Balkon- und Terrassentür allerdings beispielsweise durch das Hinterfahren der Türschwellen mit Dichtbändern reduziert werden. Bei sehr geringer Aufkantungshöhe oder bei Nullschwellen kommen dann zusätzliche, kompensierende Maßnahmen, wie Vordächer, Gitterroste und Entwässerungsrinnen ins Spiel. Um eine vorhandene Schwelle gefahrlos und komfortabel zu überwinden, stehen sehr gut funktionierende, ästhetische sowohl einfache kostengünstige als auch hochpreisige Lösungen zur Auswahl.

Es gibt zwei Möglichkeiten, um einen barrierefreien und dichten Übergang zur Terrasse

Die Ausführung einer Nullschwelle zum Beispiel zur Terrasse erfordert professionelle Planung hinsichtlich Abdichtung und Drainage-System zur Flächenentwässerung.

oder zum Balkon umzusetzen: zum einen mit Magnettürdichtungssystemen oder durch Türdichtungssysteme mit absenkbarer Bodendichtung. Beide Methoden sind bereits vielfach verbaut worden und haben sich bewährt. Dennoch handelt es sich um **SONDERLÖSUNGEN**, die zwischen Planern, Herstellern, Ausführenden und Bauherrn abgestimmt und im Vertrag festgehalten werden müssen.

Falls der alte Balkon nicht mehr saniert werden kann oder eine Wärmebrücke darstellt, könnte ein neuer, vorgestellter Balkon eine Alternative sein. Dieser wäre dann energetisch entkoppelt, sodass keine unnötige Wärme mehr verloren geht, und könnte mit einem schwellenfreien Übergang umgesetzt werden.

Für Terrassen- und Balkonbeläge gilt übrigens das Gleiche wie für die Gartenwege: Sie müssen eben sein, eine rutschfeste, raue Oberfläche haben und sehr sorgfältig verlegt sein.

Bodenbeläge

Während im Badezimmer am wichtigsten ist, dass der Boden rutschhemmend wirken muss, geht es im Wohnzimmer beispielsweise auch um warme Füße. Wenn die Wohnung eine Fußbodenheizung hat, muss es kein Teppichboden sein, aber gerade wer sich nicht so viel bewegt, friert grundsätzlich schneller. In jedem Fall sollte die Oberfläche auch in diesem Fall nicht spiegeln. Achten Sie also auch auf den Lichtreflexionsgrad!

Falls es doch ein Teppich sein soll, denken Sie daran, dass nicht jeder Teppich rollstuhlgeeignet ist. Manche lassen sich durch ihre Beschaffenheit so schwer befahren, dass es zu viel Kraft kostet, um sich täglich darauf zu bewegen. Der Belag muss fest verklebt werden, da er sonst durch das Befahren Falten werfen kann, die dann nicht nur den Rollstuhlnutzenden behindern, sondern auch für alle anderen zur Sturzgefahr werden. Stöße zwischen Teppichfliesen und bei Materialwechsel müssen sauber verarbeitet sein.

Grundsätzlich ist bei der Wahl der Bodenbeläge auch die Frage, wie gut und komfortabel sie sich reinigen lassen. Die Schallschutzwirkung eines Bodenbelags wird über den Absorptionsgrad angegeben.

→ Eingang und Außenbereich Zu einer barrierefreien Wohnung gehört natürlich auch, dass man sie barrierefrei erreichen kann. Für einige Förderangebote ist die Erreichbarkeit sogar die Voraussetzung für geförderte Maßnahmen in Innenräumen.

WAS ERFAHRE ICH?

In vielen Altbauten ist das Erdgeschoss aus bauphysikalischen Gründen nicht ebenerdig, sondern nur über mehr oder weniger viele Stufen zu erreichen. Einen barrierefreien Zugang zum Haus zu schaffen ist daher sehr oft eine der ersten Aufgaben bei der Sanierung. Um das Haus sicher zu erreichen, sollten außerdem der Eingang gut ausgeleuchtet, Handläufe oder Haltegriffe vorhanden und Stufen gut zu erkennen sein. Mobilitäts- und Seheinschränkungen spielen bei der Konzeption der Maßnahmen zur Barrierefreiheit also eine große Rolle. Aber auch Höreinschränkungen können bestimmte Maßnahmen erforderlich machen.

Neben der Gestaltung der Eingangssituation sollten auch Garten und die Zuwegung zum Haus nicht vernachlässigt werden. Während es bei der Zuwegung vor allen Dingen um Sicherheit geht, steht bei der Gartenplanung die Bereicherung im Fokus, die Zier- und Nutzpflanzen für die meisten Menschen darstellen.

Barrierefreie Eingänge

Eine barrierefreie Gestaltung des Hausinneren ist also erst dann wirklich sinnvoll, wenn das Haus auch sicher erreicht werden kann. Baumaßnahmen zum barrierefreien Bad beispielsweise werden über die KfW überhaupt nur unterstützt, wenn die Wohnung oder das Haus, in dem es sich befindet, barrierefrei zugänglich ist.

Dazu gehört die Frage, ob Stufen durch eine Rampe ergänzt werden oder wie diese sonst gefahrlos überwunden werden können. Dabei muss es nicht gleich um Lift- oder Hebesysteme gehen, auch einfache Maßnahmen, wie sichere Handläufe und eine gute Beleuchtung, können die jeweilige Situation enorm verbessern.

LICHT

Zu einem sicheren Eingangsbereich gehört eine sehr gute Beleuchtung. Ausreichend Licht erleichtert die Orientierung und verschafft Sicherheit. Zu jeder Tages- und Nachtzeit gut erkennbare Wege und Stufen verringern die Sturzgefahr; zudem schreckt Beleuchtung Einbrecher ab. Zu empfehlen sind kniehohe Pollerleuchten entlang der Wege sowie beleuchtete Hausnummern und Klingelschilder. Im Eingang kann eine gleichmäßige Lichtverteilung verhindern, dass die Gesichter der Gegenüber ungünstig verschattet werden. Außerdem sollte natürlich das Türschloss gut beleuchtet sein und nicht im Dunkel des eigenen Schattens verschwinden. Hilfreich sind Deckenaufbau- beziehungsweise auch Deckeneinbauleuchten mit einer **OPALEN STREUSCHEIBE**. Die Streuscheibe verteilt das Licht weich im Raum und minimiert Schatten. Eine weitere positive Eigenschaft der Leuchte ist, dass das Licht hoch in den Raum verteilt wird und so für einen hellen, gleichmäßigen Raumeindruck sorgt. Vor allen Dingen sollten Stufen schattenfrei beleuchtet und die Stufenkanten beispielsweise durch eine im Handlauf integrierte Leuchte betont werden.

Die Beleuchtung von Wegen und Eingang sollte über Bewegungsmelder gesteuert werden. Eine nachträgliche Installation eines Bewegungsmelders im Außenbereich kann schwierig werden, beispielsweise weil die Anschlussleitung fehlt. Dann kann eine Leuchte mit integriertem Bewegungsmelder für Abhilfe sorgen. Diese kann auch zusätzlich mit einer Zeitschaltuhr gekoppelt werden und so zu bestimmten Uhrzeiten den Eingang erhellen. Generell müssen Leuchten und Sensoren von einer Fachkraft angeschlossen werden.

Lesen Sie mehr dazu in unserem „Fokus Licht auf Seite 137 sowie im Interview mit Lichtdesigner Dirk Gräff ab Seite 140.

HANDLAUF

Für ein bis zwei Stufen ist in Deutschland baurechtlich kein Handlauf vorgeschrieben. Wenn aber die Mobilität eingeschränkt ist, jemand gehunsicher ist oder unter Gleichgewichtsstörungen leidet, wird jede Treppe zur Herausforderung. Selbst eine oder zwei Stufen stellen dann ein Hindernis dar, das jeden Tag aufs Neue, mitunter mehrmals täglich, überwunden werden muss. Wird die Unsicherheit zu groß, verhindert diese Situation unter Umständen sogar, dass die Person überhaupt noch das Haus verlässt. Es empfiehlt sich daher, auch dann einen Handlauf oder bei kürzeren Treppen zumindest einen Haltegriff zu installieren, wenn dieser nicht vorgeschrieben ist. Teilweise ist auch ein einzelner Handlauf nicht ausreichend. Wenn es die Einbausituation zulässt, kann ein zweiter Handlauf auf der anderen Seite der Treppe ermöglichen, sich immer mit derselben Hand festzuhalten, egal ob es die Treppe rauf- oder runtergeht. Sie können sich so beispielsweise immer mit dem stärkeren Arm hochziehen oder umgekehrt abstützen.

STUFEN ÜBERWINDEN

Heutzutage ist es in der Regel nicht mehr notwendig, aus bauphysikalischen Gründen das Erdgeschoss aus der Erde zu heben. Das heißt, dass im Neubau so gut wie immer auch schwellenfreie Eingänge umgesetzt werden können. Anders sieht das bei alten Häusern aus. Häufig führen hier im Einfamilienhaus mindestens zwei bis drei, teilweise auch mehr Stufen in das hochgesetzte Erdgeschoss. In Mehrfamilienhäusern sind es sogar noch deutlich mehr. Hier spricht man dann vom Hochparterre.

Im Einfamilienhaus handelt es sich meistens um einen Höhenunterschied von etwa 40 bis 50 Zentimetern, also etwa zwei oder drei Stufen. Diese können, falls der Haltegriff nicht ausreicht, über eine Rampe oder ein Hubsystem überwunden werden.

Ein großes Problem stellen dabei Häuser mit eng bemessener Fläche zwischen Eingangstür und Treppe dar. Viele Plattformlifte beispielsweise benötigen eine ebene Stellfläche von 1,20 Meter x 90 Zentimeter, damit Sie sicher ein- und aussteigen können. Es gibt aber auch kleinere Modelle mit entsprechend geringerem Platzbedarf. Lassen Sie sich von einem Fachhändler beraten, welches System bei Ihnen passen könnte, und prüfen Sie für sich, ob diese Alternative für Sie eine sichere Variante darstellt.

Im Neubau gibt es generell die Möglichkeit, durch eine schmale Rinne vor dem Haus, die mit einem Rost oder Gitter abgedeckt wird, das Gebäude vor der Feuchtigkeit des Erdreichs zu schützen und gleichzeitig einen stufenlosen Eingang zu ermöglichen. Falls Sie aber dennoch unsicher sind, beispielsweise weil Sie in einer Region leben, in der Starkregenereignisse zunehmend vorkommen, und Sie das Gebäude doch aus dem Erdreich heben möchten, sollten Sie die Planung des Außenraums so gestalten, dass die leicht

Als „Spezialisten für geringe Höhen" helfen Hublifte bei der Überwindung der Eingangsstufen.

erhöhte Erdgeschossebene (hier können zehn Zentimeter schon reichen) über einen Weg mit einer maximalen Steigung von sechs Prozent erreicht werden kann. Im Bestandsbau ist dies meistens schwierig. Bereits bei zwei Stufen kann eine **RAMPENLÄNGE** erforderlich sein, die häufig nicht auf dem Vorgartengrundstück untergebracht werden kann. Bei einer DIN-gerechten Steigung und einem Höhenunterschied von 36 Zentimetern ergibt sich eine Rampenlänge von sechs Metern. Dies wird in den meisten Fällen nicht umsetzbar oder gewünscht sein. Unter Umständen kann eine einfach oder mehrfach gewundene Rampe eine Lösung darstellen, das hängt von Größe und Zuschnitt Ihres Vorgartens ab. Bei langen Rampen muss unter Umständen ein Podest zum Ausruhen eingeplant werden, das zusätzlichen Platz beansprucht.

Natürlich sind Sie auf Ihrem privaten Grundstück nicht verpflichtet, eine sechsprozentige Steigung einzuhalten, sollten aber bedenken, dass eine größere Steigung nicht mehr selbstständig von einer Person im Rollstuhl überwunden werden kann, es sei denn, der Rollstuhl ist durch einen Motor verstärkt. Aber auch für eine schiebende Person muss die Steigung angemessen sein.

Mobile Rampen, die auf die Stufen gelegt werden, sollten keine Dauerlösung sein, wenn einer der Bewohnenden auf lange Sicht oder für immer auf einen Rollstuhl angewiesen ist. Robuster sind solide feste Rampen beispielsweise aus Beton oder eine fest auf der Treppe installierte Rampe aus Metall. Dennoch kann auch eine beispielsweise vom Tischler angefertigte Rampe eine gute Lösung darstellen, sofern sie über einen **SEITLICHEN BEGRENZUNGSSCHUTZ** verfügt, sodass die Räder nicht von der Rampe rollen können und die Oberfläche genügend **GRIP** hat, dass niemand ausrutschen kann, auch nicht die schiebende Hilfsperson.

Hubsysteme sind vor allem für Personen interessant, die auf einen Rollstuhl angewiesen sind. Die Lifte können, müssen aber nicht zwingend, in den Boden eingelassen werden. Werden sie auf den Boden gestellt, muss dieser eben und fest sein, und der Lift wird über eine kleine Rampe befahren. Bodengleich eingebaute, also eingelassene Hublifte brauchen diese Rampe nicht.

Für die Überwindung der Eingangsstufen vor dem Haus werden Hublifte gerne als „Spezialisten für geringe Höhen" bezeichnet. Bis zu einer Höhe von gut einem Meter können solche **PLATTFORMLIFTE** durch ein elektrisches Scherensystem angetrieben werden. Man fährt mit dem Rollstuhl auf die Plattform und wird ohne Schacht oder Kabine auf das gewünschte Niveau befördert. Zur Sicherheit klappt sich hier im unteren Bereich ein Abrollschutz aus, und eine Seitenwand oder ein Bügel geben zusätzliche Sicherheit. Neben den konventionellen Lösungen etablieren sich zunehmend sehr elegante und nahezu „unsichtbare" Varianten, die gerade im Denkmalschutz gerne umgesetzt werden. So gibt es beispielsweise Spezial-Hubbühnen, die nach der Benutzung wieder komplett ohne Schwelle oder andere Hindernisse im Boden verschwinden.

Für längere Treppen beziehungsweise einen größeren Höhenunterschied kann ein **SCHRÄGAUFZUG** entlang der Treppe die bessere Variante darstellen.

SCHWELLENFREIE EINGÄNGE

Die DIN 18040 fordert auch für den Eingang eine Nullschwelle, toleriert aber eine Schwellenhöhe bis zwei Zentimeter, wenn diese technisch notwendig ist. Doch nur Übergänge ohne jegliche Kante stellen eine Nullschwelle dar. Diese sind bei Eingangstüren ebenso wie bei Terrassen- und Balkonübergängen technisch möglich, sind aber immer eine Sonderlösung, die zwischen Planern, Herstellern und ausführenden Firmen abgestimmt und im Vertrag festgehalten werden muss. Es handelt sich in der Regel um Kombinationen aus Nullschwellenprofilen und Absenk- beziehungsweise Magnetdoppeldichtungen. Der Grund für Schwellen und Stufen im Eingangsbereich ist der Schutz vor Feuchte, also Regenwasser von oben und Spritzwasser sowie Feuchtigkeit aus dem Erdreich von unten. Zu den Kompensationsmaßnahmen bei stufen- und schwellenfreien Eingängen gehören daher aus Sicht der **BAUWERKSABDICHTUNG** oftmals ein Vordach und eine Entwässerungsrinne, wobei Letztere von einigen Herstellern lediglich empfohlen wird und auch das nur, wenn kein Vordach vorhanden ist.

Bei schwellenfreien Haustüren, die in der Dämmebene des Wärmedämmverbundsystems sitzen, können Sonderkonstruktionen mit Absenkdichtung und einer thermisch getrennten Bodenschwelle die Schlagregendichtheit gewährleisten. Hier gibt es spezielle Schließmechaniken, die eine Dichtheit nach unten und in die beiden Türfalze herstellen.

Grundsätzlich wird die Architektin oder der Architekt darauf achten, dass eine mögliche Wärmebrücke durch entsprechende Dämmmaßnahmen, beispielsweise an der Kellerdecke darunter, kompensiert wird.

RAMPEN UND HUBSYSTEME

Um Stufen barrierefrei überwinden zu können, stehen diverse Möglichkeiten von der festen Rampe über den Hublift bis zum Homelift zur Verfügung.

	Beschreibung/Anwendung	außen	innen	Max. Höhe i.d.R.	Preis bis 15 000 Euro	Preis >15 000 Euro
Feste Rampe	Eingangsbereich / Zuwegung Haus	x		Bis 3 Stufen	x	
Mobile Rampe	Eingangsbereich / Balkon / Terrasse (Duschbereich, Türschwellen im Haus)	x	x	Bis 3 Stufen	x	
Schwellenrampe	Balkon / Terrasse / Türschwellen	x	x	15 cm 1 Stufe	x	
Treppensitzlift	Treppen im Haus, meistens nur eine Etage, nicht rollstuhlgeeignet		x	1 bis 2 Etagen	x	x Je nach Einbausituation
Plattformlifte	Mit dem Rollstuhl zu nutzen, Plattform bewegt sich entlang den Stufen	x	x	1 bis 2 Etagen	x	x
Hublift	Im Prinzip auch ein Plattformlift Bewegt sich in der Senkrechten Wird i. d. R. für den Außenbereich genutzt zur Überwindung von mehreren Stufen	x	(x)	i. d. R. bis max. 3,00 m	x	
Homelift	Auch die meisten Homelifte sind Plattformlifte, bewegt sich als Kabine in der Senkrechten		x	13 bis 30 m Förderhöhe		x
Aufzug	Aufzüge werden i. d. R. nicht im EFH verbaut, typischer Einsatz: Nachrüstung im MFH	x	x	40 bis 100 m Förderhöhe		x

DEUTLICHE INFORMATIONEN

Wie werden Informationen zu einem Gebäude eigentlich weitergegeben? Was muss ich über ein Gebäude wissen? Worüber man sich im Alltag vermutlich kaum Gedanken macht, hat für Menschen mit Wahrnehmungseinschränkungen große Bedeutung: Hausnummer, Namensschild, Klingel und Briefkastenbeschriftung müssen leicht zu finden und zu entziffern sein. Im barrierefreien Bauen gilt daher das sogenannte Zwei-Sinne-Prinzip: Eine Information kann visuell, auditiv oder taktil übermittelt werden – über das Sehen, das Hören oder den Tastsinn. Davon müssen immer mindestens zwei gegeben sein. Das bedeutet zum Beispiel, dass Sie die Person vor der Tür nicht nur über eine Wechselsprechanlage hören, sondern auch per Videoübertragung sehen können, oder dass der Name an der Tür nicht nur gelesen, sondern auch per Brailleschrift ertastet werden kann.

ORIENTIERUNG UND ZWEI-SINNE-PRINZIP

Gerade für ältere Menschen spielen eine gute Orientierung und beispielsweise die Lesbarkeit von Hausnummern und Klingelschildern eine große Rolle. Hierbei geht es dann weniger um die Person, die in dem Haus wohnt und somit in der Regel weiß, welche Namen auf dem Klingelschild stehen, sondern um Besuchende, die hier auf bestimmte Informationen angewiesen sind.

Übrigens: Für Menschen mit **SEHEINSCHRÄNKUNGEN** sind Hindernisse in Kopfhöhe, wie beispielsweise eine Wandleuchte, besonders heikel. Alles, was bis zu einer Höhe von 2,10 Meter in den Raum hineinragt, stellt eine Gefahr dar.

Wenn die Sehkraft nachlässt, ist es wichtig, auch auf andere Fähigkeiten, wie das Hören oder das Tasten, zurückgreifen zu können. Im Fall des Zugangs in ein Mehrfamilienhaus bedeutet dies beispielsweise, dass Türschilder, Stockwerksangaben oder Raumbezeichnungen, wie die für den allgemeinen Müllraum, auch in Profil- und Brailleschrift angebracht werden.

Es gibt auch Bereiche, in denen **AKUSTISCHE SIGNALE** die optischen ergänzen können, beispielsweise, wenn mir ein akustisches Bestätigungssignal, ein sogenannter Quittierton, eine Rückmeldung gibt, dass ich einen Knopf tatsächlich betätigt habe. Oder ein akustisches Signal, wie der Summer an der Tür, wird mit einem fühlbaren Vibrieren ergänzt.

KONTRASTE

Für Menschen, deren Sehvermögen vermindert ist, haben Kontraste eine besondere Bedeutung. Je besser sich beispielsweise Schrift vom Hintergrund abhebt, desto besser ist sie lesbar. Dabei geht es um Hell-Dunkel-Kontraste, die über den Leuchtdichtekontrast definiert werden (siehe Kasten rechts unten). Auch, wenn Schwarz-Weiß, Grün-Weiß oder Rot-Weiß sehr starke, gut lesbare Kontraste darstellen, sind weniger plakative Farbkontraste ebenso denkbar. Am besten werden diese extrem starken Kontraste für Informationen genutzt, bei denen Leben in Gefahr ist, wie beispielsweise für die Ausschilderung des Fluchtwegs. Im Einfamilienhaus ist dies vermutlich weniger gewünscht und ohnehin nicht nötig.

Was hingegen auch im Einfamilienhaus sinnvoll ist, ist das Sichtbarmachen von Stufenkanten der Eingangs- und Treppenhausstufen durch Farben oder Hell-Dunkel-Kontraste. Dabei darf die **KANTENMARKIERUNG** natürlich nicht zu einer neuen Stolpergefahr werden. Die Kanten sollten daher aus dem gleichen Material bestehen wie die Stufe selbst und fest mit ihr verankert sein, um sich nicht zu lösen. Bei einer nachträglichen Maßnahme könnten die Kantenmarkierungen aufgemalt werden. Aufgeklebte Streifen dürfen sich nicht lösen und so zur Stolperfalle werden.

Kontraste kommen auch bei der Lesbarkeit von Hinweisen und Beschilderungen zum Tragen, die für die Hausgemeinschaft relevant sind, wie beispielsweise Hausnummern, die Beschilderung von Gemeinschaftsräumen oder die Etagenbezeichnung.

Etwas widersprüchlich sind übrigens die DIN-Vorgaben zum Anbringen von Klingelschildern einerseits und Klingeln andererseits. Letztere gehören nämlich zu den Bedienelementen, die aus Sicht der Barrierefreiheit auf einer Höhe von 85 Zentimetern angebracht werden sollten. Für die beste Lesbarkeit, also in diesem Fall der Namensschilder, wird wiederum eine Höhe von 1,30 Metern angegeben. Für das Mehrfamilienhaus muss daher ein Kompromiss gefunden werden. Im Einfamilienhaus richten Sie sich am besten nach den persönlichen Fähigkeiten und Wünschen.

BLENDEN, SPIEGELN, SCHATTEN

Alles, was auch Normalsehende irgendwann stört, wie Blendungen oder Reflexionen, kann bei seheingeschränkten Menschen starke Irritationen hervorrufen. Jeder kennt es, wenn beim Autofahren die Sonne zu tief steht oder beim Lesen der Illustrierten das glatte Papier immer genau den Teil schlecht lesbar macht, der einen gerade interessiert. Entspiegeltes Glas, matte Oberflächen oder bei Schildern das Neigen der Sichtflächen sind Maßnahmen, die helfen, Informationen für alle zugänglich zu machen. Auch verschattete Flächen haben beispielsweise für ältere Menschen deutlich negativere Auswirkungen als für jüngere, gesunde Augen. Eine gute Ausleuchtung heißt unter Umständen nicht einfach nur, dass Texte besser, sondern überhaupt gelesen werden können.

NICHT HÖREN

Im Eingangsbereich geht es in puncto Hören vor allen Dingen um die Gegensprechanlage beziehungsweise die **WECHSELSPRECHANLAGE**. Diese Unterscheidung ist wichtig, da man mit Letzterer nur abwechselnd sprechen kann, Hier lässt sich die Wiedergabelautstärke des Lautsprechers relativ hoch einstellen ohne die Gefahr einer akustischen Rückkopplung, was für Menschen mit Höreinschränkung wichtig ist.

Der Garten

Zum Außenbereich eines Wohnhauses gehört in der Regel auch ein Garten. Diesen nutzen zu können ist gerade für viele ältere Menschen enorm wichtig. Wie sieht es bei Ihnen aus? Haben Sie schon immer gerne im Garten gearbeitet und möchten dies auch in Zukunft tun, solange es Ihre Kraft zulässt? Oder sind Sie

LEUCHTDICHTEKONTRAST

Rot und Grün bilden einen guten Farbkontrast, nicht aber einen guten Hell-Dunkel-Kontrast, wenn beide Farben die gleiche Helligkeitsstufe haben. Gut nachvollziehen lässt sich diese Aussage mit einer Schwarz-Weiß-Kopie eines Farbbilds. Rot und Schwarz stellen auf den ersten Blick einen guten Kontrast dar, auf einer Schwarz-Weiß-Kopie lassen sie sich bei gleichem Leuchtdichtekontrast hingegen nur schlecht unterscheiden. Besser geeignet sind daher Kontraste zwischen Weiß und einer Farbe. Nicht umsonst sind viele Warnschilder in öffentlichen Gebäuden in Weiß und Rot oder Weiß und Grün gehalten. Fachleute unterscheiden Leuchtdichtekontraste in zwei Kategorien, nämlich „visuell kontrastierend" und „stark kontrastierend". Im ersten Fall muss der errechnete Kontrastwert größer 0,4 K, im zweiten größer 0,7 K sein. Der Deutsche Blinden- und Sehbehindertenverband (DBSV) weist darauf hin, dass der Hintergrund unbedingt einfarbig sein sollte. Die Größe der Buchstaben sollte pro 1 Meter Leseabstand 20 Millimeter betragen. Wenn man also nur auf zwei Meter an das betreffende Schild herankommt, müssten die Buchstaben vier Zentimeter hoch sein. Die gute Erreichbarkeit sollte allerdings in einer barrierefreien Umgebung ohnehin gewährleistet sein.

Unterfahrbare Hochbeete ermöglichen gehbehinderten Menschen und Senioren das entspannte Gärtnern im Sitzen an der Pflanzfläche.

einfach nur gerne im Grünen und lassen Ihren Blick über die Blumenbeete schweifen? Die Nutzung des eigenen Freibereichs ist gerade für Menschen, deren Bewegungsradius sich eingeschränkt hat, enorm wichtig. Was sollten Sie bei der Planung eines barrierefreien Außenraums beachten? Wie lässt sich der eigene Garten von allen komfortabel nutzen?

SICHERE WEGE

Um sich auch im Freien gut und sicher bewegen zu können, braucht es Wege, auf denen sich alle gefahrlos bewegen können. Für das sichere Sich-Bewegen müssen die Gartenwege, wie der Flur im Haus, eine Mindestbreite haben, die entsprechend der DIN 1,20 Meter beträgt, die Sie in Ihrem eigenen Garten aber natürlich gestalten können, wie Sie möchten. Wie auch in anderen Bereichen im Haus gilt allerdings an dieser Stelle ebenso: Wenn Sie eine Firma beauftragen, diesen Weg barrierefrei zu gestalten, wird diese sich an die DIN-Vorgaben halten, es sei denn, Sie gestalten den Vertrag hier explizit anders. Soll der Weg tatsächlich von einer Person im Rollstuhl genutzt werden, muss er sich zumindest stellenweise nochmals auf 1,50 Meter aufweiten, damit gewendet werden kann. Um den richtigen **BELAG** zu finden, müssen Sie sich darüber im Klaren sein, wo Ihre Stärken und wo Ihre Schwächen liegen, um dann festzulegen, welcher Belag für Sie geeignet ist und Ihren ästhetischen Vorstellungen entspricht. Entscheidend dabei sind die Rutschfestigkeit des Belags selbst und die sorgfältige Verlegung, falls es sich um einen gepflasterten Weg handelt. Zudem spielt eine Rolle, wie gut Regenwasser versickern oder ablaufen kann. So gibt es beispielsweise sogenannte **WASSERDURCHLÄSSIGE DRÄNSTEINE**. Diese haben sich deshalb bewährt, weil sie einerseits eine raue Oberfläche haben und daher auch bei Regen guten Halt geben. Andererseits versickert das Oberflächenwasser durch die Steine und Fugen optimal, sodass es nicht stehen bleibt. Natursteinpflaster und Klinker sind ebenfalls gute Alternativen.

Wichtig ist, dass die Fugen nicht zu breit und die Steine sauber verlegt sind, sodass hier niemand hängen bleibt oder stolpert. Andererseits muss gewährleistet sein, dass das

Wasser durch ein entsprechendes Gefälle gut abfließen kann.

Wassergebundene Decken, wie man sie als Fußwege aus Parks oder Wäldern kennt, sehen immer sehr freundlich aus und sind bei trockenem Wetter eine schöne und gut nutzbare Variante. Aber gerade hierbei ist eine gut funktionierende Entwässerung sehr wichtig, sodass sich das Wasser nach einem Regenguss nicht auf der Oberfläche staut. Nach einem Starkregen könnten schwer passierbare Erosionsrinnen entstehen. Für die Zuwegung von der Straße zur Haustür sollte eher auf eine der anderen Optionen zurückgegriffen werden.

Beim Anlegen von Wegen spielen in Bezug auf das Gefälle, also darauf, wie schräg ein Weg gebaut sein sollte, zwei Faktoren eine wesentliche Rolle: Zum einen darf die **STEIGUNG** nicht zu groß sein, um hier auch mit einem Rollstuhl komfortabel hochfahren zu können, zum anderen muss das Regenwasser abfließen können. Die nach der DIN vorgegebene maximale Steigung für Rampen beträgt sechs Prozent in der Achsrichtung des Weges. Für Gartenwege sollte die Neigung allerdings bei zwei bis drei Prozent liegen, es sei denn, Sie brauchen den Weg als Rampe zum Haus. Denn gerade, wenn man im Rollstuhl sitzt oder einen Rollstuhl schieben muss, ist es sehr anstrengend, immer gegen eine Schieflage anarbeiten zu müssen. Auch ein Rollator schiebt sich am besten auf ebener Fläche.

Das **ENTWÄSSERUNGSGEFÄLLE**, also die Neigung des Weges, um das Regenwasser ablaufen zu lassen, kommt vor allem quer zur Wegrichtung zum Tragen. Wassergebundene Decken und Natursteinpflasterungen können gut mit schwacher Wölbung ausgebildet werden. So läuft das Wasser links und rechts ab, ohne dass gegen eine Schräglage angearbeitet werden muss.

HOCHBEETE

Blumen und Nutzpflanzen wirken sich positiv auf die Stimmung aus. Aussäen und Ernten, Hegen und Pflegen sind Dinge, die viele Menschen glücklich machen. Andere brauchen nicht die Arbeit selbst, sondern erfreuen sich daran, im Grünen sitzen zu können. Für diejenigen, die gerne im Garten arbeiten, für die aber das Bücken aus gesundheitlichen Gründen schwer bis unmöglich geworden ist, sind Hochbeete eine tolle Möglichkeit! Idealerweise werden sie von Anfang an so gebaut, dass sie an einer Seite unterfahrbar sind und an den Seiten die kleineren Geräte angehängt werden können.

LICHT

Vergessen Sie nicht, wie wichtig eine gute Ausleuchtung des Gartens ist! Damit man sich auch in der Dämmerung und am Abend gut zurechtfindet, sollten Leuchten entlang aller Wege installiert werden, also auch zur Garage oder zum Carport, zum Gartenhaus, zur Außenkellertür oder den Mülltonnen. Idealerweise sollten diese mit Bewegungsmeldern ausgestattet sein, damit Sie alle Ziele jederzeit gefahrlos erreichen können. Im Neubau werden Sie sicher von Anfang an Erdkabel in den Garten legen, um die gewünschte Beleuchtung anschließen lassen zu können. Im Bestand bietet es sich an, die **ERDKABEL** zu verlegen, wenn Sie ohnehin den Garten neu gestalten und beispielsweise auch den Gartenweg neu anlegen lassen. Der Graben für das Erdkabel muss tief genug verlegt werden, damit Sie das Kabel auf keinen Fall bei der Gartenarbeit beschädigen können.

Um Wege im Garten für Rollstuhlfahrende sicher und komfortabel nutzbar zu machen, spielt der Belag eine wesentliche Rolle.

EXPERTENTIPP

Daniel Bearzatto ist Geschäftsführer der **AGENTUR FÜR KLIMASCHUTZ** Kreis Tübingen gGmbH:
„Eine von uns durchgeführte Untersuchung von Synergien zwischen altersgerechtem Umbau und energetischer Sanierung hat gezeigt, dass es sinnvoll ist, bei einer ohnehin anstehenden energetischen Sanierung Maßnahmen für altersgerechte Anpassungen zu berücksichtigen. Die wichtigsten Synergie-Punkte sind dabei: die Erneuerung von Warmwasserleitungen und der Einbau einer bodengleichen Dusche, das Anbringen von zusätzlichen Handläufen im Eingangsbereich im Zuge einer Fassadendämmung, der Fenster- und Haustürentausch sowie die Erstellung barrierefreier Übergänge im Zuge der Entkoppelung des Eingangspodestes oder des Balkons."

Eine gute Maßnahme in Bezug auf den Einbruchschutz sind Panikleuchten, die Sie gut rund um das Haus installieren können, um sie in einer Gefahrensituation von innen einschalten zu können. Beispielsweise können Sie Scheinwerfer an möglichst gut versteckten Stellen am Haus, wie einem Dachvorsprung, montieren. Das plötzlich aufleuchtende Licht kann Einbrecher erschrecken und in die Flucht schlagen. Mehr zum Thema Licht finden Sie in unserem „Fokus Licht" auf Seite 137.

GARAGE UND CARPORT

Es ist sinnvoll, den Carport oder auch die unbedachte Pkw-Abstellfläche nicht zu klein zu planen, damit, wenn es nötig ist, genug Platz zum Ein- und Aussteigen mit einem Rollator oder Rollstuhl möglich ist. All das, was eventuell irgendwann aus gesundheitlichen Gründen notwendig sein kann, erleichtert heute auf jeden Fall den Alltag. Empfohlen werden 3,50 Meter Breite für einen Carport, wenn es um das Abstellen eines Fahrzeugs geht. Sollen zwei Wagen nebeneinander stehen, wird mit 5,5 Metern geplant.

Ein automatisches Garagentor kann eine Überlegung wert sein. Gibt es zusätzlich ein elektrisches oder gar kein Gartentor, müssen Sie vor der Garage nicht mehr aussteigen.

Alles Wichtige zum Thema Einbruchschutz finden Sie im Kapitel „Sicherheit und Einbruchschutz" ab Seite 132.

Barrierefreiheit und Energieeffizienz

Die barrierefreie Umgestaltung des Eingangsbereichs lässt sich sehr gut mit einer energetischen Sanierung kombinieren. Nicht nur, dass der schwellenfreie Eingang mit dem Tausch der Haustür verbunden werden kann, auch eine Fassadensanierung kann Anlass für eine effektive Doppellösung sein. So könnte im Zuge der neuen Fassade ein Vordach über dem Eingang angebracht oder ein bestehendes Vordach durch bauphysikalische Entkoppelung ertüchtigt werden, sodass nicht mehr unnötig Wärme verloren geht. Auch das Eingangspodest könnte bei dieser Gelegenheit aus dem gleichen Grund entkoppelt werden. Es ist immer sinnvoll, bei einer nachträglichen Fassadendämmung auch über den Austausch von Fenstern und Türen nachzudenken, sodass es keinen energetischen Schwachpunkt mehr gibt. Zudem können Fenster und Türen so besser an die neue Dämmung angepasst werden. Wie am Übergang zu Terrasse oder Balkon, kann auch die Haustür durch eine Magnetdoppeldichtung schwellenfrei und dicht umgesetzt werden.

Sollten Sie ohnehin den gesamten Eingang samt Fassade neu gestalten, überdenken Sie doch gleich, ob Sie noch mit der bestehenden Beleuchtungssituation zufrieden sind. Vielleicht möchten Sie auch die Hausnummer beleuchten, damit diese im Notfall eindeutig und schnell erkannt wird. Und schließlich kann der Briefkasten in optimaler Höhe und Erreichbarkeit neu angebracht werden.

→ Smart Home und Ambient Assisted Living

Smart Home soll das Leben erleichtern und komfortabler machen. Sogenannte AAL-Systeme haben dabei speziell das eigenständige Wohnen älterer Menschen im Fokus.

WAS ERFAHRE ICH?

Was noch vor Kurzem für viele nach Science-Fiction klang, findet sich mittlerweile in immer mehr Häusern und Wohnungen. Sogenannte Smart-Home-Systeme sind inzwischen gerade in Wohnberatungsstellen für barrierefreies Bauen ein gefragtes Thema. Kein Wunder – ein Smart Home kann äußerst komfortabel sein und viele Sicherheitsaspekte berücksichtigen. Im „intelligenten Haus" können viele technische Geräte – automatisch, per Smartphone oder über Sprachassistenz betätigt werden.

Smart Home

Mit „Smart Home" ist gemeint, dass die Technik des Hauses vernetzt ist und individualisiert gesteuert werden kann. Aber was sind die Voraussetzungen für die Nutzung, und welche Vorkenntnisse braucht man, um diese Technik zu nutzen?

Typischerweise werden mit einer **HAUSAUTOMATION** die Heizung, die Lüftung, die Beleuchtung und die Verschattung auf die Bewohner und Bewohnerinnen und ihre Gewohnheiten, aber auch aufeinander abgestimmt. Das bedeutet, dass zum Beispiel die Heizung automatisch gedrosselt wird, wenn die Sonne in die Fenster scheint und den Raum erwärmt. Temperaturfühler im Zimmer erkennen die steigende Temperatur und senden ein entsprechendes Signal an die Heizung. Heizt die Sonne den Raum zu sehr auf, kann vom Smart-Home-System wiederum der Sonnenschutz ausgelöst werden, der dann selbsttätig herunterfährt. Die Hausautomation ist also nicht nur ein Komfortgewinn, der besonders Menschen mit Einschränkungen zugutekommt, sondern hilft häufig auch beim Energiesparen. Auch Haushaltsgeräte wie Kühlschrank, Wasch- oder Kaffeemaschine können so ferngesteuert oder programmiert werden, ebenso wie das Öffnen und Schließen von Türen und Fenstern. Die Steuerung selbst kann über ein Tablet, das Smartphone, einen PC oder ein separates

LEICHTER LEBEN MIT AMBIENT ASSISTED LIVING

Smart-Home- und AAL-Lösungen können erheblich dazu beitragen, dass ältere Menschen länger eigenständig in ihren eigenen vier Wänden wohnen bleiben können.

Kategorie	WAS?	WARUM?
Einfache elektronische Hilfsmittel	Hub- und Senksysteme für Möbel	Sturzprävention
	Aufstehhilfen für Betten und Sessel, verstellbare Lattenroste	Unterstützung Selbstständigkeit
	Klingelverstärker/Telefonhörverstärker	Unterstützung Höreinschränkung
Sensorgesteuerte Technik	Sturzmatten/-sensoren	Sturzerkennung
	Digitaler Türöffner/smarte Klingel	Komfort und Sicherheit
	Sprachgesteuerte Tür- und Fensteröffner	Komfort und Sicherheit
	Verschiedene Notrufsysteme (aktiv und passiv)	Sicherheit
	Herd-Aus-Schalter	Sicherheit
	Digitale Rauchmelder, die direkt einen Notruf beispielsweise auf ein Handy senden	Sicherheit
Zentrale Steuerung	Wohnung-Verlassen-Schalter, über den vorher definierte Stromquellen, wie Herd, Fernseher und so weiter und alle Lichter in der Wohnung beim Verlassen des Hauses immer ausgeschaltet werden	Sicherheit
Internetbasierte Systeme	Kommunikation über Messengerdienste	Teilhabe
Datensichere Systeme	Telematische Unterstützung	Medizinisch-pflegerische Versorgung
Intelligente Lichtsteuerung	Bewegungsmelder plus Licht, Orientierungslichter	Sturzprävention, Einbruchschutz
	Steuerung über Sensormatte	Komfort und Sicherheit
	Circadianes Licht	Wirkt stabilierend auf den Tag-Nacht-Rhythmus
Umfeldkontrolle	Tür- und Fenstermelder	Sicherheit
	Wassermelder/Leckageüberwachung	Sicherheit

Display erfolgen. Die Voraussetzung ist oftmals ein Internetzugang, es gibt aber auch Systeme, die offline funktionieren. Auch wenn ein durch und durch „intelligentes" Haus nicht für alle das Richtige ist, können intelligente Lösungen in einzelnen Bereichen das Leben deutlich erleichtern. Das gilt eben nicht zuletzt für Ältere sowie Menschen mit Einschränkungen. Digital vernetzte **ELEKTRONISCHE UNTERSTÜTZUNGSSYSTEME** können eine gute Grund-lage bilden, um möglichst lange und selbstständig zu Hause wohnen bleiben zu können.

Allerdings sind gerade ältere Menschen häufig skeptisch, ob sie mit der modernen Technik wirklich umgehen können, ob die Systeme sicher genug sind und ob wirklich sie die Technik steuern und nicht sie selbst gesteuert werden. Tatsächlich gibt es Bereiche, die derzeit noch nicht oder noch nicht optimal an das Verhalten oder auch an die Möglichkeiten aller Nutzenden angepasst sind. So werden die meisten Systeme über ein Touchpanel gesteuert, also ein Display, das wie ein Tablet oder ein Smartphone auf Berührung reagiert. **TOUCHPANELS** und andere Touchscreen-Oberflächen sind aber beispielsweise von Blinden und auch von Menschen mit Seheinschränkungen nicht oder nur schwer nutzbar, wenn sie nicht mit einer Sprachsteuerung gekoppelt werden. Denn bei Touchpanels lassen sich Tasten nicht erfühlen, und es fehlt die eindeutige Rückmeldung des Bedienelementes – etwa durch einen Signalton –, dass eine Eingabe erfolgt ist. Zudem wissen alle, deren Haut sehr trocken ist (und das wird im Alter nicht besser), wie erfolglos die Bedienung einer Touchoberfläche sein kann. In beiden Fällen ist es sinnvoll, die Steuerungsfunktionen beispielsweise auf Wandtaster zu legen. Auch wenn dies oftmals nicht standardmäßig von den Herstellern angeboten wird, ist es technisch möglich und sollte in die Überlegungen einbezogen werden.

Ambient Assisted Living (AAL)

Die englische Bezeichnung Ambient Assisted Living (heute oft auch Active Assisted Living, im Deutschen etwa Altersgerechte Assistenzsysteme) fasst eine Vielzahl unterstützender Produkte, Systeme und Technologien zusammen, die oftmals auch mit einer Dienstleistung in Verbindung stehen. Es handelt sich um speziell auf die Bedürfnisse älterer Menschen und von Menschen mit Einschränkungen zugeschnittene **TECHNISCHE LÖSUNGEN**, die diesen mehr Sicherheit und somit die Möglichkeit geben sollen, um auf lange Sicht in ihrem eigenen Zuhause gut zurechtzukommen. Häufig, aber nicht ausschließlich handelt es sich um Smart-Home-Lösungen. Der Hausnotrufknopf beispielsweise war eines der ersten Elemente von AAL-Systemen, und noch immer hat die Sturzerkennung einen hohen Stellenwert innerhalb der smarten Lösungen im barrierefreien Bauen. Beim intelligenten Hausnotrufsystem wirken also technische Elemente, wie Sturzsensoren oder Bewegungsmelder, zusammen mit der automatisierten Benachrichtigung des sozialen Umfeldes, also eines Pflegedienstes, des Rettungsdienstes oder eines Angehörigen. Unterschieden wird dann noch, ob die Person selbst aktiv über einen Knopf den Alarm auslösen muss oder ob bereits die Sensoren den Alarm auslösen, wenn eine kritische Situation eintritt, beispielsweise eine Person gestürzt ist.

Besonders wichtig ist aber auch die Sturzprävention, durch die ein solcher Notfall möglichst verhindert werden soll. In vielen AAL-Musterwohnungen für Barrierefreiheit gibt es Schränke oder Gardinenstangen, die durch ein Liftsystem heruntergefahren werden können. Nun muss niemand mehr auf einen Stuhl steigen, um die Gardine für die Wäsche abzunehmen, und das lästige Überkopfgreifen an den Küchenschränken entfällt.

Während es früher spezielle AAL-eigene Kommunikationsangebote gab, werden diese heute durch die allgemein üblichen Messenger-Apps abgelöst. Insgesamt aber gewinnen die intelligenten **AAL-UNTERSTÜTZUNGSSYSTEME** mit jeder neuen Alten-Generation an Bedeutung.

Auch für Angehörige können die Anwendungen Entlastung und weniger Sorge bedeuten. So gibt es beispielsweise eine ganze Reihe von Apps für Blinde und Sehbehinderte, die den Alltag unterstützen und gleichzeitig die Kommunikation mit anderen sichern.

Auch gibt es intelligente Notrufsysteme, die über Sensoren an der Tür einen Alarm auslösen, wenn jemand das Haus verlässt. Diese Systeme haben eine starke Kontrollfunktion, können aber im Einzelfall, zum Beispiel für Menschen mit Demenz, die Möglichkeit eröffnen, länger in den eigenen vier Wänden wohnen zu bleiben.

Bedienelemente der Haussteuerung

Grundsätzlich ist es möglich, die Bedienoberfläche zur Haussteuerung übersichtlich und einfach zu gestalten. Je nachdem, wie gut Sie mit Technik im Allgemeinen und Computern im Besonderen zurechtkommen, sollten Sie darauf bei der Wahl des passenden Systems besonderen Wert legen. Gerade die erste Bedienoberfläche kann dabei sehr simpel aufgebaut sein oder von Ihnen individuell aufgebaut

INTERVIEW MIT CHANTALLE SCHUBERT

→ Ambient Assisted Living in der Forschungswohnung Technische Assistenz-Systeme geben Sicherheit und können das Leben älterer Menschen enorm erleichtern. In Musterwohnungen lassen sich diese Systeme ausprobieren.

Chantalle Schubert ist Laboringenieurin im AAL Living Lab Kempten, einer Lehr- und Forschungswohnung mit dem Schwerpunkt technische Assistenzsysteme für Senioren und Pflegebedürftige. Die Hochschule Kempten hat die Wohnung innerhalb einer Seniorenwohnanlage angemietet.

Welche Bedeutung hat AAL heute?

Aufgrund des demografischen Wandels und des Notstands in der Pflege grundsätzlich ist AAL definitiv ein wichtiges Thema. Angefangen von Alltagshelfern oder Aufstehhilfen testen wir unter anderem digitale Lösungen zum Beispiel zur Sturzprävention oder zur Sturzerkennung. In unserer Forschungswohnung gibt es außerdem Smart-Home-Elemente, die speziell auf das Alter ausgerichtet sind. Auch allgemeine internetbasierte Systeme können zur Unterstützung zum Einsatz kommen. Der Klassiker sind zum Beispiel Möglichkeiten zur Kommunikation: Dort, wo früher extra AAL-Video-Telefonie eingesetzt wurde, werden heute Facetime oder Zoom-Konferenzen genutzt. Aufwendige Video-Telefonie wurde schon vor Langem von den uns allen bekannten Messengerdiensten ersetzt. Aber sehr wichtig ist, dass wir sichere Systeme (Stichwort Datensicherheit) verwenden. Gerade wenn wir uns im Bereich der telematischen Unterstützung, der medizinischen oder pflegerischen Versorgung bewegen.

Haben Sie den Eindruck, dass die heutige Generation der „Älteren" offener diesen Systemen gegenüber ist?

Es findet auf jeden Fall ein Wandel statt. Das ist nicht zu übersehen. Natürlich gibt es nach wie vor Skeptikerinnen und Skeptiker, die misstrauisch sind, was mit ihren Daten passiert, und die Angst oder zumindest Respekt vor dem Umgang mit der Technik haben. Doch der Umgang mit digitalen Systemen, Computer und Smartphone wird immer selbstverständlicher und intuitiver. Und somit die Akzeptanz höher.

In welchem Bereich werden AAL-Systeme häufig eingesetzt?

Neben unterschiedlichen Notruf-Systemen steht hier vor allen Dingen der Bereich Sturzprävention und Sturzerkennung im Fokus. Mit Prävention ist dabei alles gemeint, was Gefahrenquellen reduziert oder sogar ausschließt, wie beispielsweise höhenverstellbare Schrank-Systeme, stufenüberwindende Mobilitätshilfen oder kleine Lösungen, wie eine höhenverstellbare Gardinenstange. Aber auch digitale

Sturzerkennungssysteme, die im Notfall schnell reagieren. Zudem sind Aufstehhilfen, wie unser Aufstehbett und -sessel, eine maßgebliche Unterstützung, die einen verfrühten Aufenthalt in einer Pflege-Einrichtung vermeiden kann.

Was wird bei Ihnen in den Führungen von den Besucherinnen und Besuchern am meisten nachgefragt, oder woran besteht das größte Interesse?

Auch hier kann man sagen, dass die meisten Nutzerinnen und Nutzer von den höhenverstellbaren Systemen wie herauf- und herunterfahrbaren Küchenschränken begeistert sind. Da erschließen sich gleich ganz neue Möglichkeiten, wenn die Schränke wieder in vollem Umfang nutzbar sind. Doch auch die hohe Beleuchtungsqualität in unseren Räumen sorgt immer wieder für Begeisterung.

Wie sieht es denn mit zentralen Steuerungssystemen aus?

Einfach und sinnvoll ist zum Beispiel der sogenannte Wohnung-Verlassen-Taster, über den vorher definierte Stromquellen wie Herd, Fernseher und so weiter und alle Lichter in der Wohnung beim Verlassen des Hauses immer ausgeschaltet werden. Die Steuerung kann beispielsweise über eine Touchscreen-Oberfläche oder einen einfachen Wandschalter erfolgen. Die Bedienung ist nämlich auch immer ein großes Thema für Menschen mit Seheinschränkungen, aber auch für ältere Menschen, die oft die Erfahrung machen, dass Touchscreens nicht wie gewünscht reagieren. Wir versuchen daher, unterschiedliche Möglichkeiten der Bedienung zu realisieren.

Natürlich spielt auch die Sprachsteuerung eine große Rolle und wird oft von Besuchern angefragt. In diesem Zusammenhang kommt auch immer wieder das Thema Datenschutz auf, aber auch hier gibt es andere Möglichkeiten, wie Offline-Sprachsteuerungen, die aber in ihrer Funktion vergleichsweise etwas eingeschränkter sind.

Ist die verminderte Sehfähigkeit häufig Thema in den Beratungen?

Ja, auf jeden Fall! Grundsätzlich müssen insbesondere in Räumen für ältere Menschen sehr gute Lichtverhältnisse herrschen. Auch eine intelligente Lichtsteuerung mit Bewegungsmelder und Nachtlichtern, die den Weg zum WC erleuchten, oder einer Sensormatte vor dem Bett, über die gedimmtes Licht angeht, sobald sie betreten wird, kann wichtige Unterstützung bedeuten. Das ist ebenfalls Sturzprävention.

Aus meiner Sicht auch ein sehr wichtiges Thema ist die circadiane Lichtsteuerung. Die Rede ist von biodynamischem Licht, das dem Tageslichtverlauf sehr nahe kommt und stabilisierend auf den Tag-Nacht-Rhythmus einwirkt. Auch bei Trübung der Linse. Durch die Reduzierung des Blaulichtanteils am Abend wird die Melatoninbildung nachweislich gefördert und dadurch der Stoffwechsel heruntergefahren.

Wie sieht es mit dem Einbruchschutz aus, werden dafür Smart-Home-Lösungen eingebunden?

In unserer Forschungswohnung spielt der Einbruchschutz eher eine untergeordnete Rolle, obwohl man sagen muss, dass generell das Thema Schutz und Sich-geschützt-Fühlen für viele essenziell ist. Sehr viele smarte Systeme beinhalten allerdings schon Aspekte des Einbruchschutzes, wie beispielsweise eine Erkennung für das Brechen von Fensterglas. Und natürlich gehört auch die Anwesenheitssimulation dazu oder die Möglichkeit, von außerhalb über das Handy und eine Kamera in der Wohnung zu sehen, ob alles in Ordnung ist.

Haben Sie noch eine besondere Empfehlung in Bezug auf smarte Lösungen allgemein?

Wichtig ist, interoperable und skalierbare Systeme einbauen zu lassen, die später ohne Probleme um neue Funktionen erweitert werden können. Im Neubau werden in der Regel kabelbasierte Systeme, wie zum Beispiel KNX verbaut. Im Bestand sind Funk-Systeme deutlich einfacher zu realisieren. In jedem Fall bietet es sich an, sich bei der Wahl für das geeignete Smart-Home-System am besten von einem Dienstleister vor Ort beraten zu lassen.

→ Neben unterschiedlichen Notruf-Systemen steht vor allen Dingen der Bereich Sturzprävention und Sturzerkennung im Fokus.

TOUCHSCREENS: NICHT IMMER EINFACH!

Touchscreens, Sensortaster und berührungslose Bedienelemente sind für **BLINDE** und **SEHBEHINDERTE** ungeeignet, da nicht eindeutig erkennbar ist, ob ein bestimmter Button betätigt und somit eine bestimmte Funktion aktiviert wurde oder nicht. Unter Umständen können so auch unbeabsichtigt Funktionen ausgelöst werden. Besser eignet sich in diesem Fall eine **SPRACHSTEUERUNG**, am besten mit hörbarer Rückmeldung. Alternativ kann die Steuerung auch auf Taster gelegt werden, die mit Braille-Etiketten beklebt sind. Sprachassistenten gibt es übrigens mit und ohne Internet. Mit Offline-Sprachassistenz fühlen sich manche Nutzer sicherer, auch wenn das Angebot etwas eingeschränkter ist als das der internetbasierten Sprachassistenzen.

werden und sich auf wenige, wichtige Funktionen beziehungsweise Ihre persönlichen Favoriten beschränken. Das sorgt für mehr Übersichtlichkeit. Zur Steuerung des Smart Home eignen sich:

→ Festinstallierte Touchpanels
→ Mobile Tablets
→ Smartphones
→ PCs
→ Schalter

Der Vorteil eines festinstallierten Touchpanels über eine **LAN-ANBINDUNG** ist, dass diese Verbindung als sicherer, schneller und zuverlässiger gilt. Die Installation ist durch die Kabelverbindung allerdings aufwendiger und teurer und wird bei der Nachrüstung selten genutzt. Tablets sind hingegen flexibler und können in jeden Raum mitgenommen werden. Es gibt aber auch Tablet-Rahmen für die Wandmontage. Noch flexibler ist die Steuerung über das Smartphone, das durch seine Größe bequemer herumgetragen werden kann. Dafür ist natürlich auch das Display entsprechend klein. Es zeigt sich allerdings die Tendenz, dass sich die notwendigen Apps auch für Ältere klarer und besonders übersichtlich einstellen lassen.

Genutzt wird die Smart-Home-Technologie in unterschiedlichen Bereichen des Hauses. Ganz weit oben auf der Prioritätenliste steht die **SICHERHEIT**. Daran sind sowohl die älteren Menschen selbst interessiert, denen mit unterschiedlichen Komponenten ein enormes Sicherheitsgefühl gegeben wird, als auch deren Angehörige, die sich so weniger Sorgen machen müssen.

Was später zu einer guten Voraussetzung dafür wird, möglichst lange zu Hause wohnen zu bleiben, dient zunächst auf jeden Fall dazu, den Wohn- und **LEBENSKOMFORT** zu steigern.

Notrufsysteme

Eines vorweg: Konventionelle Notrufsysteme, die beispielsweise per Knopfdruck am Armband ausgelöst werden, funktionieren sehr gut und müssen nicht gegen eine smarte Lösung ausgetauscht werden. Im Gegenteil, es gibt bestimmte Zielgruppen und Erkrankungen, für die ausschließlich professionelle medizinische Angebote genutzt werden sollten. Zudem werden intelligente Notrufsysteme nicht als Hilfsmittel im Hilfsmittelverzeichnis gelistet und daher nicht von der Pflegekasse bezuschusst.

MIT UND OHNE DIENSTLEISTER

Unterschieden werden Notrufsysteme mit und ohne Dienstleister. Wenn das System an einen Serviceanbieter gekoppelt ist, kann über diesen ein Gerät gekauft oder gemietet werden. Die Bewohner tragen in der Regel einen Notrufknopf am Arm oder um den Hals und können sich in einem Notfall aktiv Hilfe holen. Wird der Knopf gedrückt, stellt das Gerät eine Verbindung zum Anbieter her und alarmiert einen Rettungsdienst.

Alternativ gibt es auch Systeme, die ohne Dienstleister funktionieren. In diesem Fall geht der Alarm an gespeicherte Telefonnummern, also an Angehörige oder Nachbarn, die im Idealfall einen Schlüssel zu der Wohnung haben und entsprechend rasch Hilfe leisten können.

Bei Kontrollsystemen mit Aktivitätserkennung muss der Alarm nicht selbst in Gang gesetzt werden. Hierbei wird ein Szenario ausgelöst, sobald bestimmte Abläufe nicht der üblichen Aktivität entsprechen. Diese Notrufsysteme können in bestimmten Fällen, wie einer Demenz, eine große Hilfe sein, haben aber einen hohen Kontrollcharakter.

NOTRUFKNÖPFE PLUS

An ein Notrufsystem können auch noch weitere Knöpfe oder Geräte angeschlossen werden. So gibt es die Möglichkeit, an der Badewanne einen Notrufschalter zu installieren, der ebenfalls entweder an den zuständigen Dienstleister angeschlossen ist oder, wie oben beschrieben, an Angehörige oder Nachbarn einen Notruf sendet. Viele ältere Menschen möchten beispielsweise gerne nach wie vor ihre Badewanne nutzen, haben aber Angst davor, nicht wieder herauszukommen. Der Knopf gibt zumindest die Sicherheit, schnell Hilfe holen zu können, wenn es tatsächlich zu dieser Notsituation kommen sollte. Mit einem weiteren Schalter kann von hier auch die Tür geöffnet werden, um die Helfenden hereinzulassen.

Es gibt übrigens Schalter, die auf den ersten Blick aussehen wie ein Lichtschalter an der Wand, die aber ohne Kabel verlegt, also auch geklebt werden können. Diese Knöpfe können mit unterschiedlichen Szenarien wie Hundegebell und Alle-Lichter-an individuell belegt werden und so unter Umständen einen ungebetenen Gast vertreiben.

INTELLIGENTE BÖDEN UND STURZMATTEN

Sowohl intelligente Böden, also Sensorböden, die unter dem Teppichboden oder jedem anderen Bodenbelag verlegt werden können, als auch sogenannte Sturzmatten sind mit Sensoren versehen, die auf Berührung reagieren. So können Matten vor dem Bett über Sensoren das Licht steuern oder aber einen Alarm auslösen, wenn die Matte nicht der Lichtsteuerung dient, sondern anzeigen soll, dass eine Person gestürzt ist. Geht es um eine Person mit Demenz, die dabei ist, aufzustehen, können dadurch Angehörige kurzfristig davon Meldung bekommen. Stürze oder die Tatsache, dass eine Person auf der Erde liegt, können auch von intelligenten Böden erkannt und als Notruf registriert werden. Wenn die betroffene Person nicht innerhalb einer bestimmten Zeit reagiert, können auch hier ein Dienstleister oder ein Angehöriger informiert werden. Andere Sensoren reagieren sofort auf die unnatürliche Belastung und senden ein Signal an einen vorher eingespeicherten Empfänger.

Automatisierte Lichtsteuerung

Neben dem Einbruchschutz kann eine automatisierte Lichtsteuerung diverse weitere Aspekte berücksichtigen und sowohl dem Energiesparen als auch dem Wohnkomfort zugutekommen. Zunächst bietet Licht immer Sicherheit. Gerade für Ältere ist eine gut ausgeleuchtete Umgebung ausgesprochen wichtig. Gute und für jede Situation optimale Lichtverhältnisse zu schaffen ist durch individuell anpassbare intelligente Lösungen leicht umsetzbar. Hierbei kann die **BELEUCHTUNGSSTÄRKE** automatisch an Tages- und Nachtzeiten angepasst werden, sodass beispielsweise das durch einen Bewegungsmelder aktivierte Licht im Bad nachts, wenn die Augen noch nicht an die Helligkeit gewöhnt sind, mit nur 25 Prozent seiner Be-

Notrufsysteme sollen garantieren, dass Menschen im Notfall nicht unbemerkt bleiben. Technisch ist heute sehr viel möglich.

SICHERHEIT DURCH OPTIMIERTES LICHT

- → **BEWEGUNGSMELDER** oder Sensormatten zur automatischen Aktivierung des Lichts
- → **ORIENTIERUNGSLICHTER** im Bodenbereich können ebenfalls automatisiert werden
- → Automatisierte Anpassung der **BELEUCHTUNGSSTÄRKE** Tag und Nacht, sehr gute Ausleuchtung am Tag, gedimmte Beleuchtung in der Nacht

leuchtungsstärke leuchtet. Am Tag hingegen ist es wichtig, dass insbesondere Bereiche, in denen gearbeitet oder gelesen wird, sehr gut ausgeleuchtet sind. Menschen, die nachts häufiger mal rausmüssen, kennen das Problem des nächtlichen Toilettengangs generell: Auf dem Weg lauern diverse Gefahrenquellen, von der aufstehenden Tür über die Treppe bis zum Vorleger im Flur (der natürlich weggeräumt werden könnte), die einfach im Dunkeln nicht zu erkennen sind. Und um niemanden zu stören, schalten die Personen das Licht nicht an. Es gibt smarte Lösungen, bei denen das Licht automatisch angeschaltet wird, im Schlafzimmer aber, wie oben beschrieben, durch eine geringere Leuchtkraft keine störende Wirkung hat. Über Bewegungsmelder können kleine **LED-SPOTS** an der Treppe die Stufen oder – mit Strips entlang der Bodenleiste – den Flur beleuchten. Über diese Lichter freuen sich auch die ganz Kleinen, die nachts den Weg zum Bad oder in das Elternschlafzimmer suchen.

Nachtlichter können, wie bereits beschrieben, auch über sogenannte Sensormatten gesteuert werden, die das Licht einschalten, sobald man auf die Matte tritt (siehe oben).

Besonders komfortabel ist das Abrufen voreingestellter **LICHTSZENEN**, beispielsweise im Wohnbereich. Hier kann nun per Knopfdruck, Smartphone/Tablet oder Sprachsteuerung zwischen Allgemeinbeleuchtung, Fernsehlicht oder Esstischbeleuchtung, beziehungsweise unterschiedlichen Szenarien mit unterschiedlich betonten Lichtquellen, ausgewählt werden. Es können aber auch spezielle Aspekte wie Lichtfarbe, Helligkeit oder Farbtemperatur gesteuert werden.

Die intelligente Lichtsteuerung kann also den Alltag bequemer und sicherer machen. Außerdem kann Licht einen positiven Einfluss auf die Gesundheit haben. Gemeint ist **CIRCADIANES LICHT**. In dem Wort circadian verstecken sich die Begriffe circa (ungefähr) und dia (Tag). Das programmierte künstliche Licht hilft, den Tagesrhythmus insbesondere von Menschen mit Demenz oder Schlafstörungen zu unterstützen. Die fließenden Übergänge von bläulichem, anregendem Licht am Morgen, über weiß-neutrales Licht am Tag bis zu entspannendem rötlichem Licht am Abend haben dabei eine positive Wirkung auf alle Menschen. Circadianes Licht kann in der Form integriert werden, dass die unterstützende Wirkung automatisiert so abläuft, wie es einmal von Ihnen eingegeben wurde.

Türöffner

Für die Bedienung der Tür stehen im intelligenten Haus ebenfalls Systeme zur Verfügung. So stellt ein mit dem Handy verbundenes Smart-Lock-System plus Videoklingel eine günstige Lösung zum sicheren Öffnen der Tür dar. Der Nutzer, der nicht mehr schnell genug an der Tür sein kann, ist so in der Lage, selbst vom Bett aus über sein Handy zu sehen, wer vor der Tür steht, und kann mit dieser Person kommunizieren. Diese Variante der Sprechanlage kann gerade im frei finanzierten Bauen oder Umrüsten eine erschwingliche und praktikable Lösung sein.

Mit einer **SMARTEN TÜRKLINGEL** mit Kamera und Mikrofon werden Personen, die vor der Tür stehen, aufgenommen, sodass Sie im Haus sehen können, wer vor der Tür steht. Als Gegensprechanlage mit Videofunktion können Sie die Besucher also sehen und mit ihnen sprechen. Achten Sie dabei auf eine gute Qualität der Kamera. Diese sollte auch bei Dunkelheit gute Bilder aufzeichnen können.

Smarte oder **DIGITALE TÜRSCHLÖSSER** (Smart-Lock) kommen ohne Schlüssel aus. Sie können per Smartphone, Fingerprint oder Gesichtserkennung geöffnet werden. Eine Alternative per PIN-Code ist weniger sinnvoll, wenn es darum geht, dass Sie Ihren Schlüssel gerne mal vergessen. Dann ist es vielleicht auch nicht so ideal, sich immer eine weitere PIN merken zu müssen. Es gibt auch Varianten, die per Bluetooth darauf reagieren, wenn Sie sich mit Ihrem Handy der Tür nähern. Der Smartphone-Öffner hat den Vorteil, dass Sie auch aus der Ferne jemandem Zutritt gewähren können.

Smart-Lock-Schlösser lassen sich auch nachrüsten. Allerdings muss zunächst geklärt werden, ob der besehende Zylinder dafür genutzt werden kann oder ausgetauscht werden muss.

Es gibt zudem auch **FUNKTÜRSCHLOSSANTRIEBE**, die ganz ohne Smartphone mit einem Funk-Handsender funktionieren. Wenn Sie allerdings einen vernetzbaren elektronischen Smart-Lock-Türöffner einbauen und diesen in die Haussteuerung Ihres Hauses integrieren, können automatisch bestimmte Geräte ausgeschaltet werden, wenn die Tür abgeschlossen ist.

Die digitalisierte Türöffnung kann auch Teil der gesamten Haussteuerung sein und entsprechend über das Display der Hausautomation mitgesteuert werden. Mit einem Alles-Aus-Schalter an der Haustür können zudem alle Lichter und diverse Geräte beziehungsweise Steckdosen ausgeschaltet und, wenn vorhanden, eine Alarmanlage eingeschaltet werden. Für besonders gute Übersicht kann hier ein zweiter Bildschirm sorgen, auf dem schnell zu erkennen ist, welche Geräte und Steckdosen an oder aus sind und ob eine Tür oder ein Fenster noch geöffnet ist.

Einbruchschutz und Wächtersysteme

Eines vorweg: Smarte Systeme können den Einbruchschutz in bestimmten Bereichen durchaus unterstützen und den Bewohnern und Bewohnerinnen ein erhöhtes Sicherheitsgefühl vermitteln. Der eigentliche Schutz gegen Einbruch, so die kriminaltechnische Beratung der Polizei, sollte allerdings mechanisch durch einbruchhemmende Türen und Fenster erfolgen (siehe „Sicherheit und Einbruchschutz" ab Seite 132).

Einer der Klassiker unter den Smart-Home-Nutzungen, die dem Schutz vor Einbruch dient, ist eine vorprogrammierte Beleuchtung des Hauses bei Abwesenheit. Soll es in den Urlaub gehen, wird eine fiktive, an die alltäglichen Abläufe angepasste Beleuchtung des Hauses eingegeben, die dann nach außen suggeriert, das Haus sei bewohnt: Dazu können in verschiedenen Räumen, auch zu unterschiedlichen Zeiten, die Lichter an- und ausgehen oder die Rollos herunter- und wieder heraufgefahren werden.

Vergesslichkeit hat nicht gleich etwas mit Demenz zu tun, und auch manche sehr junge Menschen können unter einem gewissen Kontrollzwang leiden, was das Thema „Herd aus?" betrifft. Um sich und vielleicht auch die Angehörigen zu beruhigen, können sogenannte Herdwächter, die per Infrarotlicht erkennen, wenn die Platten zu heiß werden, den Herd

NICHT ALLES IST ERLAUBT!

Auch mit einem digitalen Türspion kann von jedem Platz der Wohnung mit der Person vor der Tür kommuniziert werden. Aber Achtung! Es gibt eine ganze Reihe von Parametern, die dazu führen können, dass die Nutzung nicht mehr legal beziehungsweise der **DATENSCHUTZ** nicht mehr gewährleistet ist. Vor allen Dingen müssen Sie sowohl bei digitalen Türspionen als auch bei anderen Videoaufzeichnungen darauf achten, dass die Kamera ausschließlich auf Bereiche gerichtet ist, die Ihnen gehören. Sobald auch die Tür oder Teile des Grundstücks Ihres Nachbarn zu sehen sind, greift dies in dessen Persönlichkeitsrechte ein. Wichtig ist, andere beispielsweise durch ein Schild darauf hinzuweisen, dass der Bereich mit einer Videokamera gefilmt wird.

Erlaubt sind Videoklingeln oder digitale Türspione, die erst aufzeichnen, sobald die Person vor der Tür geklingelt hat. Die Aufnahmen dürfen nicht gespeichert werden.

Die Technik, die bei Ambient-Assisted-Living-Konzepten zum Einsatz kommt, passt sich den Bedürfnissen ihrer Nutzer an. Das Bedienen elektrischer Geräte, Einbruchschutz und Telemedizin sind nur einige Anwendungsbeispiele.

automatisch abschalten. Sind die Geräte im Haus vernetzt, können alternativ zum Herdwächter beim Verlassen des Hauses über einen „Alles-Aus-Schalter" automatisch alle Lichter und bestimmte Stromquellen ausgeschaltet werden. Das sorgt für mehr Sicherheit und kann dazu beitragen, das persönliche Stresslevel herunterzufahren.

Weitere Unterstützung für einen sicheren Alltag liefern zudem **INTELLIGENTE WASSERHÄHNE**, Wasserregulatoren am Waschbecken- oder Badewannenrand, die erkennen, wenn das Waschbecken voll ist und eine Überschwemmung droht, und den Wasserzulauf automatisch stoppen. Ebenso gibt es Sensoren, sogenannte **WASSERMELDER**, die im Sockelbereich befestigt werden und Alarm schlagen, sobald Wasser ungewollt austritt und ein Wasserschaden droht.

Komfort

Allgemein können durch die intelligente Steuerung der Wohnkomfort gesteigert und alltägliche Handgriffe erleichtert werden. So kann beispielsweise nach einer Reise bereits von unterwegs per Handy die Heizung hochgefahren und so das Haus auf eine angenehme Temperatur gebracht werden. Ebenso kann auch nur die Heizung im Bad immer zur selben Zeit hochgefahren werden, denn gerade Ältere brauchen dort oft eine höhere Raumtemperatur. Es kann auch komfortabel sein, wenn die Jalousien im Schlafzimmer so geschaltet sind, dass sie automatisch zu einer bestimmten Uhrzeit hochfahren oder Fenster und Türen geöffnet werden können, ohne dass man extra aufstehen muss. Während die Steuerung der Heizung im Smart Home Teil der Hausautomation ist, können einzelne Lichtquellen sowie Türen, Fenster oder die Verschattung auch über eine Fern- oder eine **SPRACHSTEUERUNG** geregelt werden, sofern diese mit einem Motor ausgestattet sind.

Diverse Roboter können Ihnen den Putzalltag erleichtern beziehungsweise Tätigkeiten ausführen, die Ihnen inzwischen sehr schwerfallen. Der Mähroboter hat dabei vermutlich die größte Bekanntheit erlangt. Vor Inbetriebnahme muss unter Umständen nur ein Begrenzungskabel am Rand der Rasenfläche verlegt werden, danach arbeitet der Rasenmäher selbstständig. Auch Saug- oder Wischroboter können gut automatisierte Hilfe leisten. Einfacher zu installieren sind dabei Geräte ohne App, die über eine Fernbedienung oder ein Display beziehungsweise einen Schalter am Gehäuse funktionieren.

Kommunikation

Gerade wer zunehmend seine Zeit in den eigenen vier Wänden verbringt, ist auf andere Formen der Kommunikation, der Kontakte und der Informationsbeschaffung angewiesen. Smarte Kommunikation spielt dabei eine wesentliche Rolle. Besonders in der Pandemie haben viele Menschen für sich, sowohl im Berufsalltag als auch in ihrem privaten Umfeld, den Nutzen von **VIDEOTELEFONIE** zu schätzen gelernt. Den Enkeln auf dem Smartphone zuwinken, die Kinder beim wöchentlichen Telefonat nicht nur zu hören, sondern auch zu sehen, ist mittlerweile fast eine Selbstverständlichkeit geworden. Mit den in Smartphones und Tablets integrierten Kameras und einer entsprechenden kostenlosen App wie Skype, WhatsApp, Facetime oder Google Duo lässt sich Videotelefonie unkompliziert nutzen. Viele Computer haben mittlerweile ebenfalls eingebaute Kameras, ansonsten lässt sich eine Webcam einfach anschließen, sodass Videotelefonie auch am PC problemlos möglich ist.

E-Mails, Messengerdienste oder soziale Netzwerke sind weitere Angebote, die durchaus generationenübergreifend genutzt werden.

Grundsätzlich kann der Datenaustausch über drei verschiedene Wege stattfinden:

- → Per Datenleitung: Hierbei handelt es sich um eine sogenannte BUS-Leitung. Damit der Datenaustausch zwischen den Geräten funktioniert, bedarf es einer gemeinsamen „Sprache". Diese wird von Fachleuten als Standard bezeichnet. Der vielleicht bekannteste Standard ist der KNX-Standard. Datenleitungen gelten als stabil und zuverlässig und können sehr gut im Neubau verlegt werden.
- → Per Funk: Gerade im Bestand ist es oft schwierig, eine Datenleitung neu zu verlegen. Hier kommen dann in der Regel Funklösungen zum Einsatz. Über Funkstandards werden Daten und Infos drahtlos weitergegeben. Funksysteme können störungsanfälliger sein als Datenkabelsysteme und brauchen in der Regel Batterien.
- → Per Stromleitung: Teilweise können normale Stromleitungen nachgerüstet werden, um ebenfalls Daten übertragen zu können. Sie sind allerdings nicht ganz so leistungsstark.

Wer im Bestand Smart-Home-Lösungen in seinem Zuhause integrieren möchte, wird sich vermutlich für ein **FUNKSYSTEM** entscheiden, da dies einfach umzusetzen ist. Im Neubau bietet sich hingegen die Möglichkeit, **KABELBASIERTE SYSTEME** zu verbauen, die weniger anfällig sind gegen Angriffe von außen. Das System, für das Sie sich entscheiden, sollte möglichst kompatibel mit anderen Systemen sein. Sie brauchen in der Regel keine Insellösungen, sondern Systeme, die über Marken, Branchen und Technologien hinweg vernetzt und zu einem späteren Zeitpunkt erweitert und angepasst werden können.

GRÜNE AMPEL FÜR SICHERE NUTZUNG

Gerade die ältere Generation ist oft unsicher, welche Daten bei welcher Nutzung weitergegeben werden. Daher hat die Seniorenberatung Hannover, die sich sehr für die digitale Teilhabe Älterer einsetzt, ein Technikhandbuch mit Ampelsystem entwickelt, das auch im Internet heruntergeladen werden kann. Hierin sind verschiedene Produkte beispielhaft aufgeführt, die den Alltag für Ältere und für Menschen mit einer Behinderung erleichtern können. Ein hilfreicher Zusatznutzen des Handbuches ist, dass jedes Produkt beziehungsweise jede Produktgruppe einer Ampelfarbe zugeordnet ist, die etwas darüber aussagt, wie **DATENSICHER** ein digitales Produkt ist. Eine grüne Kennzeichnung bedeutet dabei, dass über das System keine Daten gespeichert und keine weiteren Personen informiert werden. Bei Geräten mit einer gelben Kennzeichnung werden Angehörige und Dienstleister temporär informiert, Daten vor Ort gespeichert und in bestimmten Fällen Daten auch weitergeleitet. Rot schließlich bedeutet, dass Angehörige, Dienstleister oder Unternehmen kontinuierlich informiert werden. Daten werden auf externen Computern (Servern) gespeichert und gegebenenfalls auf weitere Server weitergeleitet.

Auch wenn die einzelnen Produkte vielleicht nicht konkret mit der eigenen Situation zusammenpassen, kann das Ampelsystem eine gute Gesprächsgrundlage bieten, wenn Sie sich bei Ihrem Anbieter technischer Assistenzsysteme Informationen einholen wollen!

Übrigens: Auch die Stiftung Warentest legt bei ihren Untersuchungen zu entsprechender Technik strenge Kriterien an den Datenschutz an.

INTERVIEW MIT DIRK POTZ

→ Datenschutzampel und Techniklotsen Seniorinnen und Senioren sollen versierter im Umgang mit dem Computer und dem Internet werden und sich dabei auch sicher fühlen. Techniklotsen, Computerclubs, Gesprächsforen und eine Datenschutzampel helfen dabei.

Dr. Dirk Potz setzt sich im Fachbeirat Senioren der Stadt Hannover auch für die digitale Teilhabe älterer Menschen ein und wirkt an einer seniorenspezifischen Digitalisierungsstrategie mit. Er befürwortet zielgenaue Angebote, Vernetzung und die Stärkung ehrenamtlicher Strukturen sowie die Bereitstellung niedrigschwelliger Angebote für ältere Menschen im Sinne digitaler Teilhabe.

Ist Ambient Assisted Living (AAL) noch eine gängige Bezeichnung beziehungsweise eine gängige Technik oder – übertrieben gesagt – „Schnee von gestern"?

AAL ist eine eingeübte Praxis, die es seit über zehn Jahren gibt, mit guten technischen Lösungen speziell für Ältere und Menschen mit Behinderungen. Allerdings handelt es sich vom Ansatz her eher um Einzellösungen, während die Technik heute stärker auf Vernetzung setzt wie im Smart Home. Von daher ist AAL, man spricht auch häufig von alltagsunterstützenden Assistenzsystemen, schon etwas verharscht, um im Bild des Schnees zu bleiben.

Welche Bereiche des Smart Home sind für ältere Menschen oder für Menschen mit Einschränkungen denn am interessantesten? Was wird am häufigsten angefragt? Was ist aus Ihrer Sicht am wichtigsten?

Das übergeordnete Ziel ist die Unterstützung im Alltag, sodass die Menschen möglichst lange eigenständig in ihrer Wohnung oder ihrem Haus wohnen bleiben können. Dabei geht es sowohl um einfache technische Geräte wie digitale Tablettenspender, Schlüsselfinder oder den Herd-aus-Schalter, als auch um Aufstehhilfen, Möbel mit Hubsystem oder auch mal einen Saugroboter. Entscheidend ist immer, dass eine individuelle Lösung gefunden wird, die eine konkrete Unterstützung bedeutet.

Kommen die Menschen schon zur Vorsorge zu Ihnen oder erst, wenn es Probleme gibt?

Häufig kommen die Angehörigen zu uns, weil es ein konkretes Problem gibt, beispielsweise weil die Mutter gestürzt ist oder sich bei dem Vater eine Demenz abzeichnet. Vielfach geht es darum, das Bad sicherer und bequemer zu machen. Wir beraten dann, wenn wir die genaue Problemlage kennen, wo eine technische Lösung interessant und wo eine Haushalthilfe die bessere Alternative ist.

Wie ist es mit der Smart-Home-Nutzung für seheingeschränkte Personen und Blinde – Stichwort Touchpanel?

Tatsächlich hat sich in den letzten Jahren sehr viel getan in Bezug auf Produkte für Menschen mit Seheinschränkungen, nicht nur im Smart Home. Es gibt zum Beispiel Gehstöcke, die automatisch durch Vibrieren oder eine Sprachinfo auf Hindernisse aufmerksam machen. Eine Steuerung über ein Touchpanel kann für einen seheingeschränkten Menschen eine Erleichterung bedeuten, indem der Bildschirm über große Symbole gesteuert wird und nicht mehr über die Tastatur. Grundsätzlich stellt natürlich insbesondere die Sprachsteuerung von technischen Geräten, auch im Smart Home, einen wesentlichen Fortschritt für seheingeschränkte Menschen dar.

Sind gerade ältere Menschen unsicher, wenn es um die Datensicherheit bei smarten Lösungen geht?

Ja, es gibt eine große Gruppe, die sehr sensibel ist, wenn es um den Datenschutz geht. Daher haben wir für unser Technikhandbuch die Datenschutz-Ampel entwickelt, die in drei Stufen anzeigt, wie sicher das jeweilige Produkt ist mit dem die Daten z. B. in einer Cloud gespeichert werden oder nur auf dem eigenen Gerät. Wir möchten die Seniorinnen und Senioren kompetenter und sicherer im Umgang mit dem Computer und dem Internet machen, zum Beispiel über Computerclubs für Einsteiger, Techniklotsinnen, ein Gesprächsforum oder unsere Musterwohnung, in der wir alltagsunterstützende Assistenzsysteme in der Anwendung präsentieren.

Welche Rolle spielt die Smart-Home-Technologie beim Einbruchschutz?

Der Einbruchschutz ist auf jeden Fall immer wieder Thema in unseren Beratungen! Allerdings halte ich die Polizei hier für den besseren Ansprechpartner.

In Hannover gibt es eine smarte Musterwohnung für technikunterstütztes Wohnen. Was genau ist damit gemeint?

Hinter der Begrifflichkeit des technikunterstützten Wohnens stecken sowohl Smart-Home-Anwendungen als auch Lösungen des Ambient Assisted Living (AAL) und aus dem E-Health-Bereich, also der digitalen medizinischen Unterstützung. In der Wohnung können circa 70 technische und bauliche Einzelanpassungen angesehen und ausprobiert werden. Dabei geht es nicht allein um einzelne Produkte, sondern vielmehr um Gesamtlösungen und Szenarien.

Wie konkret kann es in einer Beratung werden?

Die Beraterinnen und Berater versuchen, individuell auf die spezielle Problemsituation einzugehen und mithilfe des Fundus der unterschiedlichen technischen Assistenzsysteme anbieterneutral zu beraten. Die Geräte können übrigens teilweise ausgeliehen und zu Hause ausprobiert werden.

Was finden Interessierte neben der Datenschutzampel in dem Technik-Handbuch?

Das Handbuch gibt einen Überblick über praxiserprobte Assistenzsysteme, Geräte und Anbieter aus den Bereichen Gesundheit, Sicherheit, Kommunikation und Alltagsleben. Innerhalb der Kategorien wird auf die Funktionsweise der Produkte, den Nutzen und die Kosten eingegangen. Hilfreich sind sicherlich die „Anmerkungen", aufgrund der Erfahrungen aus der Beratungsstelle.

→ Das übergeordnete Ziel ist die Unterstützung im Alltag, sodass die Menschen möglichst lange eigenständig in ihrer Wohnung oder ihrem Haus wohnen bleiben können.

→ Sicherheit und Einbruchschutz

Sicherheit ist ein Thema, das gerade im Alter immer wichtiger wird. Aber auch jüngere Menschen haben das Bedürfnis, sich und ihr Haus zu schützen. Der Einbruchschutz steht dabei oft ganz oben auf der Prioritätenliste.

WAS ERFAHRE ICH?

Wie wichtig ist Ihnen ein guter Schutz gegen Einbrecher? Sind Sie eher vorsichtig, oder betrifft Sie das Thema weniger? Gerade wer sich nicht mehr so schnell und flexibel aus einer Gefahrensituation bringen oder sich gegen Gewalt wehren kann, hat ein erhöhtes Sicherheitsbedürfnis. Auch wenn die Sinneswahrnehmung eingeschränkt ist, besteht oft ein größerer Wunsch, sich zu schützen. Entsprechend fühlen sich die meisten älteren Menschen besser, wenn sie wissen, dass ihr Haus oder ihre Wohnung gegen Einbruch gut gewappnet ist. Aber auch jüngere Menschen mit entsprechenden Einschränkungen werden Wert auf ein sicheres Zuhause legen.

Vor allen Dingen für Ältere sollte neben dem Einbruchschutz dazugehören, Gefahrenquellen, wie Stolperfallen, zu minimieren und ein gutes Alarmsystem für Notsituationen, wie einen Brandfall, zu installieren, das von allen wahrgenommen werden kann.

Schutz gegen Einbruch

Die Einbruchszahlen in Deutschland sind laut der polizeilichen Kriminalstatistik rückläufig. Das hat auch damit zu tun, dass viele Menschen inzwischen ihre Häuser besser sichern, sodass Einbrechende nicht mehr in zwei bis drei Minuten erfolgreich sind mit dem Versuch, eine Tür oder ein Fenster aufzuhebeln. Mehr Zeit verwenden diese nämlich in der Regel gar nicht, um in ein Haus einzusteigen. So lange sollten Fenster und Türen einem gewaltsamen Eindringen also standhalten können. Die **MECHANISCHE SICHERUNG** von Fenstern, Fenstertüren und Türen hat dabei Priorität, denn die meisten Einbrüche erfolgen im Einfamilienhaus von der Rückseite über aufgehebelte Fenster oder Terrassentüren. Im Mehrfamilienhaus sind in erster Linie die Erdgeschosswohnungen, ebenfalls über die Fenster, sowie die Dachgeschosswohnungen betroffen.

DIE FENSTER SICHERN

Wichtigste Maßnahme in puncto Einbruchschutz sind also einbruchhemmende Fenster und Fenstertüren. Warum lässt sich ein Fenster leicht aufhebeln, und wie sieht ein sicheres Fenster aus? Wer sich ein herkömmliches Fenster genau anschaut, kann sehen, wie sich beim Öffnen und Schließen sogenannte Rollzapfen, die am Fenster selber sitzen, bewegen.

Dazu gehören passende gusseiserne Schließteile im Fensterrahmen, in die die Rollzapfen beim Schließen hineingeschoben werden. Es reicht leider schon ein stabiler Schraubendreher, um das spröde Gusseisen zu knacken und ein solches Fenster aufzuhebeln. Sichere Fenster haben Schließteile aus Stahl. Zudem ist der Beschlag am Fenster umlaufend. Hierbei schieben sich erheblich schmalere Pilzzapfen unter die Schließteile und verhaken sich. Durch das umlaufende Prinzip passiert dies auf allen vier Seiten des Fensters. Bei bestehenden Fenstern können die **BESCHLÄGE** ausgetauscht werden. **ZUSATZSICHERUNGEN** an Griff- und Bandseite oder Zusatzschlösser können auf die bestehenden Sicherungen und Schlösser aufgeschraubt werden und gehören ebenfalls zu den sinnvollen Nachrüstprodukten.

VERGLASTE TÜREN

Verglaste Balkon- und Terrassentüren können mit einer Stangenverriegelung ertüchtigt werden. Achten Sie darauf, dass auch die einbruchhemmenden Nachrüstprodukte den Anforderungen der DIN 18104 entsprechen, und zwar Teil 1 (aufschraubbare Nachrüstprodukte für Fenster und Türen) und Teil 2 (für im Falz eingelassene Nachrüstprodukte für Fenster und Türen) . Ein wichtiger Hinweis ist dafür die Widerstandsklasse (WK), heute Resistance Class (RC), mit der Einstufung in die Klassifizierung R2. Ein entsprechendes Prüfsiegel sollte auf dem Produkt zu finden sein. Eine Formulierung wie „in Anlehnung an R2" ist nicht ausreichend. Aber nicht jeder Hersteller lässt sein Produkt zertifizieren. Geprüfte und zertifizierte einbruchhemmende Produkte finden Sie über das Herstellerverzeichnis auf k-einbruch.de.

TESTS UND TIPPS

Unser Test vom Oktober 2020, bei dem 13 Fenstersicherungen zum Nachrüsten getestet worden waren, ergab, dass guter Sicherungsschutz nicht teuer sein muss, dabei allerdings alle Komponenten optimal aufeinander abgestimmt sein müssen. Genau genommen sind abschließbare Fenstergriffe eine Kindersicherung, die verhindern soll, dass ein Kind das Fenster öffnet und hinausfällt. Sie bieten keinen Aufhebelschutz. Aber sie hindern Täter daran, das Fenster durch ein in die Scheibe geschlagenes Loch hindurch zu öffnen. Wichtiger sind dennoch die beschriebenen einbruchhemmenden Beschläge.

Auf der Internetseite k-einbruch.de der polizeilichen Kriminalprävention der Länder und des Bundes wird der Einbau einbruchhemmender Fenster und Fenstertüren ab der Widerstandsklasse RC2 empfohlen. Bei zertifizierten Fenstern und Fenstertüren sind alle Elemente, also Rahmen, Beschläge und Schließbleche, als aufeinander abgestimmtes System geprüft. Ab dem 1. Obergeschoss ist auch die Widerstandsklasse RC1 N ausreichend, sofern sich weder ein Balkon noch eine andere Auftrittfläche, wie beispielsweise ein Garagendach, davor befindet. N bedeutet dabei, dass kein Sicherheitsglas verwendet wird.

SICHERHEITSGLAS UND GITTER

Übliche Isolierverglasungen haben keine einbruchhemmende Wirkung. Je nach Gefähr-

Die Polizei informiert über geeignete, zertifizierte Fenster, deren Bestandteile aufeinander abgestimmt sind.

Lichtschächte werden besser aus Beton statt aus Kunststoff gefertigt und mit Ketten zusätzlich gesichert.

dungssituation (Geschossigkeit, Lage des Gebäudes) können oder sollten einbruchhemmende Verbundsicherheitsgläser eingebaut werden. Da die Fenster in der Regel jedoch aufgehebelt werden, sind einbruchhemmende Beschläge das A und O.

Im Erdgeschoss und im Souterrain können **FENSTERGITTER** für zusätzliche Sicherheit sorgen. Es können geprüfte Gitter oder auch vom Schlosser angefertigte Elemente verwendet werden. Dann müssen allerdings bestimmte Kriterien berücksichtigt werden: Gitterstäbe müssen mindestens einen Durchmesser von 18 Millimetern und einen Abstand von maximal 12 Zentimetern haben. Alle Berührungspunkte der Stäbe untereinander müssen verschweißt sein, und schließlich muss eine massive, nicht demontierbare Befestigung an mehr als vier Punkten hergestellt werden.

Fenster im Keller sind in der Regel feste Elemente, die mit stabilen Stahllochblenden massiv im Mauerwerk verankert werden. Um sie gegen Einbruch zu sichern, können die Rahmen verschraubt werden. Auch vor dem Kellerfenster kann ein Gitter von innen oder von außen für mehr Sicherheit sorgen. Ein Kellerlichtschacht sollte besser aus Beton als aus Kunststoff gefertigt sein, da Kunststoff anfälliger ist gegen Brüchigkeit. Sehr ungünstig ist es, wenn außerdem die Ketten des Abdeckgitters in den anfälligen Kunststoffschächten verankert sind.

SICHERE TÜREN

An zweiter Stelle nach der Fenstersicherung steht die Empfehlung, die Haus- oder Wohnungstüren zu ertüchtigen beziehungsweise im Neubau von vornherein einbruchhemmende Eingangstüren zu verbauen.

Für geprüfte einbruchhemmende Haus- oder Wohnungstüren bestehen ähnliche Empfehlungen wie für die Fenster. Auch sie sollten nach DIN EN 1627 mindestens der Widerstandsklasse RC2 entsprechen. Und auch hier muss die Gesamtkonstruktion, bestehend aus Türblatt, Rahmen/Zarge, Schloss, Beschlag und unter Umständen der Verglasung, betrachtet werden. Wer die Tür nicht komplett austauschen möchte, kann mit Nachrüstsätzen für mehr Sicherheit sorgen, deren Einzelteile, Blatt, Rahmen, Bänder, Schlösser, Beschläge, Schließbleche und Zusatzsicherungen wie die Nachrüstprodukte für Fenster aufeinander abgestimmt sein müssen sowie der DIN 18104 entsprechen sollten. Wichtig ist, dass die Nachrüstung fachgerecht, in der Regel von einer Tischlerfirma, durchgeführt wird.

Eine Wohnungseingangstür lässt sich mit einem **QUERRIEGELSCHLOSS** sehr gut einbruchhemmend nachrüsten. Schließ- und Bandseite der Tür, also beide Längsseiten, werden dadurch gleichzeitig gesichert, was einen ausgesprochen guten Schutz bietet. Da das Schloss des Querriegels mittig in der Tür sitzt, wird direkt signalisiert, dass ein Einbruch hier zwecklos ist. Eine Alternative sind vertikale Stangenschlösser, die die Tür von oben nach unten sichern. Der Test der Stiftung Warentest zum nachrüstbaren Einbruchschutz bei Türen (10/2020) ergab, dass ein Stangenschloss die richtige Alternative für zweiflügelige Altbautüren ist, die sich nicht mit einem Querriegel sichern lassen. Zusätzlich ist dann eine Bandsicherung an der Scharnierseite erforderlich. Werden neue Türen eingebaut, gewährleisten geprüfte einbruchhemmende Türen nach DIN EN 1627 (mindestens Widerstandsklasse RC2) einen guten Einbruchschutz. Diese Türen werden einer praxisgerechten Einbruchprüfung unterzogen. Vergleichbare Sicherheit bieten Türen nach der alten DIN V ENV 1627 ab Widerstandsklasse (WK) 2.

Beim Kauf eines neuen **SCHLIESSZYLINDERS** achten Sie auf den zertifizierten Zieh- und vor allen Dingen Bohrschutz. Der Ziehschutz kann auch durch ein Türschild mit Abdeckung gewährleistet werden, der verhindert, dass das Schloss mit einer Zange herausgezogen wird. Haben Sie kein Schild mit Abdeckung, darf der Zylinder maximal 3 Millimeter aus dem Schloss ragen. Einen guten Schutz bieten Schlösser mit Mehrfachverriegelung.

Kellertüren und Nebeneingangstüren sollten wie Eingangstüren ausgebildet werden. Garagentore lassen sich übrigens nicht nachträglich ertüchtigen. Wenn Sie Sorge haben, dass es sich bei Ihrem Garagentor um eine Schwachstelle handelt, fragen Sie bei der Beratungsstelle der Polizei nach und lassen Sie unter Umständen ein neues Tor einbauen, das dann der neuen Tornorm DIN/TS 18194 entspricht.

ROLLLÄDEN AN FENSTERN UND TÜREN

Übliche Rollläden dienen dem Sonnen- und Sichtschutz und haben keine einbruchhemmende Wirkung. Sie können relativ leicht durch Aufhebeln oder Hochschieben überwunden werden. Mit mechanischen Zusatzsicherungen können Rollläden ertüchtigt werden. Geprüfte **EINBRUCHHEMMENDE ROLLLÄDEN** der Widerstandsklasse 2 erschweren den Einbruch: Geprüft heißt, dass eine praxisgerechte Einbruchprüfung sichergestellt hat, dass die Gesamtkonstruktion aus Rollpanzer, Führungsschienen und Hochschiebesicherung keine Schwachpunkte aufweist. Wenn Sie die Rollläden mit einer automatischen Steuerung versehen, kann durch unregelmäßiges Öffnen und Schließen Ihre Anwesenheit simuliert werden, obwohl Sie gar nicht zu Hause sind.

Grundsätzlich ist allerdings zu bedenken, dass Rollläden vor Fenstern und Fenstertüren nur bedingt Schutz gegen Einbruch bieten, da in den meisten Fällen tagsüber eingebrochen wird. Also dann, wenn die Rollläden in der Regel gar nicht geschlossen sind. Prüfen Sie also vorab genau, ob eine Investition in einbruchhemmende Rollläden wirklich sinnvoll ist oder ob Sie Ihr Geld lieber in die Nachrüstung oder den Tausch der Fenster stecken wollen.

FACHGERECHTER EINBAU

Fenster, Türen und Rollläden sollten von einem Fachbetrieb eingebaut werden, um so zu gewährleisten, dass die gute Wirkung der Fenster und Türen nicht durch einen laienhaften Einbau außer Kraft gesetzt wird. So kann beispielsweise der Tischler prüfen, ob die Nachrüstprodukte wirklich zu den vorhandenen Profilbreiten Ihrer Fenster passen.

Schutz durch Anlagentechnik

Neben einbruchsicheren Fenstern und Türen kann die richtige Technik eine gute Ergänzung zum Einbruchschutz darstellen. In erster Linie geht es dabei um Alarmanlagen, aber auch Gegensprechanlagen leisten gute Dienste.

Ist Ihr Sicherheitsbedürfnis mit einer Gegensprechanlage und vernünftigen Fensterbeschlägen ausreichend bedient, oder hätten Sie doch gerne den Schutz einer Alarmanlage? Grundsätzlich sagt man: Mechanik vor Elektronik. Die mechanische Sicherung ist also die Voraussetzung für einen guten, funktionierenden Einbruchschutz und sollte daher immer Priorität haben! Alarmanlagen oder, wie Fachleute sagen, **EINBRUCHMELDEANLAGEN** (EMA) sind aber eine gute Ergänzung.

Sie können per Funk oder Draht installiert werden. Sogenannte drahtgebundene, also verkabelte Anlagen haben zwar den Nachteil, dass die Installation aufwendiger und teurer ist, verfügen aber über die deutlich höhere Übertragungssicherheit. Außerdem muss im Betrieb nicht mehr an einen Batteriewechsel gedacht werden. Funkalarmanlagen wiederum können sehr gut nachgerüstet werden und sind auch sonst sehr variabel. Nachträgliche Änderungen und Erweiterungen stellen kein Problem dar. Zudem ist die Montage nicht nur schnell, sondern dadurch auch günstiger.

SPRECHANLAGEN

Wichtig: Eine barrierefreie **GEGENSPRECHANLAGE**, beispielsweise im Mehrfamilienhaus, sollte auch über ein Anzeigenmodul verfügen, das dem gehörlosen Besucher signalisiert, wann er sprechen kann und wann die Tür geöffnet wird. Letzteres sollte zusätzlich durch Vibrieren unterstützt werden. Grundsätzlich sind **WECHSELSPRECHANLAGEN**, bei denen beide Seiten nur abwechselnd sprechen können, für Menschen mit Höreinschränkungen einfacher zu handeln als Gegensprechanlagen.

Es gibt zwei unterschiedliche Arten von Alarmanlagen, wobei viele Anlagen eine Mischung beider Systeme darstellen. Bei der sogenannten **FALLENÜBERWACHUNG** handelt es sich in der Regel um eine Innenraumüberwachung. Der Alarm erfolgt, sobald eine Person in den überwachten Bereich eingedrungen ist. Sie eignet sich daher für Räume, die nach der Aktivierung nicht mehr von den Bewohnern betreten werden. Überwacht wird per Bewegungsmelder, die wiederum über Infrarot, Ultraschall oder Mikrowellen ausgelöst werden können. Sie sind die günstigere Variante, werden aber nur bei Abwesenheit der Bewohner scharfgeschaltet. Da beispielsweise Haustiere schnell einen Fehlalarm auslösen können, sind Außenhautüberwachungen immer die bessere Alternative.

Die **AUSSENHAUTÜBERWACHUNG** alarmiert schon vor dem Eindringen nicht berechtigter Personen in den überwachten Bereich. Unter Außenhaut versteht man neben Wänden, Decken und Böden sämtliche Öffnungen des Gebäudes oder des Raumes, also Fenster und Türen. Insbesondere diese Schwachstellen des Hauses gilt es durch eine Außenhautüberwachung durch spezielle Fenster- und Türkontakte wie Schließblech- oder Magnetkontakte sowie Glasbruchmelder und Ähnliches zu kontrollieren. Ergänzt werden die Systeme in der Regel mit einem Bewegungsmelder und/oder einer Überwachungskamera. Die Anlagen sind sehr teuer, funktionieren dafür aber auch, wenn sich die Bewohner selbst im Haus aufhalten.

Alarmanlagen werden nach der DIN EN 50131–1 sowie der DIN VDE 0833–3 in Abhängigkeit des bestehenden Einbruchrisikos in vier verschiedene Grade unterschieden. Je kleiner die Zahl, desto geringer das Risiko. Ausschlaggebend sind bei dieser Einteilung Fähigkeiten und Möglichkeiten des potenziellen Einbrechers. Der Alarmanlagengrad 1 liegt dabei unterhalb der polizeilichen Anforderungen! Der Verband der Schadenversicherer (VdS) unterscheidet die Sicherungsklassen A, B und C. Für kleinere Wohnobjekte ohne erhöhte Gefährdung werden Anlagen der Klasse A, Grad 2 empfohlen.

Auditiv ist dies eine **SIRENE**, die in der Regel von einer **RUNDUM-BLITZLEUCHTE** visuell unterstützt wird. Es ist immer sinnvoll, den Alarm so einzurichten, dass gleichzeitig ein Fernalarm an ein Wach- oder Sicherheitsunternehmen weitergeleitet wird.

Am besten lassen Sie sich bei der Wahl der Anlage fachlich beraten, da es immer wieder vorkommt, dass Anlagen verbaut werden, die auf alltägliche Einflüsse, wie Insekten oder andere Tiere, reagieren und Falschalarme auslösen. Zu billige Geräte können zudem oftmals leichter ausgehebelt werden und gelten daher als weniger sicher.

Zusätzlich können, als sogenannter **STILLER ALARM**, die Hausbesitzer zum Beispiel über eine App per Push-Nachricht informiert werden.

Die Kameras als Bestandteil der Alarmanlage müssen verschiedene Anforderungen erfüllen. Bild- und, sofern ein Mikrofon integriert ist, Tonqualität spielen dabei eine wesentliche Rolle. Zudem müssen die Kameras, die (auch) für die Installation draußen gedacht sind, natürlich wetterfest sein. Die Tests zur Wetterfestigkeit überstanden die im Test der Stiftung Warentest von 06/2022 geprüften Geräte übrigens alle Kameras, die auch als Draußen-Kameras deklariert waren, sehr gut. Nicht zuletzt sollte die Kamera sich gut installieren lassen und zuverlässig im täglichen Gebrauch funktionieren. Auch hierzu liefert der Test eine gute erste Orientierung.

Übrigens: Es ist erlaubt, das eigene Haus und Grundstück mit einer Kamera zu überwachen. Sobald Sie mit Ihrer Kamera öffentliche Bereiche oder Haus und Grundstück des Nachbarn filmen, ist dies **UNZULÄSSIG**. Das gilt auch, wenn Sie eine schwenkbare Kamera installieren, die theoretisch auch das Nachbargrundstück aufnehmen kann, und sogar auch für Attrappen, da außenstehende Personen nicht erkennen können, ob sie gerade gefilmt werden oder nicht.

Das **ZWEI-SINNE-PRINZIP** als Planungsgrundlage für Menschen mit Sinneseinschränkungen gilt auch in Bezug auf Alarmanlagen und Warnsignale. Barrierefreie Alarm- und Warnsignale müssen mit zwei der drei Sinne Sehen, Hören und Fühlen erfahrbar sein. Rauchmelder müssen, wie die Klingel, durch Rundumleuchten oder Lichtblitze ergänzt werden, sodass auch Gehörlose und Hörge-

FOKUS: LICHT

Barrierefreie Lichtplanung
Gibt es tatsächlich barrierefreies Licht? Es gibt auf jeden Fall Leuchten, die stärker blenden als andere, was unter Umständen die Unfallgefahr erhöhen kann. Eine blendfreie Ausleuchtung dagegen sorgt für eine große Gruppe von Menschen in unserer Gesellschaft für mehr Sicherheit und Komfort. Insofern kann das Licht einen großen Beitrag dazu leisten, das Wohnumfeld sicherer und barrierefrei zu machen, ohne auf Gemütlichkeit zu verzichten.

Dass die Sehkraft im Alter abnimmt, ist kein Geheimnis. Auch dass das ältere Auge länger braucht, um Übergänge zwischen Hell und Dunkel auszugleichen, ist bekannt. Fachleute sprechen von längerer Adaptionsfähigkeit. Was also sollte alles bei der Planung berücksichtigt werden?

Um die notwendige höhere Beleuchtungsstärke zu erreichen, können entweder hellere Leuchtmittel oder die doppelte Leuchtenanzahl eingesetzt werden. Allerdings dürfen die Lichtquellen wiederum nicht so hell sein, dass sie blenden. Um Blendungen zu reduzieren, werden wiederum großflächige Leuchten mit geringer Leuchtdichte verwendet. Damit lassen sich auch Schatten vermindern, welche unter Umständen die Orientierung im Raum beeinträchtigen könnten. Um hier das richtige Maß zu finden, braucht es etwas Fingerspitzengefühl. Eine gleichmäßige Lichtverteilung sorgt dafür, dass das Gesicht des Gegenübers besser zu erkennen ist und somit die Kommunikationsfähigkeit im Raum erhöht wird.

Bei der Lichtplanung für Ältere geht es daher vor allen Dingen um:

- → die Anhebung der Beleuchtungsstärken im Raum, also eine höhere Ausleuchtung durch hellere Leuchtmittel oder mehr Leuchten
- → eine blendfreie Umgebung, unter der Verwendung von Leuchten mit einer geringen Blendung, idealerweise durch großflächiges Licht
- → die Schaffung einer möglichst gleichmäßig beleuchteten Umgebung zur Vermeidung von Schatten und zur Erleichterung der Adaptionsfähigkeit sowie den Ausgleich der Adaptionsfähigkeit durch eine gleichmäßige Lichtverteilung ohne Schlagschatten
- → circadiane Beleuchtung

Die Veränderungen im Auge beeinflussen nicht nur das Sehen, sondern haben auch Auswirkungen auf den Hormonhaushalt und somit auf das circadiane System, also die innere Uhr des Menschen. Durch die Trübung der Linse wird der Lichteinfall reduziert, und das System gerät aus der Balance. Circadiane Beleuchtung wirkt durch erhöhte Blauanteile am Morgen und entsprechende Rotanteile am Abend ausgleichend auf den Tag-Nacht-Rhythmus, begünstigt das Schlafverhalten und kann sogar Depressionen mildern. Circadianes Licht kann sehr gut in die intelligente Lichtsteuerung eingebunden werden.

Wichtig ist generell, dass die Lampen richtig angebracht werden! Ist dies nicht der Fall, können die besten Leuchten blenden und unerwünschte Schatten werfen.

Übrigens: Funklösungen eigenen sich sehr gut für die Nachrüstung! Schalter können nachträglich ergänzt werden, ohne dass mit großem Aufwand Leitungen verlegt werden müssen.

schädigte den Alarm wahrnehmen können. Es gibt zudem **VIBRATIONSKISSEN**, die sich Betroffene unter das Kopfkissen legen können, um zusätzlich durch Vibration geweckt zu werden. Bestehende Funk-Brandmeldeanlagen lassen sich leicht durch entsprechende Module für Hörgeschädigte des gleichen Herstellers ergänzen, sodass Sender und Empfänger zusammenpassen. Bei kompletten Signalanlagen mit Funkübertragung können neben den Rauchmeldern auch die Hausklingel und das Telefon mit einem optischen Signal ergänzt werden.

Eine Gegensprechanlage ist keine Alarmanlage und kann dennoch vor ungebetenen Besuchern schützen. Gegensprechanlagen mit Videoüberwachung kosten nicht viel mehr als Anlagen ohne, erhöhen aber das Sicherheitsgefühl ungemein. Viele Gegensprechanlagen lassen sich inzwischen mit Telefonen sowie mobilen Geräten zusammenschalten. Man kann also mit seinem Handy von überall im Haus sehen, wer geklingelt hat, und von dort mit der Besucherin kommunizieren und die Tür öffnen. Manche Systeme lassen sich auch von unterwegs bedienen. Achten Sie allerdings darauf, dass Ihr gewähltes System den **DATENSCHUTZRICHTLINIEN** entspricht und beispielsweise Videoaufnahmen nicht in einer Cloud gespeichert werden (siehe Kapitel „Smart Home" ab Seite 119).

Die kriminaltechnische polizeiliche Beratung trifft zu dem Thema Einbruchschutz und Smart Home ebenfalls die klare Einschätzung, dass die mechanische Ertüchtigung von Fenstern und Türen physisches Eindringen in das Haus verhindert oder zumindest erschwert. Smart-Home-Anwendungen können einen Einbruch hingegen melden und dokumentieren, also einen Alarm auslösen und das Geschehen aufzeichnen, aber nicht unterbinden. Wer hier

CHECK-LISTE BRANDSCHUTZ

Grundsätzlich gelten für den vorbeugenden Brandschutz im Einfamilienhaus die Anforderungen der jeweiligen Landesbauordnung für Aufenthaltsräume.

- → Auf welchem Weg komme ich am schnellsten zum Ausgang, also zur Wohnungstür? (Vom Wohnzimmer, von der Küche, aus dem Bad, aus dem Schlafzimmer)
- → Wie schnell komme ich aus dem Obergeschoss in das Erdgeschoss?
- → Ist die Treppe breit genug und nicht vollgestellt? Ist die Laufbreite durch einen Treppenlift zu stark eingeschränkt? (Restlaufbreite bei hochgeklapptem Sitz mindestens 60 Zentimeter) Kann der Treppenlift bei Stromausfall manuell in die Parkposition geschoben werden?
- → Gibt es im Obergeschoss einen Balkon oder eine andere zweite Fluchtmöglichkeit außer der Treppe, wie eine große Fensterfront mit großem öffenbarem Flügel?
- → Gibt es im Dachgeschoss ein hinreichend großes Fenster (Mindestgröße 90 x 120 Zentimeter), das ich wirklich erreichen kann, um hindurchzusteigen, und an das die Feuerwehr direkt anleitern kann? Vorgeschrieben ist eine maximale Höhe von 1,20 Metern über der Bodenkante des Raumes. Im Brandfall heißt dies, dass durch dieses Fenster die Feuerwehrleiter erreichbar sein muss. Dachflächenfenster sind hierfür nur unter bestimmten Bedingungen (Drehbeschlag, kein abschließbarer Fenstergriff, BG-Prüfzeichen) geeignet. Wenn es keinen zweiten Fluchtweg im Dachgeschoss gibt, darf dieser nicht als Aufenthaltsraum genutzt werden.
- → Kann alternativ das Schlafzimmer vom Obergeschoss in das Erdgeschoss verlegt werden?
- → Können alle Fenster und Türen schnell und unkompliziert von innen geöffnet werden?
- → Wie gut kann die Feuerwehr generell das Gebäude erreichen?
- → Gibt es in jedem Raum Rauchmelder?
- → Feuerlöscher sind keine Pflicht, aber dennoch eine sinnvolle Anschaffung.

zusätzliche Sicherheit durch eine Alarmanlage haben möchte, sollte, wie bereits beschrieben, eine normierte Einbruchmeldeanlage (EMA) in seinem Haus installieren lassen, die nicht bereits durch einen ausgefallenen Router funktionslos wird.

Im Internet finden Sie über das polizeiliche Portal k-einbruch.de zum Beispiel auch Produktlisten mit polizeilich empfohlenen DIN-konformen einbruchhemmenden Nachrüstprodukten sowie die Möglichkeit der Suche nach Facherrichterbetrieben in Ihrer Nähe. Diese verbauen mechanische Sicherungseinrichtungen, Einbruch-, Überfallmelde- oder Videoüberwachungsanlagen gemäß den polizeilichen Empfehlungen. Auch Ihre nächste regionale Beratungsstelle der Polizei rund um das Thema Einbruchschutz können Sie über die Postleitzahlensuche auf dieser Internetseite finden.

Sprechanlangen mit Videofunktion erhöhen das Sicherheitsgefühl.

Sicherheit im Haus

Die Sorge um Sicherheit muss sich nicht ausschließlich auf kriminelle Handlungen beziehen. Ein sicheres Haus schützt die Bewohnenden auch gegen Stürze, Verbrühungen am Wasserhahn oder die Gefahr eines Wohnungsbrands durch den angelassenen Herd. Diese Maßnahmen werden jeweils in den entsprechenden Kapiteln, insbesondere im Kapitel „Smart-Home und Ambient Asisted Living" ab Seite 119, behandelt. Schließlich bedeutet Sicherheit auch, dassSie sich in Ihrem Gebäude, also beispielsweise im Mehrfamilienhaus nicht nur in Ihrer Wohnung, sondern ebenso im Treppenhaus und auf den übrigen gemeinschaftlichen Flächen, sicher bewegen und orientieren können. Auch wenn Sie als Besucher das erste Mal ein Gebäude betreten, möchten Sie sich hier schnell, problemlos und ohne fremde Hilfe zurechtfinden.

BRANDSCHUTZ

In Bezug auf Barrierefreiheit ist das Thema Brandschutz aus zweierlei Perspektive wichtig. Zum einen gewinnt die barrierefreie **EVAKUIERUNG**, gerade in Mehrfamilienhäusern zunehmend an Bedeutung, da immer mehr Menschen zu Hause alt werden und betreut werden, auch wenn sie bettlägerig sind und sich nicht mehr selbst retten können. Zum anderen gibt es schlaue Produkte, die wiederum in den einzelnen Haushalten dabei helfen können, die Gefahr eines Wohnungsbrandes zu verhindern. Während barrierefreie Evakuierungskonzepte für Sie als Bauherr eines Einfamilienhauses nicht relevant sind, sollten Sie sich dennoch einmal darüber Gedanken machen, wie die Fluchtsituation bei Ihnen zu Hause im Falle eines Brandes aussieht, und sich gegebenenfalls von der Feuerwehr (Bereich Vorbeugender Brandschutz) beraten lassen.

Funkvernetzte Rauchmelder sind insbesondere in größeren Häusern oder Wohnungen sinnvoll. Sobald ein Gerät Rauch erkennt, schlagen alle anderen ebenfalls Alarm. Der Rauchmelder-Test der Stiftung Warentest von Januar 2021 zeigte, dass die Vernetzung bei der Installation unkompliziert war und die Geräte sich zuverlässig untereinander alarmierten. Interessant sind auch smarte Rauchmelder, die nicht nur durch Töne und Leuchtsignale Alarm schlagen, sondern zusätzlich einen Alarm auf das Handy schicken. Das ist zum einen praktisch, wenn man gerade nicht im Haus ist, es ist aber auch wichtig für Angehörige, die sich um die Sicherheit der Oma sorgen, die immer noch alleine kocht, aber manchmal vergisst, den Herd auszuschalten. Dafür gibt es aber auch die Herdwächter, die beispielsweise auf eine zu starke Hitzeentwicklung reagieren und ab einer kritischen Temperatur den Herd automatisch abschalten.

INTERVIEW MIT DIRK GRÄFF

→ Licht für Sicherheit und Wohlbefinden Mit Licht lässt sich sehr gut Einfluss auf die Barrierefreiheit in der Wohnung nehmen, für Sicherheit und Orientierung sorgen. Eine gute und blendfreie Ausleuchtung bedeutet dabei nicht den Verzicht auf Gemütlichkeit.

Dirk Gräff ist Lichtdesigner und Beleuchtungsmeister. Barrierefreies Licht ist ein wichtiger Bestandteil seiner Lichtkonzepte, gerade bei der Planung für ältere Menschen. Hierbei geht es einerseits um Sicherheit und eine gute und dennoch blendfreie Ausleuchtung, andererseits um Wohlbefinden und Lebensqualität.

Ist es für die Lichtplanung problematisch, wenn es gerade bei privaten Anpassungsmaßnahmen einerseits um gute Ausleuchtung gehen soll und andererseits trotzdem auf Gemütlichkeit Wert gelegt wird?

Nein, im Privatbereich ist das nie ein Problem! Man teilt die Beleuchtung ohnehin meistens auf und betrachtet Funktionslicht und dekoratives Licht getrennt voneinander. Das Funktionslicht übernimmt die Aufgabe, den Raum oder einen bestimmten Bereich gleichmäßig aufzuhellen, das dekorative Licht dient einer stimmungsvollen Atmosphäre am Abend. Es können auch beide Funktionen von einer Leuchte übernommen werden, beispielsweise wenn die Esstischleuchte zum einen genug Licht zum Lesen gibt und dennoch für das abendliche Zusammensitzen mit Freunden gedimmt werden kann. In Pflege- oder Altenheimen sieht das etwas anders aus, da hier weniger die Individualität, sondern Sicherheit und Unfallschutz in der Verantwortung der Betreibenden liegen.

Gibt es besondere Anforderungen an das Licht aufgrund des Alters?

Abgesehen davon, dass insgesamt die Sehkraft mit zunehmendem Alter schwächer wird, trübt oftmals die Linse ein, was zu besonderer Empfindsamkeit gegenüber Blendung und Reflexionen führt. Dabei hilft es beispielsweise, auf kleine Lichtpunkte zu verzichten und stattdessen großflächige Lichtelemente einzusetzen. Akzente, die blenden können, sind keine gute Wahl.

Sehen Sie einen Trend bei privaten Bauherrn, der Beleuchtung mehr Aufmerksamkeit, also auch mehr Zeit bei der Planung und mehr Geld zu widmen?

Auf jeden Fall! Früher gab es in privaten Einfamilienhäusern ein Deckenlicht in der Mitte vom Raum plus einer Stehlampe im Wohnzimmer oder die Nachttischlampe am Bett. Heute wird sehr viel mehr Wert auf Individualität gelegt, nach dem Motto: Wenn ich baue, soll alles genau passend sein, auch das Licht.

Welche Rolle spielt dabei Barrierefreiheit?

Leider aus Sicht der Kunden eine sehr geringe, aus meiner Sicht eine sehr große! Mit Licht lässt sich sehr viel positiver Einfluss auf eine barrierefreie Umgebung nehmen.

Könnten Sie das genauer ausführen?

Zunächst werden durch eine gute Beleuchtung Sicherheit und Orientierung geschaffen. Eine mangelhafte Beleuchtung trägt dazu bei, dass Stolperfallen nicht gesehen werden, Nachtlichter an der Treppe oder im Flur sorgen hingegen für einen sicheren Weg zur Toilette oder auch eine gute Ausleuchtung des Eingangsbereichs, und entlang der Zuwegung weisen sie den Weg und geben ein sicheres Gefühl.

Geht es denn nur um Sicherheit?

Nein, ganz und gar nicht! Komfort spielt auch eine sehr große Rolle. Ich hatte eine ältere Bekannte, die unter ihrer Küchenleuchte nicht mehr die Zeitung lesen konnte. Für sie war das eben so. Sie kam gar nicht auf die Idee, dass eine andere Leuchte Abhilfe schaffen könnte. Jetzt ist sie sehr glücklich mit einer neuen, großflächigen Paneelleuchte, unter der sie wieder wunderbar lesen kann.

Welche Rolle spielen für Sie smarte Lösungen bei Ihrer Planung?

In meiner Planung spielen Smart-Home-Lösungen eher eine untergeordnete Rolle. Die Kunden müssen wirklich Lust haben, sich darauf einzulassen. Es ist schon eine relativ hohe Investition, und viele können die festgelegten Lichtszenarien gar nicht selbst ändern. Auch Multifunktionstaster mit zu vielen Funktionen steigern aus meiner Sicht nicht immer den Komfort. Praktisch und komfortabel finde ich allerdings Bewegungsmelder, bei denen dann auch die Aktionszeit gesteuert wird. Also in bestimmten Zeiten geht das Licht an und ist sehr hell, zu anderen Zeiten geht es auch an, ist dagegen aber gedimmt.

Sollte man barrierefreie Lichtlösungen bereits von Anfang an, also im Neubau berücksichtigen?

Meiner Meinung nach sollte die Beleuchtung grundsätzlich an die jeweilige Lebenssituation angepasst werden. Eine junge Familie mit kleinen Kindern hat andere Bedürfnisse als ein älteres Ehepaar. Wenn allerdings dann nach 20 Jahren die Kinder aus dem Haus sind und ohnehin das Gebäude noch einmal saniert und umgebaut wird, sollte immer die Barrierefreiheit mitgedacht werden.

Wie arbeiten Sie mit Ihrer Kundschaft?

Mir ist vor allen Dingen wichtig, meinen Kunden zu vermitteln, was Licht bewirken kann. Hilfreich sind dabei Visualisierungen. Die Position der Leuchte, Lichtintensität und die Art der Lichtverteilung haben großen Einfluss auf die Raumwirkung. Das lässt sich sehr gut über Visualisierungen darstellen. Eine gute Lichtplanung muss dabei übrigens nicht an teure Designerlampen gekoppelt sein. Manchmal ist auch die einfache Leuchte aus dem Baumarkt die passende Lösung.

→ Vergessen Sie Spots im Eingangsbereich! Am Eingang findet die erste Kommunikation statt, daher sollte dieser Bereich gleichmäßig ausgeleuchtet sein, sodass Gesicht und Mimik aller Beteiligten gut zu sehen sind und nicht verschattet werden.

4 Je besser man seinen Bedarf und das Potenzial der eigenen vier Wände kennt, desto genauer kann man die Baumaßnahmen abstimmen. Für die möglichst reibungslose Umsetzung zeigen wir Ihnen, wo und bei wem Sie sich Unterstützung holen können.

→ Wobei brauche ich Unterstützung?

Je nach Umfang der anstehenden Baumaßnahme ist die Betreuung eines solchen Projektes gut oder weniger gut zu managen. Wir zeigen Ihnen, wo Unterstützung hilfreich sein kann und bei welchen Maßnahmen Fachleute ranmüssen.

WAS ERFAHRE ICH?

Nachdem Sie sich intensiv damit auseinandergesetzt haben, was Sie brauchen, was Sie sich wünschen und was überhaupt möglich ist, soll es an die konkrete **PLANUNG** und **UMSETZUNG** gehen. Aus der grundsätzlichen Idee „Wir wollen unser Bad barrierefrei modernisieren", „Ein Homelift verschafft mir wieder ganz neue Möglichkeiten" oder „Ja, wir wagen einen Neubau!" sollen baubare und, wo notwendig, genehmigungsfähige Pläne werden. Es müssen Firmen beauftragt, koordiniert und beaufsichtigt werden. Einige der möglichen Maßnahmen bedeuten, sich eine echte Baustelle ins Haus zu holen, die entsprechend betreut werden muss.

Was dies für einen Neubau bedeutet, lesen Sie ausführlich in unserem Ratgeber „Unser Bauherren-Handbuch".

Was steht an?

Wie also kann eine solche Maßnahme ablaufen? Wobei brauchen Sie Unterstützung, und was können Sie allein? Wo finden Sie die notwendige Hilfe und können, wenn Sie das möchten, alles zusammen aus der Hand geben? Folgende Aufgaben kommen auf Sie zu:

→ In einem **ERSTGESPRÄCH** mit einem Berater, einer Architektin oder einer Handwerksfirma muss geklärt werden, welche Maßnahme die richtige ist, wie diese aussehen kann und in welchem Kostenrahmen sich diese bewegt.

→ In einem Vor-Ort-Termin, Wohnungs- oder **HAUS-CHECK** mit einer Sachverständigen, einem Architekten oder einem Handwerksfachbetrieb werden die von Ihnen gewünschten Maßnahmen konkret mit der Einbausituation abgeglichen und die Kosten daran angepasst und eingegrenzt.

→ Falls Sie nicht in Ihrem Eigentum wohnen, sondern Mieter oder Mieterin sind, ist spätestens jetzt der richtige Zeitpunkt, **IHREN VERMIETER** anzusprechen und die Zustimmung zur Umbaumaßnahme einzuholen. Fixieren Sie schriftlich, zu welchen Konditionen die Maßnahme erfolgen kann (siehe auch Seite 23).

→ Denken Sie daran, dass **FÖRDERGELDER** immer vorab beantragt und bewilligt sein müssen! Haben Sie bereits mit Arbeiten begonnen, haben Sie keinen Anspruch auf Unterstützung.

→ Nun müssen die Maßnahme **TECHNISCH UND BAULICH GEPLANT** und **KOSTENVORANSCHLÄGE** verschiedener Handwerksfirmen eingeholt werden. Für einige Umbaumaßnahmen, beispielsweise wenn Wände versetzt werden müssen, muss unter Umständen ein Bauantrag beim zuständigen Bauamt eingereicht werden.

→ Wenn Sie wissen, wie umfangreich die Maßnahme ausfallen wird, und Sie diese nicht ständig selbst betreuen, überlegen Sie sich, ob Sie lieber für ein paar Tage das Feld räumen. Wenn Sie von Zeit zu Zeit einen Blick auf die Baustelle werfen wollen, suchen Sie eine Bleibe in der Nähe.

→ Während der **DURCHFÜHRUNG** der Maßnahme müssen die beauftragten Firmen koordiniert und gegebenenfalls beaufsichtigt werden. Unter Umständen müssen noch fehlende Genehmigungen eingeholt werden.

→ Nachdem die Maßnahme abgeschlossen wurde, muss geprüft werden, ob diese abgenommen werden kann oder ob noch **BAUMÄNGEL** beanstandet werden müssen.

Beispiel Badumbau

Nehmen wir einmal das etwas komplexere Thema Badumbau als Beispiel dafür, welche Aufgaben überhaupt dazugehören:

Im Erdgeschoss eines Einfamilienhauses soll die Gästetoilette zu einem barrierefreien Duschbad erweitert werden. Das ist jedenfalls die Idee, aber Sie als Laie können nicht einschätzen,

a) ob das überhaupt möglich ist,
b) wer dies umsetzen kann und
c) welche Kosten auf Sie zukommen.

Wo findet man den Anfang eines roten Fadens? In diesem Beispiel wird es nicht allein darum gehen, ein Gewerk zu beauftragen, sondern mehrere. Es müssen ein Sanitärfachbetrieb (SHK), gegebenenfalls ein Fliesenleger, ein Elektrofachbetrieb und, je nach Einbausituation und Änderungswünschen, eine Tischlerin oder ein Maurer miteinander koordiniert werden. Da die jetzige Gästetoilette in ihrer Grundfläche zu klein ist, muss eine Wand versetzt werden. In dem Fall muss geklärt werden, ob es sich um eine tragende Wand handelt oder nicht. Wenn ja, muss für die Maßnahme unter Umständen ein Bauantrag eingereicht werden. Es gibt auch Bundesländer, die dies anders regeln. In unserem Beispiel haben Sie **DREI MÖGLICHKEITEN**:

BAUSTELLE IM HAUS – WAS DAUERT WIE LANGE?

Maßnahmen zur Barrierefreiheit nehmen in sehr unterschiedlichem Maß Einfluss auf das sonstige Leben im Haus. Es kommt dabei auf den Umfang und die bau-technische Komplexität der Maßnahme an. Einige, wie beispielsweise der Einbau eines **HOMELIFTS**, lassen vermuten, dass sie mit sehr viel Staub, Dreck und Lärm verbunden sind. Dabei muss unter Umständen per Kernbohrung ein Loch in die Betondecke gesägt werden. Das verursacht natürlich ein gewisses Baustellen-Feeling, ist sehr laut, und der Staub hält sich manchmal hartnäckig über die Zeit der Maßnahme hinaus. Die Montage selbst wird dennoch mit maximal einem Arbeitstag veranschlagt.

Der Einbau einer neuen **KÜCHE** oder der **BADUMBAU** kann zwischen drei Tagen und drei Wochen dauern, je nachdem, ob es sich um eine Komplettsanierung handelt oder nur einzelne Elemente ausgetauscht werden. In dieser Zeit können die Räume dann nicht genutzt werden. Wer keine Lust hat zu improvisieren, sollte für die Zeit des Umbaus besser anderswo unterkommen oder sogar seinen Urlaub in dieses Zeitfenster legen. Falls es um den Umbau des gesamten Hauses geht, werden Sie ein Architektur- oder Ingenieurbüro beauftragen. Gehen Sie mit diesem den Ablauf genau durch und entscheiden Sie, wie der Alltag neben oder trotz Baustelle aussehen kann.

WER BETREUT WIE LANGE?

Wir zeigen, welche Akteure in welcher Phase eines Umbaus mit dem Ziel Barrierefreiheit unterstützen.

Anbieter	Erstberatung	Planung	Angebote einholen + prüfen	Durchführung + Abnahme
Wohnberatungsstellen	immer	keine Unterstützung	punktuell/teilweise	keine Unterstützung
Kommerzielle Anbieter	immer	immer	immer	immer
Architekturbüros	immer	immer	immer	immer
Handwerksfirmen	immer	immer	keine Unterstützung	immer
Bauunternehmen	immer	immer	punktuell/teilweise	immer
Händler	immer	punktuell/teilweise	keine Unterstützung	immer

→ 1. Sie gehen zunächst zu einer **WOHNBERATUNGSSTELLE** für barrierefreies Bauen oder zur Verbraucherberatung, um eine generelle Einschätzung und weitere Ansprechpersonen genannt zu bekommen. Gegebenenfalls lässt sich ein Vor-Ort-Termin ausmachen, falls sich die Einbausituation schwer erklären lässt.

→ 2. Sie kennen eine **ARCHITEKTIN** oder einen Sachverständigen für barrierefreies Bauen, die oder der sich die Situation einmal anschaut, um eine erste Einschätzung abzugeben. Architektenkammern sind hier nur bedingt hilfreich für private Bauherren. In Bayern beispielsweise ist das Angebot sehr gut. Hier gibt es eine Beratungsstelle für barrierefreies Bauen, die sich auch an Privatpersonen richtet. In anderen Bundesländern berät die Kammer nur ihre eigenen Mitglieder, also die Architektinnen und Architekten, nicht die Bauherren (Siehe Tabelle zu den Angeboten der Architektenkammern der Länder, Seite 153).

→ 3. Sie wissen idealerweise durch einen guten Bekannten, dass eine bestimmte **HANDWERKSFIRMA** über eine entsprechende Zusatzqualifikation verfügt, und bitten diese, sich die Situation vor Ort anzusehen, um ein Angebot abzugeben. Alternativ fragen Sie bei der Kreishandwerkerschaft oder einem zuständigen Obermeister nach.

BAUANTRAGSPFLICHT FRÜHZEITIG KLÄREN!

Fragen Sie unbedingt vor Baubeginn in dem für Sie und Ihre Immobilie zuständigen Bauamt nach, ob für die geplante Maßnahme ein Bauantrag notwendig sein wird. Bauen Sie nämlich ohne Baugenehmigung, wo es nicht erlaubt ist, kommt nicht nur eine Strafe auf Sie zu, sondern es wird unter Umständen verlangt, dass die Maßnahme rückgängig gemacht wird.

Unterstützung gut planen

Welche der angesprochenen Aufgaben trauen Sie sich zu? Liegen Ihnen bereits Kontakte vor? Wenn Sie einzelne Ausführungsfirmen kennen, können Sie diese selbst um ein Angebot bitten oder beispielsweise ein Architekturbüro damit beauftragen, nach Möglichkeit Ihre bevorzugten Firmen einzubinden. Entscheiden Sie, wie viel Sie sich selbst einbringen wollen und können. Für einige Maßnahmen sind Fachkenntnisse erforderlich, in anderen Bereichen kann es relativ aufwendig sein, sogenannte **SCHNITTSTELLEN** zu koordinieren:

Wie werden Sanitärfirma und Fliesenleger optimal aufeinander abgestimmt, zu welchem Zeitpunkt muss der Elektriker auf die Baustelle kommen, und wann baut der Tischler die neue Tür ein? Kommt es hier zu Kollisionen oder Verzögerungen, ist das nicht nur ärgerlich, sondern kann unter Umständen auch Mehrkosten verursachen. Überlegen Sie sich daher genau, ob Sie an dieser Stelle sparen wollen oder lieber eine **PROFESSIONELLE BAULEITUNG** engagieren – diese kann beispielsweise durch ein Architekturbüro erfolgen.

Auch wenn es selbstverständlich nicht darum gehen soll, sich Handwerksfirmen reihenweise nur zu einer Beratung ins Haus kommen zu lassen, um am Ende niemanden zu beauftragen, kann ein solcher Erstberatungstermin sehr aufschlussreich sein. Sie werden zum einen schnell feststellen, ob der Kollege oder die Kollegin sich auskennt und gute Ideen mitbringt, zum anderen aber auch einen besseren Überblick über die anstehende Bauaufgabe bekommen.

Es gibt natürlich sehr viel einfachere und überschaubare Maßnahmen, wie beispielsweise der Wechsel eines Standard-WCs gegen ein erhöhtes WC-Becken. Die Nachrüstung von Schrankelementen mit Hebe- und Senkvorrichtung wiederum betrifft im Prinzip nur die Küchenfirma, sodass Sie lediglich diese beauftragen müssen. Wenn Sie Eigentümerin einer Immobilie sind, werden Sie sicher in den letzten Jahren bereits Handwerksfirmen beauftragt haben und es ist für Sie kein Neuland.

Grenzen der Eigenleistungen

Abgesehen davon, dass Sie vielleicht die gesamte Planung und Bauleitung oder aber einzelne Aufgabenbereiche gerne abgeben wollen, gibt es auch gesetzliche Grenzen der Eigenleistung. Überall dort, wo ein **BAUANTRAG** eingereicht werden muss, kommen Sie an einer Architektin, einem Ingenieur mit entsprechender Zulassung (Bauvorlageberechtigung) oder einem Meister des Maurer-, Zimmerer-, Bautechniker- oder Betonbauerhandwerks (Kleine Bauvorlageberechtigung) nicht vorbei. Ein Bauantrag ist in den meisten Bundesländern erforderlich, wenn in die Bausubstanz eingegriffen wird, im Fall des Badumbaus also, wenn eine tragende Wand versetzt oder eine Tür verbreitert werden muss. Aber auch, wenn in einem Mehrfamilienhaus ein Lift installiert werden soll, wird eine Baugenehmigung erforderlich. In diesem Fall will das Bauamt zum Beispiel prüfen, ob der Fluchtweg im Brandfall weiterhin gegeben ist.

BAUVORLAGEBERECHTIGUNG

Wer einen Bauantrag (oder andere Genehmigungsplanungen) beim Bauamt einreichen möchte, braucht jemanden, der über eine Bauvorlageberechtigung verfügt. Hierbei wird zwischen der Großen und der Kleinen Bauvorlageberechtigung unterschieden. Die Große Bauvorlageberechtigung gilt dabei für alle Bauwerke. In die Architektenkammer eingetragene **ARCHITEKTEN** oder in einer Ingenieurkammer eingetragene **INGENIEURINNEN** verfügen über eine solche Vorlageberechtigung. Nur wer in der Architektenkammer eingetragen ist, darf die Bezeichnung Architekt/Architektin führen. Alle anderen sind Diplom-Ingenieure der Architektur (Dipl.-Ing. Arch.). Sie können nach zwei bis drei Jahren Berufserfahrung die Kleine Bauvorlageberechtigung erhalten, die für viele Maßnahmen zum barrierefreien Umbau ausreichend ist.

In acht Bundesländern (Baden-Württemberg, Bayern, Berlin, Bremen, Hamburg, Hessen, Niedersachsen und Schleswig-Holstein) können auch Meister des Maurer-, Zimmerer-, Bautechniker- und Betonbauerhandwerks unter bestimmten Bedingungen die Planung für eine Maßnahme einreichen. Sie gilt zum Beispiel für Wohngebäude mit höchstens zwei Wohneinheiten und insgesamt maximal 200 Quadratmetern Wohnfläche.

INTERVIEW MIT HEIKE CLAUSS

→ Alternativen zum Umbau In der Beratungsstelle Barrierefrei leben e. V. erläutern die Fachleute zunächst niedrigschwellige Hilfsmittel wie Haltegriffe, bevor sie zu kostspieligen Umbaumaßnahmen raten.

Heike Clauss ist Geschäftsführerin der Beratungsstelle Barrierefrei Leben e. V. in Hamburg, einem Verein für Hilfsmittelberatung, Wohnraumanpassung und barrierefreie Bauberatung. Der Verein wurde bereits in den 1980er-Jahren gegründet und bietet neben der Möglichkeit, sich in der Beratungsstelle diverse Bäder, Küchen und Hilfsmittel anzusehen, eine umfangreiche, gut aufgebaute Online-Wohnberatung im Netz an.

Wer kommt zu Ihnen?

Zu uns kommen zum Großteil ältere Menschen, die dann weniger mit einem speziellen Krankheitsbild zu tun haben, sondern eher darunter leiden, dass verschiedene Fähigkeiten gleichzeitig nachlassen: Die Kraft wird weniger, das Augenlicht schlechter, und auch die Beweglichkeit nimmt ab. Oft geht die Initiative von den Angehörigen aus, die sich Sorgen machen oder Angst haben, dass beispielsweise die alten Eltern in dem bisherigen Wohnumfeld nicht mehr gefahrlos zurechtkommen. Die ältere Generation selbst hat oft die Auffassung „das brauche ich nicht".

Es zeigt sich aber auch eine neue Zielgruppe, nämlich die der 50- bis 60-Jährigen. Hier bemerken wir einen Bewusstseinswandel. Es gibt beispielsweise die Immobilienbesitzerinnen und -besitzer, die nach 20 Jahren, wenn die Kinder aus dem Haus sind, sowieso umbauen oder etwas verändern möchten und im Zuge dessen vorbereitet sein wollen, um so lange wie möglich in ihrem Haus wohnen bleiben zu können.

Wonach wird am häufigsten gefragt?

Gerade barrierefreie Bäder stehen im Fokus. Das Badezimmer wird meistens als die größte Gefahrenzone angesehen, und im Bad bekommen die Ratsuchenden am ehesten Schwierigkeiten bei der Nutzung. In unserer Ausstellung können zum Badumbau gleich mehrere, unterschiedlich geschnittene Bäder angesehen werden, um zu vermitteln, dass auch im Umbau sehr viel möglich ist. Selbst ein sehr schmales Schlauchbad mit bodengleicher Dusche ist Teil der Ausstellung.

Wie gehen Sie bei der Beratung vor?

Wir fangen immer erst möglichst niedrigschwellig an. Das heißt beispielsweise mit Haltegriffen und einem Badewannenbrett. Wenn das nicht reicht, hilft vielleicht ein Badewannenlift. Erst wenn wir mit den Hilfsmitteln nicht weiterkommen, geht es darum, was durch einen Badumbau möglich ist. Selbstverständlich kommt es in erster Linie auf die Wünsche der Ratsuchenden an. Wir zeigen aber auf jeden Fall Alternativen zum Umbau auf.

Und wie sieht das dann aus?

Zunächst haben wir ja die verschiedenen Badezimmer in unserer Ausstellung. Die Ratsuchenden können sich also mögliche Lösungen anschauen und vor allen Dingen auch ausprobieren. Das gilt natürlich auch für die Hilfsmittel. Und dann haben wir hier eine Architektin im Team, die sich dann, wenn nötig mit einem Hausbesuch, ein Bild von der bestehenden Badezimmersituation macht und Empfehlungen gibt, was gemacht werden sollte und welche Handwerker beauftragt werden müssten. Das Finden und Beauftragen der Firmen müssen die Ratsuchenden dann wiederum selbst übernehmen. Wenn wir allerdings sehen, dass die Personen damit überfordert sind, und es keine Angehörigen gibt, übernehmen wir auch diesen Part.

Stehen Sie denn im weiteren Verlauf beratend zur Seite?

Wir empfehlen immer, sich möglichst drei Kostenvoranschläge einzuholen. Wenn die dann kommen, guckt sich unsere Architektin diese an und berät, welche Firma das beste Angebot abgegeben hat. Das beste muss dabei nicht das günstigste sein. Hier muss sehr genau geguckt werden, was die Firmen in ihrem Angebot formulieren.

Und auch zu den Fördermöglichkeiten beraten wir, welche Fördertöpfe überhaupt infrage kommen und in welcher Höhe in der Regel gefördert wird. Falls es einen Ablehnungsbescheid gibt, unterstützen wir auch bei einem Widerspruch.

Und was kostet das die Ratsuchenden?

Unser Angebot können nur Menschen in Anspruch nehmen, die in Hamburg gemeldet sind. Für diese ist die Beratung kostenlos. Unsere Wohnberatung wird von der Sozialbehörde der Stadt Hamburg gefördert. Das Ziel ist, dass möglichst viele Menschen möglichst lange und möglichst selbstständig zu Hause wohnen bleiben können. Für eine Stadt und eine Kommune ist es deutlich günstiger, wenn die Menschen a) zu Hause und b) mit möglichst wenig Pflegepersonal alt werden können. Die finanzielle Förderung der Beratungsstelle lohnt sich langfristig.

Welche Bedeutung haben Smart-Home-Lösungen in der Beratung?

Smart-Home- und AAL-Lösungen werden immer häufiger genutzt. Herdwächter, Sturzsensoren, Wassersensoren haben eine große Bedeutung, wenn es um das Thema Sicherheit geht. Auch Bewegungsmelder, die das Licht anschalten, dienen der Sicherheit, sowohl bei der Sturzprävention als auch für das eigene Sicherheitsgefühl. Für viele Menschen sind auch sprachgesteuerte einfache Funktionen, wie das automatische Öffnen eines Fensters oder einer Tür, eine große Unterstützung im Alltag. Und es gibt eine Reihe von smarten Lösungen, die eine gewisse Vergesslichkeit ausgleichen, wie beispielsweise die Herd-Aus-Funktion oder ein Alles-Aus-Schalter an der Haustür. Über WLAN-Verbindungen oder einfach nur Funksteckdosen lassen sich viele Lösungen sehr einfach nachrüsten.

Fallen Ihnen Maßnahmen ein, die sich gut mit anderen kombinieren lassen?

Immer wenn man umbaut, sollte man sich schon einmal Gedanken machen, ob hier eine barrierefreie Lösung eingebaut werden kann, auch wenn dies im Moment nicht erforderlich scheint. Man kann viel Vorsorge betreiben. Wenn beispielsweise im Zuge einer energetischen Sanierung die Fenster ausgetauscht werden, sollten direkt Fenster mit Griffen angebracht werden, die auch im Sitzen erreichbar sind.

> → Für eine Stadt und eine Kommune ist es deutlich günstiger, wenn die Menschen zu Hause und mit möglichst wenig Pflegepersonal alt werden können.

→ Wo bekomme ich Unterstützung?

Guter Rat muss nicht teuer sein. Verschiedene Anlaufstellen bieten spezialisierte Beratung zum barrierefreien Bauen und Wohnen. Auch Handwerker und Architekturbüros können Ihnen als kompetente Ansprechpartner zur Seite stehen.

WAS ERFAHRE ICH?

Wohnberatung

Grundsätzlich sind Wohnberatungsstellen eine gute erste Anlaufstelle. Allerdings fallen die Angebote sehr unterschiedlich aus. So gibt es Beratungsstellen mit einem weit gefassten Portfolio, bei denen auch Architektinnen und Architekten vor Ort sind, um nicht nur eine erste Einschätzung zu der geplanten Baumaßnahme abzugeben, sondern zudem einen Bauantrag stellen können. In anderen Beratungsstellen werden nur das Erstgespräch und ein Vor-Ort-Termin angeboten. Gerade freiberufliche und gewerbliche Beratungen bieten sogenannte Rundum-sorglos- oder Alles-aus-einer-Hand-Pakete an. Dazu zählt dann auch, dass sie die Durchführung betreuen und Fördergelder beantragen. Diese Wohnberatungen sind allerdings unter Umständen kostenpflichtig, wobei die Beratungskosten bei einer Beauftragung gegengerechnet werden.

VORAB INFORMIEREN

Verschiedene Wohnberatungsstellen bieten online schon sehr viele Tipps, Informationen, Leitfäden oder Checklisten an. Das Internet ist also eine gute Hilfestellung für einen ersten Überblick. Zudem können Bauherren im Netz Handwerksfirmen vor Ort finden, die über die nötige **ZUSATZQUALIFIKATION** verfügen, um beispielsweise einen barrierefreien Badumbau durchzuführen. Auch auf Hersteller bestimmter Produkte wird über die Portale hingewiesen.

Fragen Sie vorab in der Beratungsstelle, welche Aufgaben überhaupt übernommen werden und welche davon kostenpflichtig sind. In der Regel sollte Ihnen immer vorab gesagt werden, sobald Kosten für Sie entstehen können. Dennoch möchten Sie sich ja auch nicht umsonst auf den Weg machen. Also lieber einmal vorab anrufen oder eine Mail schreiben.

Ein Telefonat bringt auch Aufschluss darüber, ob und welche Hilfsmittel gegebenenfalls bei einem Besuch in der Beratungsstelle in Augenschein genommen werden können.

MUSTERWOHNUNG

In den Wohnberatungsstellen können Ratsuchende in der Regel Hilfsmittel und je nach Größe der Ausstellungsfläche Treppen- und teilweise Homelifte ansehen und ausprobieren. An einige Beratungsstellen sind auch Musterwohnungen angeschlossen, oder die Beratungen finden in den Musterwohnungen statt. In Norderstedt nahe Hamburg bietet das Kompetenzzentrum Demenz in Schleswig-Holstein beispielsweise eine „Musterwohnung nicht nur für Menschen mit Demenz" zur Besichtigung an. Hier wird anschaulich gezeigt, was im **WOHNUMFELD** von Menschen mit **DEMENZ** besonders wichtig und hilfreich ist.

Immer stärker rücken zudem die Themen **SMART HOME** und technikunterstütztes Wohnen in den Fokus des angepassten Bauens. Die Seniorenberatung Hannover zeigt in ihrer Musterwohnung, wie die (smarte) Technik auch oder gerade von älteren Bewohnerinnen und Bewohnern genutzt werden kann. Auch in Kempten im Allgäu gibt es eine Lehr- und Forschungswohnung der Hochschule Kempten, die zu der Seniorenwohnanlage einer Allgäuer Baugenossenschaft gehört.

Bauherrenberatungen

Als erste Anlaufstelle eignen sich ebenso Bauherrenverbände wie der Verband Privater Bauherren (VPB), der Bauherren-Schutzbund (BSB) oder Haus & Grund. Die Kosten, die hier erhoben werden, sind sehr unterschiedlich und reichen – auch für Mitglieder – von kostenfrei über eine überschaubare Pauschale bis hin zum üblichen Stundensatz der Berater. Das Unterstützungsangebot ähnelt dem der Wohnberatungsstellen, beinhaltet also keine Baubegleitung.

Einige Bauherrenberatungen haben insbesondere Immobilienbesitzer im Fokus, denen etwa fünf oder sechs Eigentumswohnungen gehören, von denen sie in der Regel eine selbst bewohnen. In diesem Fall geht es bei den Beratungen häufig darum, zu was Vermieter in Bezug auf barrierefreie Maßnahmen verpflichtet sind. Außerdem stehen Fragen zur **RECHTSLAGE** in Eigentümergemeinschaften im Fokus.

Handwerksfirmen und Bauunternehmen

Gerade der Bereich barrierefreier Badumbau hat sich bei vielen Sanitärfirmen als zweites – oder auch erstes – Standbein etabliert. Wer das Glück hat, hier im Radius einer versierten Firma zu wohnen, die über die notwendige **QUALIFIKATION** und Erfahrung verfügt, kann damit unter Umständen die Verantwortung für die Maßnahme komplett abgeben. Gerade wenn die Firma schon länger in diesem Bereich tätig ist, wird sie vermutlich über ein entsprechendes Netzwerk mit anderen Gewerken verfügen. Allerdings sind Sanitärfirmen nicht bauvorlageberechtigt. Ist eine Baugenehmigung erforderlich, muss entweder eine Architektin oder eine Maurer- oder Betonfirma mit entsprechenden Voraussetzungen eingebun-

ANLAUFSTELLE KREISHANDWERKERSCHAFT

Eine gute Möglichkeit, um einen Handwerksbetrieb in der Region zu finden, der sich auf Barrierefreiheit spezialisiert hat, sind die Kreishandwerkerschaften. In einer Kreishandwerkerschaft haben sich fachunabhängig die Innungen einer Region zusammengeschlossen. Hier findet man also Fachbetriebe der unterschiedlichsten Gewerke. Falls die zuständige Kreishandwerkerschaft Ihrer Region keine Auskünfte über spezialisierte Betriebe für Sie haben sollte, versuchen Sie es bei dem zuständigen Obermeister, also dem Vorsitzenden der für Sie relevanten Innung. Er kennt seine Betriebe und weiß, wer sich in welchem Themengebiet gut auskennt oder zertifiziert ist. Beim barrierefreien Umbau sind dies in erster Linie die Innung Sanitär Heizung Klima (SHK) und die Innung des Baugewerbes.

den werden. Teilweise bieten auch kleinere Bauunternehmen an, Einzelmaßnahmen wie den Badumbau oder die neue Eingangsgestaltung mit entsprechenden Firmen zu übernehmen.

Architekturbüros

Architekturbüros (besonders interessant: Fachplanungsbüros für barrierefreies Bauen) und Sachverständige für barrierefreies Bauen sind die richtigen Ansprechpartner, wenn es um einen Neubau, einen Anbau oder eine Aufstockung geht. Auch bei einer Komplettsanierung werden Sie ein Architekturbüro brauchen. In speziellen Sanierungsfällen kann es notwendig sein, die Einschätzung einer Sachverständigen für barrierefreies Bauen einzuholen.

Hinweis: Der **SCHWERPUNKT BARRIEREFREIHEIT** wird vielfach nicht als gesonderte Qualifikation, sondern als Standardqualifikation von Architekturbüros gesehen und daher auch nicht immer gesondert aufgeführt. Es wird vorausgesetzt, dass jedes Büro in der Lage ist, barrierefrei und behindertengerecht zu bauen. Dennoch macht es natürlich einen Unterschied, ob sich ein Büro seit Jahren verstärkt mit der Thematik beschäftigt oder nicht.

FACHPLANERINNEN

Architekturbüros, insbesondere Fachplaner und Fachplanerinnen für barrierefreies Bauen, sind die richtige Wahl bei Neubauvorhaben oder Komplettsanierungen von bestehenden Immobilien. Sie können aber auch Ansprechpartner für Maßnahmen wie einen Badumbau, den Einbau eines Treppenlifts im Mehrgeschosser oder die Planung eines neuen Eingangsbereichs sein. Sie verfügen über die notwendigen fachlichen Kenntnisse und über die entsprechende Zulassung, um einen Bauantrag einreichen zu können. Allerdings sind diese Aufträge für viele Büros aus finanziellen Gründen nicht attraktiv genug. Vielfach rechnet es sich nicht, da der Aufwand sehr hoch ist, die Bausumme, nach der sich das Architektenhonorar berechnet, aber eher gering. Dennoch gibt es engagierte Büros, die sich auch kleiner Projekte annehmen.

SACHVERSTÄNDIGE

In einigen Fällen müssen explizit Sachverständige für barrierefreies Bauen eingebunden werden. Bei bestimmten Fördergeldern beispielsweise, wie dem KfW-Programm „Standard Altersgerechtes Haus" oder der Wohn-Riester-Förderung, ist eine Beantragung ohne einen Sachverständigen gar nicht möglich. Die Bezeichnung „Sachverständiger" ist nicht geschützt. Fragen Sie also ruhig nach, wo die Person die **ZUSATZQUALIFIKATION** erworben hat. Dadurch erfahren Sie vor allen Dingen, ob überhaupt eine entsprechende Zusatzqualifikation vorliegt. Zudem könnte die Antwort auch auf Qualität, Umfang und Tiefe der Ausbildung hinweisen. So bieten berufsständische Kammern in der Regel mehrwöchige oder auch mehrmonatige Seminare an. In diesen kann naturgemäß mehr Wissen vermittelt werden als in einem Wochenend-Crashkurs beispielsweise eines Produktherstellers.

Neben den Länderkammern bietet auch die Bundesarchitektenkammer unter dem Schlagwort Barrierefreiheit Informationen rund um das Thema auf ihrer Seite https://bak.de/tag/barrierefreiheit/ an.

Ämter

Die Bauaufsichtsbehörde (fälschlicherweise oft als Bauamt bezeichnet) ist dafür zuständig, baurechtliche Vorschriften zu überwachen und Bauanträge zu genehmigen. Die Bauaufsicht prüft unter anderem, ob die Vorgaben zum barrierefreien Bauen eingehalten werden, bietet aber keine Beratung an. Den Antrag selbst stellt die zuständige Architektin oder der Innenarchitekt. Inzwischen wird jedoch bei kleineren Bauaufgaben in einigen Bundesländern nach dem vereinfachten Verfahren vorgegangen. Ein Großteil der Entscheidungen und somit auch der Verantwortung obliegt dann dem Architekturbüro und nicht mehr der Bauaufsichtsbehörde. Selbst wenn viele Ämter dies nicht unbedingt publik machen, ist es generell möglich, auch als Bauherr oder Bauherrin Fragen im Vorfeld zu klären, beispielsweise ob der Eingangsbereich um einen Anbau für eine komfortablere Erschließung erweitert werden darf.

ANGEBOTE ARCHITEKTENKAMMERN (AK)

Über die Internetpräsenzen der Architektenkammern der Bundesländer lassen sich einige wertvolle Informationen zum barrierefreien Bauen und Wohnen zusammentragen und weiterführende Anlaufstellen ausfindig machen.

Architektenkammer	Angebote
Baden-Württemberg	akbw.de/berufspraxis/planungsinfos-und-themen/barrierefreies-bauen Informationen zum barrierefreien Bauen und Suchfunktion, um spezialisierte Architekturbüros zu finden
Bayern	byak.de/planen-und-bauen/beratungsstelle-barrierefreiheit.html Bayernweite kostenfreie Beratungen zum barrierefreien Bauen, sowohl für Privatpersonen als auch für Fachleute
Berlin	stadtentwicklung.berlin.de/bauen/barrierefreies_bauen/de/beratungsstelle.shtml Kostenfreie Beratungsstelle für barrierefreies Bauen im Testlauf
Brandenburg	ak-brandenburg.de/kammer/ausschuesse/barriere Der Ausschuss Barrierefreies Bauen der Brandenburgischen AK ist Ansprechpartner zum barrierefreien Planen und Bauen.
Bremen	akhb.de/baueninbremen/wegzumbauen Beratungsstelle kom.fort als Anlaufstelle mit Ausstellung für barrierefreies Bauen und Wohnen
Hamburg	akhh.de/mitglieder/ausschuesse-und-arbeitskreise/arbeitskreise/arbeitskreis-inklusiv-planen-und-bauen/ Arbeitskreis Inklusiv Planen und Bauen der Hamburger AK ist in erster Linie interdisziplinäres Netzwerk
Hessen	portal-akh.de/bueroverzeichnis/ In der Architektensuche kann gezielt nach Büros mit Tätigkeitsschwerpunkt „Barrierefreie Planung" gesucht werden.
Mecklenburg-Vorpommern	architektenkammer-mv.de/de/fuer-bauherren-oeffentlichkeit/sachverstaendige/freie-sachverstaendige2/ Liste von eingetragenen freien Sachverständigen
Niedersachsen	aknds.de/bauherren/barrierefreies-bauen Kostenlose Beratung bei Fragen zum behindertengerechten und altersgerechten Bauen
Nordrhein-Westfalen	aknw.de/aktuelles/publikationen/planen-und-bauen Die AK Nordrhein-Westfalen engagiert sich für einen angemessenen Umgang mit dem Thema „Barrierefrei planen und bauen". Die Bauherren-Info „Barrierefrei planen und bauen" wird derzeit (Stand November 2022) überarbeitet.
Rheinland-Pfalz	verbraucherzentrale-rlp.de/barrierefreiheit In Kooperation mit der AK Rheinland-Pfalz informiert die Verbraucherzentrale zum barrierefreien Bauen und Wohnen.
Saarland	https://aksaarland.de/bauherren/architektensuche: auswählen unter „Bauherren"/„Architektensuche", das Schwerpunktthema „behindertengerechtes/barrierefreies Bauen"
Sachsen	aksachsen.org/wir-ueber-uns/arbeitskreise/barrierefreies-planen-und-bauen/ Das Beratungszentrum für Barrierefreies Planen und Bauen Sachsen hat im Rahmen eines Projektes an den Standorten Dresden, Leipzig und Chemnitz Beratungsstellen eröffnet. aksachsen.org/service/beratungen-und-dienstleistungen/bauherrenberatung/ Derzeit steht Bauherren die allgemeine Bauherrenberatung, auch mit Fragen zur Barrierefreiheit zur Verfügung.
Sachsen-Anhalt	ak-lsa.de Die AK Sachsen-Anhalt bietet ihren Mitgliedern fortlaufend Weiterbildungen zum Thema Barrierefreiheit an.
Schleswig-Holstein	https://bak.de/tag/barrierefreiheit/ Die AK Schleswig-Holstein verweist als eine der kleinen Landeskammern auf die Informationen, Broschüren und Links, die auf der Seite der Bundesarchitektenkammer unter dem Suchbegriff „Barrierefreiheit" zu finden sind.
Thüringen	https://architekten-thueringen.de/bauherren/barrierefrei/ Informationen zum barrierefreien Bauen sowie die Möglichkeit zur Architektensuche über das Tätigkeitsfeld „Barrierefreies und barrierearmes Bauen"

ANLAUFSTELLE BEKANNTENKREIS

Auch wenn es wie selbstverständlich klingt, so ist es doch ausgesprochen hilfreich, wenn man sich gebaute Referenzen ansehen kann. Fragen Sie in Ihrem Umfeld, bei Freunden und Bekannten nach, ob jemand bereits Erfahrungen gesammelt hat und ob es möglich ist, sich das gebaute Beispiel einmal anzusehen. Im Prinzip ist es auch denkbar, bei einem Handwerksbetrieb oder einem Architekturbüro nachzufragen. Allerdings müsste dann eine fremde Baufamilie gefunden werden, die mit einem Besuch keine Schwierigkeiten hat.

Das Gesundheitsamt kann dann in eine Baumaßnahme zur Barrierefreiheit involviert sein, wenn diese über die Grundsicherung finanziert werden soll. Grundsicherungs- und Bürgergeld-Empfängerinnen und -Empfänger können über das Job-Center einen Antrag für eine Anpassungsmaßnahme stellen. Die Notwendigkeit eines Umbaus wird dann unter Umständen vor Ort durch das Gesundheitsamt geprüft. Das Gesundheitsamt bietet aber keine grundsätzliche Beratung zum barrierefreien Umbauen an.

Hersteller und Händler

Auch Hersteller und Händler informieren über bestimmte Produkte. Es liegt auf der Hand, dass insbesondere die Hersteller im Prinzip nur über ihr eigenes Portfolio Auskunft geben. Haben Sie also von einem bestimmten Produkt gehört, ist es durchaus sinnvoll, sich einmal von der Firma die Vorteile erläutern zu lassen. Mit diesem Wissen können Sie dann an den nächsten Hersteller herantreten, bis Sie ein Gefühl dafür haben, worauf Sie grundsätzlich bei diesem Produkt achten sollten. Händler haben in der Regel mehrere Angebote im Vergleich und helfen Ihnen bei der Auswahl. In beiden Fällen kann man nicht von einer gänzlich unabhängigen Beratung sprechen, trotzdem kann es informativ und hilfreich sein.

HERSTELLER

Es gibt eine ganze Reihe von Herstellern mit durchdachten, ästhetisch ansprechenden Produkten für barrierefreies Bauen. In den letzten Jahren ist das Angebot am Markt größer und vielfältiger geworden. Auch im Design ihrer Produkte orientieren sich die Hersteller stärker an den Ansprüchen der Kundschaft. Viele sind dabei transparent und erläutern ihre eigenen Artikel ausführlich. Dennoch ist es schwierig, als Neuling einen Überblick zu bekommen und Konkurrenzprodukte einzuordnen. Um zu beurteilen, ob das jeweilige Produkt eine optimale Wahl für die individuelle Einbausituation darstellt, empfehlen wir daher, dass Sie sich nicht rein auf die Herstellerempfehlungen verlassen, sondern zusätzlich zumindest Online-Wohnberatungsseiten zurate ziehen.

HÄNDLER

Bei bestimmten Maßnahmen, wie etwa dem Einbau eines Treppenlifts, können herstellerübergreifende Händler ein guter Ansprechpartner sein. Diese können Ihnen dabei helfen, Produkte unterschiedlicher Hersteller zu vergleichen und einzuordnen. Allerdings werden die wenigsten Händler alle Produkte im Portfolio haben. Es handelt sich in der Regel um Fachunternehmen, im Fall des Treppenliftes beispielsweise um einen Fachbetrieb für Maschinenbau oder Elektrotechnik. Die Firmen können sich die Situation vor Ort ansehen und kennen die Vor- und Nachteile verschiedener Produkte. Hier bekommen Sie eine erste Beratung und einen Überblick, was zu welchem Preis möglich ist. Für die Umsetzung, in diesem Fall den Einbau des Treppenlifts, muss allerdings unter Umständen, beispielsweise im Mehrfamilienhaus, eine Baugenehmigung eingereicht und somit ein Architekt oder eine Architektin beauftragt werden.

INTERVIEW MIT MEIKE AUSTERMANN-FRENZ

→ Kleine Maßnahmen, große Wirkung Bei der Auswahl barrierefreier Anpassungen helfen spezialisierte Beratungsstellen. Wir haben nachgefragt, was Betroffene besonders interessiert.

Meike Austermann-Frenz ist Vorsitzende des Vereins „kom.fort – Beratung für barrierefreies Bauen und Wohnen" in Bremen und Leiterin der Wohnberatungsstelle seit 2003. Wohnberatungsstellen sind in Deutschland sehr unterschiedlich organisiert und haben verschiedene Träger.

Wie finanziert sich kom.fort?

Wir haben die Räume vor knapp 20 Jahren bezogen und bekommen seitdem öffentliche Gelder. Das erste Jahr war der Träger die Architektenkammer Bremen, die durch die Stadt finanziell unterstützt wurde. Nach 10 Jahren ist das Bauressort mit eingestiegen. 2004 wurde ein gemeinnütziger Verein gegründet, der unter anderem Wohnungsbaugesellschaften, Eigentümerverbände und andere Vereine als Fördermitglieder und Unterstützerinnen hat.

Wer kommt zu Ihnen, nur Ältere?

Die Bandbreite der Menschen, die unseren Rat suchen, ist groß! Das Hauptklientel sind ältere Menschen oder ihre Angehörigen. Bei den Älteren sind es in der Regel ganz konkrete Probleme, die in der eigenen Wohnung oder im Haus aufgetreten sind, wie die Badewanne, eine Treppe oder eine Schwelle. Viele brauchen zunächst nur ein bestimmtes Hilfsmittel. Es kommen aber auch jüngere Menschen mit einer Behinderung oder einer chronischen Erkrankung wie MS oder Familien mit einem behinderten Kind. Außerdem sind wir Ansprechpartner für Architektur-Kolleginnen und -Kollegen aus dem Bau- und Planungsbereich mit Fragen zu konkreten Planungsschritten.

Im Team arbeitet auch eine Bausachverständige für Barrierefreiheit, zu deren Aufgabenbereich gehören Gutachten oder Widersprüche, beispielsweise, wenn es zu Streitfällen kommt.

Gibt es typische Sorgen oder Ängste der Ratsuchenden?

Ein Problembereich ist auf jeden Fall immer das Bad, beziehungsweise speziell die Badewanne, in die jemand nicht mehr ein- und aussteigen kann. Da gehen wir dann schrittweise vor: Kann hier erst mal ein Hilfsmittel wie ein Haltegriff, ein Badebrett oder ein Lift Abhilfe schaffen? Oder muss doch die Badewanne raus und ein Umbau vorgenommen werden? Der andere Problembereich ist die Treppe, sowohl am Haus als auch im Haus und sowohl im Eigentum als auch in Mietwohnanlagen. Ängste haben übrigens eher die Angehörigen. Da geht es

→ Ängste haben übrigens eher die Angehörigen. Da geht es dann ganz viel um das Thema Sicherheit vom Notruf bis zu Stolperfallen.

dann ganz viel um das Thema Sicherheit vom Notruf bis zu Stolperfallen. Bei den Betroffenen sind es eher Sorgen darum, wie sie ihren Alltag bewältigen können. Bei der Badewanne geht es schon stärker Richtung Angst, nämlich nicht nur die, nicht mehr hinein-, sondern, was natürlich im Einzelfall viel schlimmer ist, nicht wieder herauskommen.

Was kostet ein Beratungsgespräch in Ihrer Einrichtung?

Die Erstberatung bei uns hier in der Beratungsstelle ist kostenfrei, ein Hausbesuch kostet 50 Euro. Menschen mit geringem Einkommen brauchen das nicht selbst zu zahlen, sie werden zum Beispiel über die Eingliederungshilfe oder Hilfe zur Pflege durch die öffentliche Hand unterstützt. In den Fällen übernehmen wir dann auch die Baubegleitung und unterstützen bei der Antragstellung zur Finanzierung. Umbaumaßnahmen sind in der Regel einfacher und günstiger zu organisieren als beispielsweise für eine Familie mit einem behinderten Kind eine behindertengerechte Wohnung zu finden, auch weil es einfach zu wenig barrierefreie Wohnungen gibt. Ratsuchende können uns aber beispielsweise auch Handwerker-Angebote vorlegen, die wir dann kostenfrei prüfen.

Übernehmen Sie gegebenenfalls auch den Bauantrag?

Das kommt darauf an, wie umfangreich die Maßnahme ist. Bei kleinen Maßnahmen wie dem Badumbau ist in der Regel kein Bauantrag notwendig. Wenn es allerdings um den Einbau eines Aufzuges in einem Mehrfamilienhaus geht, muss ein Bauantrag eingereicht werden, das übernimmt dann eine Architektin von uns. Komplexe Umbaumaßnahmen mit neuem Bad, Türenverbreiterungen und Veränderungen im Grundriss geben wir an freischaffende Architekturbüros weiter. Für so umfassende Planungsaufgaben und auch die notwendige Bauleitung haben wir nicht mehr ausreichend Kapazitäten.

Wer bezahlt den Bauantrag?

Egal, ob wir den Bauantrag hier in der Wohnberatung übernehmen oder ein externes Architekturbüro, bezahlt die Kundin oder der Kunde die anfallenden Kosten und die Kosten für alle Baumaßnahmen.

Diese Leistungen werden nach unserem Stundensatz für Planungsleistungen abgerechnet. Eine Ausnahme bilden, wie gesagt, Menschen mit geringem Einkommen.

Kommen auch Menschen, die präventiv Vorsorge ergreifen wollen?

Ja, tatsächlich haben wir auch diese Fälle. Hier in Bremen ist es die besondere Bauweise des Bremer Hauses (in der Regel nur über Treppen zu erreichen), die den Menschen Anlass gibt, sich Gedanken darüber zu machen, wie sie in dem Haus alt werden können. Da machen wir dann einen Haus- oder Wohnungs-Check, bei dem wir vor Ort gucken, wo könnte man welche Vorkehrungen treffen, was ließe sich anpassen und welche Kosten können dabei ganz grob entstehen. Früher war das Thema barrierefrei wohnen sehr negativ behaftet, heute sind die Menschen offener, und die Barrierefreiheit hat inzwischen einen wichtigen Stellenwert bekommen. Es gibt schicke Bäder, tolle Haltegriffe, wunderbare Homelifte, die Angebote haben sich verändert.

Was raten Sie den Menschen, die zu Ihnen kommen? Womit ist es sinnvoll anzufangen, gibt es relativ niederschwellige Maßnahmen?

Wir versuchen eigentlich immer, nach dem Motto „Kleine Maßnahmen, große Wirkung“ zu beraten. Außerdem liegt unserer Beratung das Prinzip „Hinkommen, Reinkommen, Klarkommen“ zugrunde. Also wie ist die Erschließung, wie kommen Sie in das Haus rein, und gibt es am Gebäude Alternativen, beispielsweise um eine Hebeplattform anzubringen. Dann gehen wir alle Bereiche der Wohnung durch, immer bei der kleinsten, günstigsten Maßnahme angefangen. Verstärkt ist inzwischen übrigens auch Technik Thema in den Beratungen. Dabei geht es um Smart Home, aber vor allen Dingen ist die Beleuchtung ein ganz wichtiger Aspekt. Viele Ältere verwenden Leuchtmittel mit viel zu geringer Beleuchtungsstärke.

Sie hatten es vorhin schon angesprochen: Lassen sich aus Ihrer Sicht Barrierefreiheit und Ästhetik gut miteinander verbinden?

Viele Hersteller haben inzwischen eine sogenannte Care-Linie in ihren Produktreihen. So gab es früher zum Beispiel das Closomat, das war sehr groß und klobig, und heute gibt es elegante Dusch-WCs. Die Sichtweise hat sich sehr stark verändert, von beiden Seiten. Früher dachte man, bei bodengleichen Duschen will der Vermieter an der Duschwanne sparen, heute stehen die großzügigen großen Duschbereiche quasi für das Spa-Feeling im eigenen Bad.

Welche Maßnahmen darf ich in der Mietwohnung durchführen lassen?

Ein Haltegriff darf immer angebracht werden, ohne dass der Vermieter gefragt werden muss, das gilt auch, wenn beispielsweise auf die Fliese gebohrt wird. Für größere Maßnahmen wie den Duschumbau muss das Einverständnis des Vermieters eingeholt werden. Die großen Wohnungsbauunternehmen sind da an sich sehr entgegenkommend, wenn es um individuelle Anpassungsmaßnahmen geht. Sie haben manchmal sogar Service-Teams, die sich um die Belange der älteren Mieterinnen und Mieter kümmern. Das Klientel ist für die Unternehmen unkompliziert und zuverlässig, die wollen sie als Mieter gerne halten.

Was tun die Wohnungsbaugesellschaften für die Anpassung des Bestandes?

Die Wohnungsbaugesellschaften können strukturelle Anpassungsmaßnahmen durchführen, bei denen ganze Blocks angepasst werden. In den 1950er- bis 80er-Jahren hat man beispielsweise Hochparterre gebaut, die meisten Mietshäuser sind ohne Aufzug gewesen, die Wohnungsgrundrisse waren auf möglichst geringe Grundflächen optimiert. Hier in Bremen gab es beispielsweise den Versuch einer Wohnungsbaugesellschaft, Wohnraum anzupassen mit Aufzügen und Grundrissumgestaltungen, bei dem dann aber auf jeweils eine Wohnung verzichtet werden musste, um insgesamt mit der Fläche hinzukommen. Der Umbau hat sich für die Wohnungsbaugesellschaft nicht gerechnet. Und so kann man auch allgemein sagen, dass die Barrierefreiheit bei den Wohnungsbaugesellschaften vornehmlich im Neubau umgesetzt wird.

Muss ich mich bei Umbaumaßnahmen als privater Bauherr an die DIN-Vorgaben halten, beispielsweise wenn ich Fördergelder beantrage?

Die DIN 18040 T2 ist erst mal für den Neubau gedacht und wird im Bestand angemessen angewandt. Generell dient sie als Orientierung bei der Barrierefrei-Planung und ist im Neubaubereich in vielen Bundesländern Teil der Landesbauordnungen. Als privater Bauherr muss ich mich an die Vorgaben der Landesbauordnung halten. In der DIN sind noch immer Maßangaben definiert, die auch eingehalten werden müssen, aber an vielen anderen Stellen gibt es nur das Schutzziel. Wie das dann umgesetzt wird, liegt in der Hand des Entwurfsverfassers. Die Technischen Anforderungen der KfW-Förderbank wiederum sind auf den Bestand ausgerichtet. Sie orientieren sich an der DIN, sind aber nicht mit ihr identisch. Im Bestand geht es darum, die Anpassungen so durchzuführen, dass sie denn Bedarfen der die Nutzer*innen entsprechen.

Das heißt, dass ich im Bestand sehr viel kreativer an das Thema herangehen kann?

Ja, das kann man so sagen. Gerade Jüngere, die mit einer Behinderung klarkommen müssen, sind da oft sehr einfallsreich. Oder wir erleben hier auch häufiger ehemalige Handwerker, die mit witzigen, pragmatischen Ideen tolle „Erfindungen" umsetzen, z. B. eine selbst konstruierte Schwellenrampe für eine Frau, die auf den Rollstuhl angewiesen war, die sie selbst mit einer Stange hoch- und runterklappen konnte.

Wie sieht es mit Kombilösungen aus? Lassen sich Barrierefrei-Maßnahmen mit anderen Modernisierungsmaßnahmen sinnvoll kombinieren, zum Beispiel die Eingangssituation neu zu planen, wenn ohnehin eine Drainage um das Haus gelegt werden muss?

Drainage und Eingangssituation war bisher kein Thema in unserer Beratung, wäre aber durchaus denkbar. Wir sind Mitglied im Netzwerk Bremer Modernisieren, da geht es darum, zukunftsfähig zu modernisieren, das heißt, es geht sehr stark um Energiethemen, um Einsparungspotenziale, Einbruchschutz und natürlich auch um die barrierefreie und altersgerechte Gestaltung. Da gibt es schon Schnittstellen wie beispielsweise die Eingangstür energetisch anzupassen und dabei eine barrierefreie Ausführung umzusetzen. Insgesamt wird es immer wichtiger, diese Anforderungen gemeinsam zu denken, zu planen und umzusetzen.

→ **Wen brauche ich wann?** Für Sie als Auftraggeberin oder Auftraggeber ist nicht unwichtig, welche Anlaufstelle Ihr Projekt wie lange betreut und wen Sie in welcher Phase gut kontaktieren können. Wir geben Ihnen einen ersten Überblick.

WAS ERFAHRE ICH?

Grundsätzliches klären

Bevor Sie eine Beratungsstelle aufsuchen, bereiten Sie sich so gut wie möglich auf dieses Gespräch vor. Je konkreter Ihre Fragen, umso „gehaltvoller" sollten die Antworten Ihrer Gesprächspartner sein. Natürlich dient diese erste Beratung gerade der Orientierung, und viele Fragen werden sich erst aus dem Gespräch heraus ergeben, trotzdem sollten Sie sich vorher Gedanken dazu machen. Dabei können Sie sehr gut dem „Fahrplan" dieses Ratgebers folgen: Schreiben Sie Ihre wichtigsten Wünsche und Anforderungen aus Kapitel 2 zusammen, markieren Sie die für Sie interessantesten Maßnahmen aus Kapitel 3 und notieren Sie alle für die Finanzierung relevanten Angaben, auf die Sie in Kapitel 5 stoßen werden.

Klären Sie für sich, was Sie sich derzeit als Maßnahme vorstellen können, und entscheiden dann, wer vermutlich die passende Ansprechperson ist. Falls Sie den kleinen Bad-umbau wählen, können Sie sich wahrscheinlich die Mühe sparen, ein Architekturbüro zu suchen, da diese so einen kleinen Auftrag in der Regel ablehnen. Falls Sie allerdings ein Büro kennen, kann es sich dennoch lohnen, einmal anzufragen, ob jemand sich die Situation vor Ort angucken und ein Urteil abgeben kann. Vermutlich wird die **EMPFEHLUNG** ausgesprochen werden, eine versierte Handwerksfirma mit Planung und Ausführung direkt zu beauftragen. Der Vorteil: Vielleicht hat der Architekt für Sie den Kontakt zu einer Firma mit guten Referenzen. Ist hingegen klar, dass Sie Größeres vorhaben und es im Grunde um einen Komplettumbau des Hauses geht, brauchen Sie ohnehin ein Architektur-, Innenarchitektur- oder Ingenieurbüro.

Letztendlich wollen Sie aber ja nicht nur eine Beratung, sondern Ihre Ideen sollen auch geplant und umgesetzt werden. Wer also begleitet das Vorhaben wie lange? Auf wen können Sie in welcher Phase zählen?

Damit Sie eine genauere Vorstellung davon bekommen, wo Sie welche Beratungen erwarten können und wo das Angebot auch eine Baubegleitung umfasst, sind im Folgenden die verschiedenen Anlaufstellen mit Ihrem Beratungs- und Dienstleistungsumfang aufgeführt.

Erstberatung

Es ist in jedem Fall eine gute Idee, zunächst eine kommunale Wohnberatungsstelle aufzusuchen, da eine solche Erstberatung in der Regel kostenfrei oder gegen eine geringe Beratungspauschale angeboten wird. Je nach Umfang des Beratungsangebots sind Sie im Anschluss im Prinzip auf sich selbst gestellt und erhalten weiterführende Tipps zu spezialisierten Handwerksfirmen, Architekturbüros oder Sachverständigen. Wenn die Beratungsstellen allerdings bemerken, dass Sie selbst nicht mehr in der Lage sind, sich um die Baubegleitung zu kümmern, und auch keine Angehörigen da sind, die dies übernehmen, springen sie in Ausnahmefällen ein.

KOMMUNALE ERSTBERATUNG

Eine Wohnberatungsstelle in Ihrer Nähe finden Sie beispielsweise auf der Internetseite der Bundesarbeitsgemeinschaft Wohnungsanpassung e. V. (www.wohnungsanpassung-bag.de) über die Postleitzahlensuche. In vielen kommunalen oder städtischen Wohnberatungsstellen mit kostenfreier Beratung sitzen ehrenamtliche Wohnberaterinnen, die entsprechend geschult sind, aber auch Architekten mit entsprechendem Fachwissen.

BERATUNGSSTELLEN

Beratungsstellen zur Wohnraumanpassung werden von unterschiedlichen Stellen angeboten. Es gibt keine bundesweite Regelung, weshalb die Angebote regional sehr unterschiedlich ausfallen können. Vielfach werden Beratungen über die **VERBRAUCHERZENTRALEN** der Bundesländer angeboten, wo Architektinnen und Architekten der Architektenkammern kostenlos und firmenneutral beraten. Andere Beratungsstellen werden durch die jeweilige Kommune oder Stadt, häufig auch in Kooperation mit ansässigen Wohnungsbauunternehmen sowie den Architektenkammern, angeboten. Ebenso bieten private Unternehmen eine Erstberatung an. Außerdem werden Wohnberatungen über **PFLEGESTÜTZPUNKTE** angeboten.

In einigen Wohnberatungsstellen besteht die Möglichkeit, auch einen Bauantrag stellen zu lassen. In anderen Beratungsstellen werden Sie an eingetragene Architekturbüros verwiesen. (Dafür können Kosten entstehen!) Teilweise machen die beratenden Architekten Hausbesuche und geben Empfehlungen, die die Ratsuchenden dann insofern selbst in die Tat umsetzen müssen, als sie selbstständig Handwerksfirmen suchen und beauftragen müssen. Wenn allerdings klar wird, dass sie dies nicht ohne Hilfe schaffen, und keine Angehörigen da sind, sollte, wie beschrieben, die Wohnberatungsstelle einspringen.

Kostenfreie Erstberatungen finden Interessierte zudem über Arbeitsgruppen von Seniorenbeiräten, Behindertenbeiräten, kommunalen Behindertenbeauftragten, Reha-Servicestellen oder regionalen unabhängigen Beratungsstellen, wie beispielsweise den EUTB-Beratungsstellen (Ergänzende unabhängige Teilhabeberatung) oder dem Niedersachsen Büro Neues Wohnen im Alter. Über die Bundesarbeitsgemeinschaft Wohnungsanpassung e. V. können alle Wohnberatungsstellen, die sich über den Verein organisiert haben, gefunden werden.

Wohnberatungsstellen machen also in der Regel keine Planung und keine Bauleitung. Für viele Maßnahmen, die in den Wohnberatungsstellen angefragt und vermittelt werden, ist das allerdings auch nicht notwendig. Selbst den Badumbau können spezialisierte Handwerksfirmen ohne Architekten planen und umsetzen.

BAUHERRENBERATUNGEN

Eine weitere Möglichkeit, um eine Erstberatung zu bekommen, sind Bauherrenverbände wie der Verband Privater Bauherren (VPB), der Bauherren-Schutzbund (BSB) oder der Haus-, Wohnungs- und Grundeigentümerverband Haus & Grund. Diese unterstützen ihre Mitglieder kostenlos gegen eine Pauschale oder zum üblichen Stundensatz der Bauherrenberater, ähnlich wie Wohnberatungsstellen. So beraten

EXPERTENTIPP

Eric Stange vom **BAUHERREN-SCHUTZBUND** erläutert: „Wer kein Mitglied ist, wird vermutlich nicht für einen einmaligen Barrierefrei-Check in einen Verband eintreten. Interessant ist die Beratung im Zusammenhang mit einer größeren Inspektion der Bausubstanz und von Modernisierungspotenzialen, zum Beispiel vor dem Kauf einer Immobilie. Beim Neubau ist der Check zum barrierefreien Bauen häufig Bestandteil der Angebots- und Vertragsprüfung. Hierbei achten die Bauherrenberaterinnen darauf, dass die vereinbarten Baumaßnahmen auch wirklich den Anforderungen der Bauherren und der technischen Normen entsprechen. Reine Werbeversprechen der Baufirmen sind hier oft unpräzise und irreführend."

diese zunächst grundsätzlich über die Möglichkeiten des barrierefreien Bauens beziehungsweise des barrierereduzierten Umbaus sowie über Fördermöglichkeiten und andere Finanzierungen. Sie helfen dabei, die **LEISTUNGSBESCHREIBUNGEN** in den Angeboten der Handwerksfirmen zu prüfen und mit dem bestehenden Bedarf abzugleichen. Sie treffen allerdings keine Auswahl einzelner Firmen oder Betriebe. Auch Planungen der konkreten Maßnahmen werden nicht angeboten, wohl aber überprüfen einige von ihnen die Qualität der Bauausführungen.

PRIVATE WOHNBERATER/ ALLES-AUS-EINER-HAND-FIRMEN

Wohnberatungen freiberuflicher oder gewerblicher Anbieter umfassen in der Regel die komplette Begleitung der gesamten Maßnahme von der Erstberatung, über einen Haus-Check und die Planung bis zur Durchführung. Sie fungieren sozusagen als Projektentwickler Ihres Vorhabens. Wichtig ist hier, die **QUALIFIKATIONEN** des Unternehmens genau unter die Lupe zu nehmen, denn die Bezeichnung Wohnberater ist, wie die Bezeichnung Sachverständiger, nicht geschützt und an keine besonderen Nachweise gekoppelt.

Woran erkennen Sie nun, dass eine kommerzielle Wohnberatung fachlich versiert und kompetent ist? Relevant sind in erster Linie die Erfahrungen mit barrierefreiem Bauen und Umbauen, die Ihnen die Wohnberater per **REFERENZLISTE** nachweisen sollten. Das Spektrum, das Wohnberater abdecken müssen, ist weit, denn es geht in den meisten Fällen sowohl um die technische und handwerkliche Seite einer Maßnahme und ihre Umsetzung als auch um Wissen über medizinische und oftmals pflegerische sowie rechtliche Aspekte. Schließlich sollte die Qualität einer Beraterin darin liegen, empathisch zu sein und sich in die Situation der Ratsuchenden hineindenken zu können. Ein guter Wohnberater sollte sich Ihre persönliche Situation sehr genau ansehen und versuchen, eine individuelle Lösung zu finden. Scheuen Sie sich nicht, nach Referenzen und Nachweisen oder **ZERTIFIKATEN** zu fragen.

Wenn Sie eine Firma gefunden haben, an die Sie die gesamte Maßnahme übergeben wollen, können Sie sich entspannt zurücklehnen und müssen sich im Grunde um nichts mehr kümmern. Allerdings arbeiten die Unternehmen in der Regel mit festen Handwerksfirmen zusammen und setzen oft bestimmte Produkte ein. Der Vorteil: Die Firma ist innerhalb dieses Angebotes ausgesprochen versiert und verfügt über entsprechende Erfahrung.

ONLINE-WOHNBERATUNG

Auch auf der Internetseite der Online-Wohnberatung des Vereins Barrierefrei Leben e. V. mit Sitz in Hamburg lassen sich nach Baumaßnahmen und Postleitzahl Handwerksbetriebe finden, die für barrierefreie und seniorengerechte Maßnahmen qualifiziert sind. Die hier aufgeführten Betriebe haben dem Verein bestätigt, bestimmte Qualitätskriterien einzuhalten. Dazu gehört, dass die Mitarbeitenden des Betriebs für barrierefreies Bauen geschult wurden, die Beratung und Erstellung eines Angebotes kostenfrei sind und Ausführung und Gewährleistung nach der VOB (Vertragsordnung für Bauleistungen) Teil B erfolgt.

Auf der Seite www.pflege-durch-angehoerige.de werden online unter anderem Antragsformulare und Musterbriefe für spezielle Pflegesituationen zur Verfügung gestellt.

ARCHITEKTURBÜROS UND SACHVERSTÄNDIGE

Natürlich bleibt es Ihnen unbenommen zu versuchen, auch für kleinere Umbaumaßnahmen ein Architekturbüro zu gewinnen. Wenn Sie ein Büro finden, das kleine Aufträge, wie beispielsweise die Umgestaltung des Hauseingangs, annimmt, bekommen Sie durch das Büro natürlich auch das notwendige Erstgespräch. Für größere Maßnahmen wie einen Komplettumbau, eine anstehende Modernisierung, eine energetische Sanierung der Gebäudehülle oder Ähnliches werden Sie sich ohnehin an ein Architekturbüro wenden. Sollen die Maßnahmen mit einer barrierefreien Anpassung kombiniert werden, suchen Sie ein Büro, das über entsprechende Erfahrungen und Qualifikationen verfügt. Darüber hinaus können Sie selbstverständlich vorab eine unabhängige Wohnberatung, beispielsweise über die Verbraucherzentrale, in Anspruch nehmen.

Bei Fördergeldanträgen oder Sonderlösungen ist es teilweise notwendig, eine Sachverständige einzubinden, die ein Gutachten oder eine entsprechende Stellungnahme verfasst.

HANDWERKSFIRMEN

Wie bei jedem anderen Handwerksauftrag auch, sollten Sie verschiedene Angebote einholen. Die Betriebe werden ihr Angebot erst machen, wenn sie sich die Situation vor Ort angesehen und mit Ihnen gesprochen haben. Wenn also schon klar ist, was grundsätzlich gemacht werden soll, können Sie sich auch direkt, ohne Beratungsgespräch bei einer Wohnberatung, an die Firmen wenden. Hier findet dann keine klassische Erstberatung, wohl aber ein Gespräch zu Umsetzungsvarianten der konkreten Maßnahme statt. Klären Sie im Vorfeld aber, ob und unter welchen Umständen für dieses erste Gespräch Kosten anfallen. Wenn beispielsweise klar ist, dass zunächst nur eine Beratung gewünscht wird, stellt die Firma dieses Gespräch möglicherweise in Rechnung. Unter Umständen lassen sich diese Ausgaben bei einer späteren Beauftragung gegenrechnen.

HÄNDLER

Ein typischer Fall, bei dem Händler eine Schlüsselrolle spielen, sind Aufzüge, Home- und Treppenlifte. Idealerweise arbeiten dabei Handel und Fachbetrieb zusammen. Hier bekommen Sie dann sowohl eine Beratung und können sich verschiedene Varianten in einer Ausstellung ansehen als auch eine Empfehlung vor Ort, um die individuell, also auch auf die bauliche Situation abgestimmte Lösung zu finden. Der Anbieter sollte herstellerunabhängig tätig sein und eng mit Beratungszentren und Krankenkassen zusammenarbeiten, sodass Sie gut über Fördermöglichkeiten und finanzielle Unterstützung informiert werden.

KOSTET DAS WAS?

Viele Erstberatungen sind kostenfrei, teilweise wird eine Pauschale von beispielsweise 50 Euro für einen Haus-Check erhoben. Diese muss aber nur von Personen gezahlt werden, die sich dies auch leisten können. Wer das Geld nachweislich nicht hat, den unterstützt die öffentliche Hand über die **EINGLIEDERUNGSHILFE** oder die **HILFE ZUR PFLEGE** (siehe Kapitel „Kosten und Finanzierung" ab Seite 174). Die Wohnberatung übernimmt unter Umständen auch Bauantragstellungen. Dies muss dann allerdings als Bauleistung bezahlt werden. Auch hier gilt: Wer das Geld nicht aufbringen kann, wird über die gesamte Bauabwicklung gefördert.

Wenn Sie die Maßnahme über einen gewerblichen Dienstleister oder beispielsweise eine Baufirma durchführen lassen, fallen in der Regel keine Kosten für einen ersten Beratungstermin an, auch wenn dieser mit einem Hausbesuch verbunden ist. Die Auftragsabwicklung unterscheidet sich gerade, wenn Sie eine Handwerksfirma oder ein Bauunternehmen beauftragen, wenig von nicht-barrierefreien Aufträgen, wo der Ersttermin Teil der Akquise ist. Wenn es allerdings um einen reinen Beratungstermin ohne Folgeauftrag geht, kann dieser in Rechnung gestellt werden.

EXPERTENTIPP

Marianne Drößiger, Vorsitzende des **BUNDESVERBANDS BARRIEREFREI E. V.**, warnt:

„Vorsicht mit Billig-Angeboten! Achten Sie darauf, dass Sie nur einen ausgewiesenen Fachhandwerksbetrieb mit angestellten Facharbeitern der einzelnen notwendigen Gewerke beauftragen. Möglich sind auch Fachbetriebe, die mit einem Netzwerk von Fachhandwerksbetrieben zusammenarbeiten. Scheuen Sie sich nicht, den Handwerker zu fragen, mit welchen Fachfirmen er zusammenarbeitet. Fragen Sie auch bei der örtlichen Kreishandwerkerschaft nach. Vermeiden Sie Betriebe, die mit Subunternehmern arbeiten, denn dabei kann es passieren, dass Sie bei eventuell erforderlichen Nachbesserungen keinen Ansprechpartner haben."

Bei Treppenliften oder Aufzügen in Mehrfamilienhäusern ist es allerdings notwendig, ein Planungsbüro mit einzubinden, um einen Bauantrag zu stellen.

Im Bereich Küchenanpassung sind es Küchenstudios und -anbieter, die sich auf die Planung und den Einbau von barrierefreien Küchen spezialisiert haben.

Planung und Durchführung

Sie kennen nun Ihren Bedarf. Sie wissen, welche Möglichkeiten bestehen, und haben eine Erstberatung in Anspruch genommen. Jetzt soll es an die konkrete Planung gehen. An wen wenden Sie sich, um Hilfe bei der Planung zu erhalten, da dies in der Regel nicht über die Wohnberatungsstelle abgedeckt wird?

„ALLES-AUS-EINER-HAND"-FIRMEN UND BAUUNTERNEHMEN

„Alles-aus-einer-Hand"-Firmen bieten, vergleichbar mit einem **GENERALUNTERNEHMER**, von der Planung bis zur Bauabnahme alles in einem Paket an. Ähnlich wie bei der Zusammenarbeit mit einem Architekturbüro haben Sie also immer eine Ansprechpartnerin oder einen Ansprechpartner, die oder der Sie über die gesamte Maßnahme hinweg begleitet. Auch bei der Beauftragung eines kleinen Bauunternehmens werden Sie von Anfang bis Ende an die Hand genommen. Allerdings ist es in der Regel so, dass diese Unternehmen immer mit den gleichen Handwerksbetrieben beziehungsweise den gleichen Subunternehmen zusammenarbeiten, Sie also in der Hinsicht vermutlich keine externe Firma hinzuziehen können. Wenn die Firmen wiederum mit Subunternehmen zusammenarbeiten, müssen Sie darauf aufpassen, dass alle beteiligten Firmen über das notwendige Know-how des barrierefreien Bauens verfügen.

HANDWERKSFIRMEN

Handwerksfirmen sind eine gute Wahl, wenn es speziell um den Badumbau geht. Hier haben sich in den letzten Jahren viele Betriebe etabliert, die sich auf diesem Gebiet sehr gut auskennen. Trotzdem kann man Glück oder Pech haben. Es gibt versierte, qualifizierte Handwerksfirmen, die sehr gut vernetzt sind und durch langjährige Erfahrungen die neuralgischen Punkte der barrierefreien Planung einerseits und des gegebenen Bestands andererseits kennen und einschätzen können. Mit einer solchen Firma gemeinsam nach einer guten Lösung zu suchen macht Spaß und verspricht ein erfolgreiches Ergebnis. Bereits bei der Besichtigung Ihres Hauses werden Sie merken, wer sich auskennt und alle notwendigen Belange im Blick hat. Dabei geht es sowohl um bautechnische Fragen, wie etwa den Deckenaufbau zwischen Erdgeschoss und Keller im Gästebad, als auch um Fragen zu Ihren persönlichen Bedürfnissen. So sollte es nicht passieren, dass einer blinden Person eine Dusche mit einer Pendeltür eingebaut wird, an der sie keinen sicheren Halt findet.

Die Werkpläne, nach denen gebaut wird, erstellt die ausführende Firma. In einem größeren Projekt, in das auch ein Architekturbüro eingebunden ist, werden die Werkpläne der Firmen noch einmal vom Architekten geprüft. Dieser Schritt würde ohne Planungsbüro entsprechend entfallen. Das hat tatsächlich Vorteile, denn das große Plus der Zusammenarbeit mit einer Handwerksfirma ist, dass Planung und Ausführung in einer Hand liegen und hier keine Missverständnisse zwischen Planungsbüro und ausführender Fachfirma entstehen können.

Entscheidend ist, was für ein Angebot Ihnen die Handwerksfirma unterbreitet. Ist darin alles berücksichtigt, was Ihnen wichtig ist? Gibt es schwammige Formulierungen oder sind Kostenpunkte unlogisch? Lassen Sie sich unbedingt Referenzen zeigen, sowohl von der Planung als auch von der Umsetzung.

ARCHITEKTIN, INNENARCHITEKT, FACHPLANUNG

Wenn Sie das ganze Haus im Blick haben und auf einen Schlag mehrere Bereiche barrierefrei gestalten wollen, ist es sinnvoll, sich einen Innenarchitekten oder eine Architektin mit ins Boot zu holen. Idealerweise handelt es sich um ein Büro, das sich auf barrierefreies Bauen spezialisiert hat und entsprechende Erfahrungen einbringt.

Bei einer großen Maßnahme wird ein Bauantrag vermutlich unumgänglich sein, wobei auch bestimmte Handwerksbetriebe bedingt bauvorlageberechtigt sind (siehe oben). Zudem müssen nun eine ganze Reihe unterschiedlicher Handwerksbetriebe und Gewerke aufeinander abgestimmt sowie diverse Angebote eingeholt und verglichen werden. Spätestens, wenn Wände versetzt werden beziehungsweise die Statik des ganzen Hauses neu geplant werden muss, sind Sie bei einer Fachplanerin gut aufgehoben. Gerade auch bei der Kombination einer ohnehin anstehenden (energetischen) Sanierung mit Maßnahmen zur Barrierefreiheit werden Sie mit einem Architekturbüro zusammenarbeiten, das für Sie nicht nur die Planung, sondern auch die Bauleitung übernimmt.

HÄNDLER UND HERSTELLERFIRMEN

Möchten Sie beispielsweise einen Treppensitzlift in Ihrem Einfamilienhaus einbauen lassen, können Sie sich an einen Hersteller oder einen Händler wenden. Dieser sieht sich die Situation vor Ort an, macht Vorschläge, was technisch umsetzbar ist, und unterbreitet Ihnen ein entsprechendes Angebot. Hierfür müssen Sie kein zusätzliches Planungsbüro einschalten. Planung, Einbau und Service werden in einem solchen Fall über den Händler beziehungsweise einen Fachbetrieb, der auch als Händler – von in diesem Fall Treppensitzliften – fungiert, durchgeführt. Lassen Sie sich aber immer **ANGEBOTE** von mindestens drei Firmen geben, damit Sie vergleichen können!

Wenn es hingegen um Maßnahmen im Gemeinschaftsbereich von Mehrfamilienhäusern geht, beispielsweise um einen Homelift in einer Wohneigentümergemeinschaft, muss ein Bauantrag gestellt und somit ein Planungsbüro mit entsprechender Bauvorlageberechtigung eingebunden werden.

Eine Sparte, die auch ohne Architekturbüro auskommen kann, sind Kücheneinrichter. Sofern Sie auf eine zusätzliche Barrierefrei-Beratung verzichten wollen, suchen Sie ein Küchenstudio, das auch auf barrierefreie Küchen spezialisiert ist. Hier finden Sie bereits in der Ausstellung diverse Produkte wie Liftsysteme,

Bei größeren Umbaumaßnahmen werden meist von Architekten die Werkpläne erstellt, nach denen die Ausführung erfolgt.

KEINE VERTRÄGE AN DER HAUSTÜR

Lassen Sie sich nie dazu verleiten, Verträge an der Haustür oder beim Kurzbesuch eines Vertreters in Ihrem Haus abzuschließen. Sie dürfen nicht dem Irrglauben verfallen, dass Sie in irgendeiner Weise verpflichtet sind, einen Verkauf abzuschließen, weil der Verkäufer extra zu Ihnen ins Haus gekommen ist. Prüfen Sie das Angebot genau und vergleichen Sie mindestens zwei, besser drei Konkurrenzangebote!

unterfahrbare Küchenblöcke oder Elektrogeräte, die auf die jeweilige Lebenssituation abgestimmt sind. Alternativ können Sie auch direkt einen Mitarbeiter oder eine Mitarbeiterin der Firma um einen Vor-Ort-Termin bitten. Küchenstudios oder -einrichtungsfirmen übernehmen die Koordination mit den anderen Gewerken, wie beispielsweise Sanitärinstallateur und Elektriker, es sei denn, Sie möchten sich lieber selbst darum kümmern. Denn der Kücheneinrichter fungiert wie ein Generalunternehmer und wird seine Leistung entsprechend bezahlt haben wollen.

Fachleute suchen und beauftragen

Wenn Sie sich entschieden haben, mit wem Sie die Baumaßnahme durchführen wollen, stellt sich die Frage, wie sich die Suche nach einer Handwerksfirma, einem Architekturbüro oder einer Alles-aus-einer-Hand-Firma am besten gestalten lässt. Ähnlich wie bei der Suche nach einer neuen Zahnärztin oder einem Coach ist die Suche im Branchenbuch oder im Internet nicht so einfach. Aber welche Kriterien können die Suche zielgerichtet gestalten? Wie kann ich wissen, ob meine Ansprechpartner tatsächlich vom Fach sind, die nötige Erfahrung haben und nicht zuletzt versiert mit dem Bestand umgehen können?

Leider kommt erschwerend hinzu, dass die Angebote regional sehr unterschiedlich sind, da viele Handwerksfirmen und Dienstleister ihre Arbeit nur in einem bestimmten Radius anbieten. Wir zeigen Ihnen einige Möglichkeiten, wie Sie die entsprechenden Firmen und Unternehmen finden und beauftragen können.

GUTE HANDWERKSFIRMEN

Eine Möglichkeit, um eine qualifizierte auf Barrierefreiheit spezialisierte Firma zu finden, sind die Handwerkskammern und -innungen.

→ **HANDWERKSKAMMER**: Jeder Handwerksbetrieb muss in der Handwerkskammer seiner Region eingetragen sein. Voraussetzung zur Eintragung in die sogenannte Handwerksrolle ist die Meisterprüfung in dem zu betreibenden oder einem fachlich-technisch verwandten Handwerk oder eine mindestens gleichwertige fachbezogene deutsche Prüfung, also beispielsweise eine Diplomprüfung als Ingenieurin. Der Studienabschluss ist dann der Meisterprüfung gleichgestellt. Es ist allerdings so, dass den Handwerkskammern eine Liste von Betrieben vorliegt, die eine entsprechende Zusatzqualifikation erworben haben. Über die Internetpräsenz handwerkskammer.de ist es daher möglich, in der Rubrik Handwerkersuche (unter dem Menüpunkt Service-Center) den Begriff „barrierefrei“ einzugeben und so zertifizierte Firmen zu finden.

Falls Sie bereits einen Betrieb gefunden haben, können Sie dessen Qualifikation auch prüfen. Erfragen Sie dazu bei der Handwerkskammer Ihrer Region, ob für die Firma eine Eintragung in der Handwerksrolle vorliegt.

→ **HANDWERKSINNUNG**: Neben den Handwerkskammern gibt es die Handwerksinnungen. Diese sind gewerkeweise organisiert. Beim barrierefreien Umbau geht es sehr häufig um den Badumbau. Daher ist die Innung Sanitär Heizung Klima (SHK) hier besonders aktiv. Der Zentralverband nennt sich entsprechend ZVSHK. Die Innung hat sogar unter dem Namen shk-barrierefrei.de eine eigene Internetseite zum Thema. Auch hier besteht die Möglichkeit, einen Fachbetrieb „Barrierefreies Bad“ über die Handwerkersuche der Internetpräsenz zu finden.

→ **DIN CERTCO**: Einige Firmen haben sich nicht nur spezialisiert, sondern auch ein Zertifikat erworben. Bei dem Lehrgang zur Fachkraft für barrierefreies Bauen beispielsweise geht es darum, dass das Personal die Fähigkeit erlangt, qualifizierte Beratungen zur Umsetzung und Finanzierung einer barrierefreien Maßnahme geben zu können. Das Zertifikat DIN CERTCO geprüfter Fachbetrieb greift dabei noch deutlich weiter und bestätigt dem Betrieb die kompetente Ausführung des barrierefreien Bauens. Der TÜV Rheinland DIN CERTCO führt eine Liste aller zertifizierten Betriebe, deren Personal nachweislich aus- und fortgebildet und deren Dienstleistung von unabhängigen Sachverständigen geprüft wurden.

Eine solche Zertifizierung ist ein guter Anhaltspunkt für die Qualifikation des Betriebs. Ebenso wichtig ist aber, dass sich die Handwerksfirma beziehungsweise der zuständige Mitarbeiter sehr gut in Ihre Situation hineinversetzen kann, um die auf Ihre Bedürfnisse abgestimmte Lösung zu finden. Das ist auch typbedingt etwas, das nicht unbedingt durch eine Weiterbildung erlernt werden kann.

→ **BEAUFTRAGUNG**: Um eine Firma zu beauftragen, brauchen Sie zunächst ein Angebot, damit Sie wissen, welche Kosten auf Sie zukommen. Um ein detailliertes und vernünftiges Angebot zu erhalten, müssen Sie recht genau wissen, was Sie eigentlich möchten. Es ist daher sinnvoll, schon vor dem ersten Handwerkerbesuch einen Maßnahmenkatalog zu erstellen, in dem Sie so detailliert wie möglich zusammentragen, was Sie brauchen und was Ihnen dabei wichtig ist. Notieren Sie besser zu viel als zu wenig.

Das Angebot des Handwerkers kann durchaus Punkte enthalten, die sich nicht sofort für Sie erschließen. Seien Sie hier nicht schüchtern. Fragen Sie so lange nach, bis Ihnen alle Aspekte klar sind. Das kann nebenbei auch Fehler in der Kommunikation aufdecken, die zwischen Laien und Expertinnen immer wieder vorkommen. Wichtig ist auf jeden Fall, immer mehrere Angebote auf Grundlage Ihres Maßnahmenkatalogs einzuholen und zu vergleichen. So fallen nicht nur Unterschiede in den veranschlagten Kosten auf, sondern auch unterschiedliche Herangehensweisen und Arten der Umsetzung. Grundsätzlich gilt wie immer: Nicht immer ist das günstigste das beste Angebot.

VERTRÄGE ZU SONDERKONSTRUKTIONEN

Sonderkonstruktionen, wie beispielsweise ein bodengleicher Übergang vom Wohnraum auf die Terrasse, müssen zwischen Planern, Herstellern, Ausführenden und Bauherren abgestimmt werden. Die daraus resultierende Vereinbarung gilt als bindend. Wenn Sie als Bauherr möchten, dass eine bestimmte Konstruktion ausgeführt wird, sollten Sie dies entsprechend in einem Vertrag oder Auftrag festhalten. Siehe auch unser Interview mit der Architektin Beke Illing-Moritz ab Seite 12.

ZUVERLÄSSIGE „ALLES-AUS-EINER-HAND"-ANBIETER

Einen „Alles-aus-einer-Hand"-Anbieter zu finden ist relativ einfach, da die meisten Unternehmen einen guten Internetauftritt haben. **KOMPLETT-ANBIETER** sind in der Regel regional aufgestellt. Stadtteilmagazine oder Seniorenwegweiser der Kommunen, Städte oder Stadtbezirke stellen daher ebenfalls eine gute Informationsquelle dar. Teilweise kooperieren die Unternehmen auch mit Pflegediensten oder Sanitätshäusern oder sind auf Portalen rund um die häusliche Pflege zu finden.

Wichtig ist, dass Sie keine Scheu haben, nach der speziellen Qualifizierung für das barrierefreie Bauen zu fragen und sich entsprechende Referenzen zeigen zu lassen. Auch wenn dies zunächst nichts über die Qualifizierung in Bezug auf die Barrierefreiheit aussagt, ist der Nachweis darüber, dass es sich bei den integrierten Handwerksfirmen um Meisterhandwerksbetriebe handelt, wichtig und sollte für Qualität und Fachwissen stehen.

EXPERTENTIPP

Thorsten Klonczinski, Bauunternehmer, Sanierungsexperte und zertifizierte **FACHKRAFT FÜR BARRIEREFREIES BAUEN** in Bremerhaven, rät: „Zur Sicherheit aller Beteiligten sollten Auftraggeber und Auftragnehmer auf Grundlage des Angebots der ausführenden Firma ein Auftragsschreiben unter Zugrundelegung der Vergabe- und Vertragsordnung für Bauleistungen (VOB) aufsetzen oder sich auf eine Vereinbarung gemäß BGB (Bürgerliches Gesetzbuch) einigen. Letzteres hat den Vorteil, dass der Kunde ein Jahr länger Garantie hat."

→ **BEAUFTRAGUNG:** Die Beauftragung erfolgt wie die einer Handwerksfirma. Nach einem ersten Telefonat wird in der Regel ein Vor-Ort-Termin ausgemacht. Die Firmen begutachten die Situation und erarbeiten in Absprache mit Ihnen eine Ausführungsvariante, für die Sie dann ein konkretes Angebot bekommen. Erst wenn Sie dieses Angebot beziehungsweise einen auf diesem Angebot basierenden Vertrag unterschreiben, haben Sie die Firma offiziell beauftragt. Grundsätzlich sind ebenso mündliche Verträge und Auftragsvergaben möglich. Sicherer ist aber immer ein **SCHRIFTLICHER VERTRAG**, da hier genau festgehalten ist und im Streitfall auch von Dritten nachvollzogen werden kann, was exakt beauftragt wurde.

→ **SONDERFALL BAUUNTERNEHMEN:** Auch Bauunternehmen bieten Leistungen aus einer Hand an. Sie arbeiten ohnehin mit verschiedenen Gewerken zusammen und übernehmen Planung und Ausführung zusammen, sodass Sie immer nur einen Ansprechpartner haben. Wie bei der Beauftragung einer Handwerksfirma wird sich die Bauunternehmerin zunächst die Situation vor Ort ansehen und ein kostenfreies Beratungsgespräch mit Ihnen führen. Wenn von Anfang an klar ist, dass es sich zunächst nur um eine Beratung handelt, auf die keine Beauftragung folgt, müssen Sie damit rechnen, dass einige Firmen die Beratung dann in Rechnung stellen. Dies muss vorab allerdings deutlich kommuniziert werden.

Nach dem ersten Termin erstellt der Bauunternehmer ein Angebot. Nehmen Sie das Angebot an, sollte ein Auftragsschreiben unter Zugrundelegung der VOB (Vergabe- und Vertragsordnung für Bauleistungen) aufgesetzt werden. Teilweise werden auch Verträge gemäß BGB (Bürgerliches Gesetzbuch) vereinbart. Das hat den Vorteil für den Kunden, dass er ein Jahr länger Garantie hat.

HÄNDLER

Typische Händler im Bereich Barrierefreiheit, an die sich Bauherren direkt wenden, sind Händler von Aufzügen beziehungsweise Homeliften und von barrierefreien Küchen. Entweder besuchen also zunächst Sie den Lifthandel oder das Küchenstudio, oder eine Mitarbeiterin der Firma kommt zu Ihnen, um sich die Situation vor Ort anzusehen, zu analysieren, aufzumessen und darauf basierend ein Angebot zu machen. Wenn dieses für Sie passt, wird auch hier ein Vertrag auf Grundlage des Angebotes verfasst und unterschrieben.

ARCHITEKTURBÜRO

Neben persönlichen Empfehlung können Architektur- und Sachverständigenbüros mit dem Schwerpunkt barrierefreies Bauen über Wohnberatungsstellen und teilweise über die Landesarchitektenkammern gefunden werden. Allerdings dürfen die Kammern wie auch die Handwerkskammern keine konkreten Büros vorschlagen, da sie unabhängig und neutral agieren. Wer ein Büro über Empfehlung oder im Internet gefunden hat, kann aber prüfen, ob dieses Mitglied in der Architektenkammer ist. Das garantiert in jedem Fall einen anerkannten Standard. Es gibt allerdings nicht immer ausgewiesene Listen für den Schwerpunkt barrierefreies Bauen. Die Hamburger Architektenkammer hat aber beispielsweise einen „Arbeitskreis Inklusiv Planen und Bauen", der 2015 als „Arbeitskreis barrierefreies Bauen" gegründet wurde. Auch die Architektenkammer Bayern vermittelt Ratsuchende an ein Netzwerk freiberuflicher Berater. Der zuständige Sachverständige guckt sich dann die Situation vor Ort an und zeigt auf, was möglich ist und ob bestimmte Vorschriften zu beachten sind. Bis hierhin ist die Beratung durch die Kammer kostenfrei. Wenn dann ein Architekturbüro gebraucht wird, würde dieser Berater oder diese Beraterin den Auftrag allerdings nicht übernehmen, wohl aber eine Hilfestellung bei der weiteren Suche geben.

Wie aber sieht es mit der Qualitätssicherung von Sachverständigen aus? Außerhalb der öffentlichen Bestellung ist der Begriff rechtlich nicht geschützt. Wenn Ihnen also nicht von vertrauenswürdiger Stelle ein Sachverständiger oder eine Sachverständige ans Herz gelegt wird, sollten Sie bei der Auswahl sehr genau hinsehen. Gerade die Qualität der Weiterbildung ist dabei wichtig. **HOCHWERTIGE WEITERBILDUNGEN** werden beispielsweise durch die berufsständischen Kammern angeboten. Wie gut sich jemand auskennt, merken Sie nicht zuletzt daran, ob er oder sie Ihnen offensichtliche 08/15-Lösungen anbieten will, die nur bedingt etwas mit Ihrem speziellen Anliegen zu tun haben. Der Bundesverband Deutscher Sachverständiger und Fachgutachter e. V. benennt auf seiner Internetseite (bundesverband-gutachter.de) fünf Punkte, die einen qualifizierten Sachverständigen auszeichnen:

- → Fundierte Berufsausbildung
- → Langjährige Berufserfahrung
- → Ausbildung zum Sachverständigen
- → Anerkennung und/oder Zertifizierung
- → Konstante Weiterbildung

Der Verband empfiehlt, diese Kriterien vor einer Beauftragung zu prüfen. Ein Sachverständiger, der über diese Qualitäten verfüge, werde offen darüber sprechen.

Und auch wenn Architektenkammern und Handwerkskammern nur bedingt für die konkrete Suche nach einem Büro oder einem Fachbetrieb geeignet sind, so geben sie auf jeden Fall Auskunft über deren Qualität. Für eine Eintragung in die Architektenkammer müssen diverse Voraussetzungen erfüllt und nachgewiesen werden, ähnlich wie mit dem Eintrag der Handwerksbetriebe in die Handwerkerrolle.

EXPERTEN-DATENBANK

Auf der Internetseite bfb-barrierefrei-bauen.de finden Bauherren eine Experten-Datenbank. Über eine Karte oder die Postleitzahl lässt sich prüfen, welche Fachplaner vor Ort sind. In dem **NETZWERK** barrierefreiezukunft.de/netzwerk/ haben sich rechtlich und wirtschaftlich unabhängig agierende Sachverständige zusammengeschlossen, die einen entsprechenden Lehrgang bei der Architektenkammer Berlin absolviert haben, aber deutschlandweit tätig sind.

→ **BEAUFTRAGUNG:** Wenn Sie mit einem Büro in Kontakt treten, vereinbaren Sie zunächst einen Ersttermin, der in der Regel kostenlos angeboten wird. In diesem – oder eventuell einem Folgetermin – wird dann beschlossen, was gemacht werden soll. Damit die Architektin oder der Architekt Ihnen einen Vorschlag als Entwurf anfertigt, kann für eine kleinere Maßnahme zunächst nur ein Vorentwurfsvertrag von beiden Seiten unterzeichnet werden. Mit der Unterschrift haben Sie das Büro beauftragt, sodass ab jetzt für die Arbeit des Architekten Kosten entsprechend der Honorarordnung der Architekten und Ingenieure (HOAI) anfallen.

Projektmanagement und Bauleitung selbst organisieren

Natürlich ist es denkbar, die Bauleitung für kleinere Projekte selbst in die Hand zu nehmen. Gerade langjährige Hausbesitzerinnen und Hausbesitzer verfügen über eine gewisse Erfahrung mit der Beauftragung und Abnahme von Handwerkerleistungen. Auch wer sein Haus selbst gebaut hat, ist erfahren mit dem Koordinieren unterschiedlicher Gewerke. Den Hauptjob hat seinerzeit allerdings vermutlich ein Planungsbüro, ein Bauträger oder ein Hausanbieter übernommen. Wer sich an ein gut vernetztes Handwerksteam wendet, braucht keine zusätzliche Hilfe bei der Baubegleitung. Was bringt die Betreuung einer Baustelle aber genau für Aufgaben mit sich?

BAULEITUNG – WAS BEDEUTET DAS?

Überlegen Sie zunächst, wie umfangreich die Bauaufgabe werden könnte, die Sie in Ihrem Haus oder Ihrer Wohnung umsetzen möchten. Wenn es sich nur um eine oder zwei solcher Einzellösungen handelt, brauchen Sie in der Regel kein Planungsbüro, sondern lediglich die ausführende Firma. Für die neue Dusche wäre das ein Sanitärfachbetrieb, für den Homelift ein Elektrofachbetrieb und für die neue Rampe ein Gartenbaubetrieb. Die Frage ist dann, ob das so ausreicht. Oder müssen im Fall der Dusche auch noch Fliesenarbeiten beauftragt werden, und wird für den Einbau des Homelifts eine Tischlerfirma gebraucht, da das Treppengeländer an der Ausstiegsstelle unterbrochen werden muss? Bei diversen Maßnahmen sind es unter Umständen dann doch drei oder vier Gewerke, die Sie koordinieren müssen. Viele Firmen sind sehr gut untereinander vernetzt und arbeiten häufig zusammen an Projekten. Dann klappen die Koordination und die zeitliche Abstimmung in der Regel sehr gut.

→ Eine Begleitung der gesamten Maßnahme bieten in der Regel nur Planungsbüros oder gewerbliche Beratungsfirmen an.

Wird ein Bauantrag benötigt, brauchen Sie ein bauvorlageberechtigtes Planungsbüro oder einen Betrieb, der durch die **KLEINE BAUVORLAGE** ebenfalls vorlageberechtigt ist (siehe „Bauvorlagenberechtigung" Seite 147).

Für die Wahl der richtigen Maßnahme haben Sie eventuell bereits Kontakt mit einer Wohnberatung aufgenommen. Wie weit die Beratung auch in die Planungsphase hinein geht, ist sehr unterschiedlich. Im Allgemeinen gehört die Baubegleitung nicht in das Angebotsportfolio der kommunalen und städtischen Beratungsstellen. Kommerzielle Wohnberatungsfirmen hingegen bieten Rundum-Sorglospakete an. Welche Aufgaben mit welchen Kosten belegt sind, wird sehr unterschiedlich gehandhabt und sollte im Zuge der Erstberatung unbedingt abgefragt werden.

Eine Begleitung der gesamten Maßnahme bieten in der Regel nur Planungsbüros oder gewerbliche Beratungsfirmen an. Hierbei ist zu beachten, dass es nicht so einfach ist, Architektur- oder Innenarchitekturbüros zu finden, die sich sehr kleiner Maßnahmen annehmen. Bei gewerblichen Beratungsfirmen sollte von Anfang an genau geklärt werden, welche Unterstützung in welcher Höhe zu Buche schlägt. Handwerksfirmen, die auch die Planung mit Ihnen gemeinsam angehen, fungieren in der Ausführung auch als Bauleitung.

KANN ICH DAS SELBST, UND WOBEI MUSS ICH AUFPASSEN?

Ob Sie eine Alles-aus-einer-Hand-Begleitung brauchen oder nicht, hängt von verschiedenen Faktoren ab. Zum einen ist es sicher eine Kostenfrage, die sich aber durchaus lohnen kann. Zum anderen kann es sein, dass Sie gar nicht alles aus der Hand geben möchten. Oder Sie haben eine wirklich gute Handwerksfirma gefunden, mit der die Kommunikation stimmt und bei der Sie sich gut aufgehoben fühlen. Auch die personelle Besetzung der Wohnberatungsstelle wird eine Rolle dabei spielen, ob das Gefühl entstanden ist, dass sich die Maßnahme mit ein bisschen Unterstützung von außen gut bewältigen lässt.

Vergessen Sie aber nicht, dass nicht immer alles glatt läuft. Überlegen Sie im Vorfeld, auf welche Problemsituationen Sie sich gegebenenfalls einstellen müssen:

→ „Barrierefrei geht nicht" ist eine Aussage, die zuweilen etwas vorschnell von der einen oder anderen Handwerksfirma getroffen wird.

MUSTERANSCHREIBEN: KONTAKTAUFNAHME MIT ARCHITEKTEN

Sehr geehrte Frau Musterfrau/
sehr geehrter Herr Mustermann,

ich habe Ihren Kontakt
- → über einen Bekannten erhalten.
- → in einer Wohnberatungsstelle bekommen.
- → der Liste der Architektenkammer entnommen.
- → über das Internet recherchiert.
- → in einem Artikel über Ihr Projekt [Projektbezeichnung] gefunden.

Ich möchte mein Einfamilienhaus von Grund auf sanieren [umbauen] und barrierefrei anpassen lassen.
Alternativ:
- → Ich möchte mein Haus [meine Wohnung] in Teilbereichen barrierefrei anpassen lassen.
- → Ich plane einen barrierefreien Neubau.
- → Ich plane einen barrierefreien Anbau an unsere Bestandsimmobilie.

Dafür benötige ich eine Architektin/einen Architekten für
- → die gesamte Maßnahme
- → den Entwurf/die Planung
- → und/oder die Bauleitung
- → die Baubegleitung bei der Durchführung durch einen Bauträger/ein Bauunternehmen.

Es handelt sich um ein
- → freistehendes Einfamilienhaus
- → eine Doppelhaushälfte
- → ein Reihenhaus
- → eine Wohnung

mit folgenden Basisdaten:
- → Baujahr
- → Dachform
- → Anzahl der Geschosse (Haus) oder Lage der Wohnung im Haus
- → Eingangssituation (Anzahl der Stufen)
- → Hanggrundstück
- → vorhandene Bäder und Individualräume im Erdgeschoss.

Das Objekt/das Grundstück befindet sich an folgender Adresse: [Straße, Hausnummer, Postleitzahl, Ort]

Wir würden die Maßnahme gerne im Zeitraum vom [Datum] bis [Datum] durchführen lassen.

Es handelt sich um ein dringliches Vorhaben, da ich [eine Bewohnerin des Hauses/der Wohnung] so schnell wie möglich ein Mindestmaß an Barrierefreiheit benötige.
Alternativ:
- → Es handelt sich um eine individuelle Anpassungsmaßnahme, bei der auch barrierearme Lösungen, jenseits der Norm möglich sind.

Könnten Sie mir bei Interesse für mein Anliegen, ein paar Ihrer Referenzprojekte nennen sowie Ihre Erfahrungen bezüglich der Barrierefreiheit kurz skizzieren, sodass ich mir ein besseres Bild Ihrer Tätigkeit machen kann?

Ich freue mich von Ihnen zu hören. Bei Rückfragen erreichen Sie mich unter [Adresse, Telefonnummer, ggf. E-Mail-Adresse].

Mit freundlichen Grüßen

Gerade wenn Sie sich vorab von einer Wohnberaterin oder einem Architekten haben beraten lassen, bleiben Sie bei Ihrem Wunsch und lassen sich nicht verunsichern.
→ Fördergelder und andere finanzielle Mittel zu beantragen kann aufwendig und stressig werden. Wohnberatungsstellen sind hier eine gute Anlaufstelle.
→ Es läuft nicht nach Plan. In einem Altbau ist fast schon damit zu rechnen, dass es so ist. Es kann sein, dass unerwartete Situationen im Bestand auftreten. Lassen Sie sich davon nicht aus der Ruhe bringen, am Ende findet sich immer eine Lösung.
→ Zu viele Handwerksfirmen müssen koordiniert werden. Falls die Maßnahme mehr als zwei Gewerke umfasst, die nicht ohnehin zusammenarbeiten, kann es aufwendig sein, diese zu koordinieren. Viele Betriebe, die auf den barrierefreien Umbau spezialisiert sind, bieten

JURISTISCHE BERATUNG

Wenn es brenzlig wird oder sich ein **RECHTSSTREIT** anbahnt, können Sie sich Hilfe bei einer Anwältin für privates Baurecht oder für Bau- und Architektenrecht holen. Diese unabhängigen, juristischen Beratungen können beispielsweise über einen **BAUHERRENVERBAND** (dem Sie dann allerdings angehören müssen) vermittelt werden. Selbstverständlich können Sie sich auch eigenständig darum kümmern. Eine Erstberatung sollte laut Rechtsanwaltsvergütungsgesetz circa 220 Euro nicht übersteigen. Einige Anwälte bieten eine solche Erstberatung auch kostenlos an. Themen für eine solche Beratung können beispielsweise sein: Mängelanzeige und Dokumentation, Verzug, Abnahme nach Fertigstellung oder Nachbesserung bei Baumängeln. Natürlich können Sie sich auch um eine fortlaufende, rechtliche Unterstützung kümmern. Aber Achtung! Angelegenheiten des Baurechts sind in den üblichen Rechtsschutzversicherungen häufig explizit ausgeschlossen.

ihre Leistung allerdings oft in Kooperation mit anderen Firmen an.

→ Wie bei jeder anderen Baumaßnahme auch kann es am Ende zu Baumängeln oder Gewährleistungsstreitigkeiten kommen.

WO KANN ES KRITISCH WERDEN?

Falls Sie sich entschieden haben, die Maßnahme ohne weitere Unterstützung durchzuführen, kann es am Ende unangenehm und anstrengend werden, wenn es zu Streit und Unstimmigkeiten mit den ausführenden Firmen und Planerinnen kommt. Wie also verhalten Sie sich, und welche Möglichkeiten haben Sie als Bauherr, um nach Abschluss der Bauarbeiten nicht den Kürzeren zu ziehen?

→ **BAUABNAHME**: Am Ende jeder Maßnahme müssen Sie als Bauherr die erbrachte Leistung abnehmen. Wenn Sie zustimmen, gilt der Auftrag als erfüllt und Sie müssen die Kosten übernehmen. Sind Sie nicht einverstanden, müssen Sie dies umgehend kundtun. Bis zur Bauabnahme trägt übrigens das ausführende Unternehmen das Risiko, dass die erbrachte Leistung untergeht, also durch äußere Einflüsse beschädigt oder zerstört wird. Selbst wenn diese nicht selbst verschuldet sind, muss sie dann erneut erbracht werden. Nach der Abnahme liegt dieses **RISIKO** bei Ihnen als Bauherr oder Bauherrin, und der Vertrag, den Sie mit der Firma geschlossen haben, geht vom Erfüllungsstadium in das Gewährleistungsstadium über. Entscheidend ist, dass sich hiermit die **BEWEISLAST** bezüglich möglicher Mängel verschiebt. Musste vor der Abnahme der Auftragnehmer beweisen, dass seine Leistung keine Mängel hat, liegt nach der Abnahme die Beweislast nun bei Ihnen als Auftraggeberin. Im Streitfall müssen Sie den Kostenvorschuss für einen Sachverständigen zahlen, der den Streitfall zu klären hat.

→ **GEWÄHRLEISTUNG**: Nicht jeder Mangel muss zu einem Streitfall werden. Ihre Pflicht als Auftraggeber ist es, dem Auftragnehmer den Mangel anzuzeigen. Hierfür reicht es, wenn Sie die Symptome des Mangels beschreiben. Wenn also beispielsweise im neuen Bad Wasser an der falschen Stelle austritt, reicht es aus, dieses einmal schriftlich zu fixieren und dem ausführenden Unternehmen mitzuteilen. Im Zuge dessen setzen Sie eine angemessene Frist, den Mangel zu beheben. Erst wenn er nach Ablauf der Frist nicht behoben wurde, wird es kompliziert, denn nun geht es darum, wer a) den Mangel behebt und b) für die Kosten aufkommt. Ausführliche Informationen zum Thema finden Sie im Ratgeber„Unser Bauherren-Handbuch".

INTERVIEW MIT LEIF LEWINSKI

→ Alles aus einer Hand Kommerzielle Anbieter versprechen das Komplettpaket von der Erstberatung über den Antrag bei der Pflegekasse bis zur handwerklichen Umsetzung der Maßnahme.

Leif Lewinski ist Mitgründer des Unternehmens besser zuhause GmbH, einer kommerziellen Anlaufstelle, für alle Fragen rund um das Thema altersgerechtes Wohnen. Hier sollen Betroffene und deren Angehörige kompetente Ansprechpartnerinnen und -partner sowie bei Bedarf auch eine Alles-aus-einer-Hand-Lösung finden.

Gibt es bei besser zuhause eine kostenlose Erstberatung, und was umfasst dieses erste Gespräch?

Natürlich gibt es bei uns eine kostenlose Erstberatung. Diese findet meist telefonisch statt. In diesem Telefonat klären wir alle nötigen Parameter ab, damit wir überhaupt als Auftragnehmer infrage kommen. Eine wesentliche Voraussetzung ist, dass das Wohnobjekt im Umkreis von 50 km von Hamburg, Bremen oder Hannover liegt. Befindet sich der Kunde, die Kundin in unserem Handlungsgebiet, folgt ein ebenfalls kostenfreier Wohnberatungstermin direkt vor Ort. Unsere speziell auf das Thema altersgerechtes Wohnen geschulten Wohnberaterinnen und -berater machen sich ein genaues Bild und besprechen alle Möglichkeiten mit dem Kunden, der Kundin selbst oder mit einem Angehörigen. Anschließend wird wie bei jedem Handwerksauftrag ein Kostenvoranschlag erstellt. Liegt ein Pflegegrad vor, kümmern wir uns auch um die Beantragung des Zuschusses der Pflegekasse.

Für die Kunden entstehen in dem Moment Kosten, wenn die bei der Pflegekasse beantragten 4 000 Euro für die angestrebte Maßnahme nicht ausreichen.

Welche Aufgaben übernehmen Sie außerdem? Wer erstellt einen Bauantrag, wenn dies notwendig ist, wer findet eine geeignete Handwerksfirma und wer begleitet die Baumaßnahme?

Wir haben hier Architekten mit im Team, die Bauanträge stellen können und Pläne anfertigen. Der ausführende Meister-Handwerksbetrieb (für aktuell drei Gewerke: Sanitär & Heizung, Fliese, Maurerarbeiten) sind wir selbst, sodass Ausschreibung und Vergabe wegfallen und wir sehr kurzfristige Umbautermine anbieten können. In der heutigen Zeit, wo jeder Handwerker, jeder Handwerkerin monatelang ausgebucht ist, ist das ein wesentlicher Vorteil, und darauf sind wir auch stolz! Alle unsere Umbauten werden zudem von einem Handwerksmeister begleitet. Lediglich das Elektro- oder Tischler-Gewerk geben wir an einen Fachbetrieb unseres Netzwerks ab.

→ Denken Sie nicht, dass Sie auf ein Angebot eingehen müssen, weil jemand sich die Mühe gemacht hat, Sie vor Ort aufzusuchen. Das ist ganz normal – denn Sie sind der Kunde und es geht darum, Ihnen das Leben in Ihrem Zuhause zu erleichtern.

Entstehen also für Ihre Beratung keine Extrakosten?

Das Ziel von besser zuhause ist es, Menschen die Möglichkeit zu geben, so lange wie möglich selbstbestimmt in ihrem Zuhause wohnen bleiben zu können, und ihnen dabei das Leben zu erleichtern. Also kann ich diese Frage ganz klar mit „Nein" beantworten. Unsere Beratung ist kostenfrei, und wir sind somit auch nicht teurer als der Markt.

Wer kommt zu Ihnen und sucht Ihren Rat?

Im Grunde hatten wir schon die gesamte Bandbreite, vom vorausschauenden Pärchen Mitte 30, die barrierefrei bauen wollen, bis zu Familien mit einem behinderten Familienmitglied. Die meisten Menschen allerdings, die zu uns kommen, sind ältere, pflegebedürftige Erwachsene, deren Hauptproblem entweder das Badezimmer darstellt, akute Sturzgefahr oder das Überwinden von Treppenstufen.

Sind also die Badezimmersituation und die Erschließung die neuralgischen Punkte?

Ja, das kann man schon sagen. Das sind die Bereiche, wo der „Schmerz" am größten ist, also die die größten Einschränkungen mit sich bringen.

Gibt es Möglichkeiten für eine barrierefreie Anpassung des Badezimmers auch im Mietwohnungsbau?

In einer Mietwohnung ist das Thema Barrierefreiheit häufig nicht so einfach umzusetzen, da entweder die Platzsituation oder die Wasserleitungen nicht unbedingt mitspielen. Dennoch schaffen wir es fast immer, Dinge zum Besseren zu verändern. Es gibt bei uns aber meist mindestens drei Möglichkeiten für barrierearme Lösungen, wo viele Standard-Installateure nur eine sehen. Oft wird dann zum Beispiel die Standard-Duschtasse mit einem geringen Aufbau, der am Ende trotzdem zwischen 8 und 15 Zentimetern Einstieg liegt, angeboten. Das ist eine Verbesserung, aber aus unserer Sicht bei Weitem nicht perfekt. Aus diesem Grunde haben wir gemeinsam mit einem Hersteller ein Konzept mit einer Duschablaufrinne entwickelt, die nur 1 Zentimeter oberhalb des Bestandsabflusses ansetzt und somit immer wesentlich flacher werden kann. Das heißt, wir sparen immer einige Zentimeter, sodass die 10 Zentimeter auf 6 Zentimeter reduziert werden können. Sofern es mit konventionellen Abläufen nicht klappt und es zum Beispiel für Rollstuhlfahrer zwingend bodeneben werden muss, setzen wir Bodenablaufpumpen ein und ermöglichen so gerade im Obergeschoss bodenebene Duschen! Auch wenn die Situation gerade schwierig ist, kann man immer etwas besser machen!

Welche Rolle spielt aus Ihrer Sicht das Thema Smart Home im Kontext der Barrierefreiheit?

Smart Home und digitale Assistenz werden zukünftig eine immer wichtigere Rolle spielen, wenn es darum geht, älteren Menschen ein selbstständiges Leben in ihrem Zuhause zu ermöglichen. Allerdings muss dazu die Akzeptanz der Produkte bei den Seniorinnen und Senioren noch steigen, und die Anbieter müssen sich sehr viel mehr auf die speziellen Bedürfnisse dieser Kundengruppe einstellen.

Haben die Menschen Sorgen oder sogar Ängste, wenn sie zu Ihnen kommen, oder geht es um Vorsorge?

Wir freuen uns über jeden Kunden, der präventiv unsere Dienstleistungen in Anspruch nimmt, denn früher oder später befinden wir uns alle in dieser Situation. Leider ist es aber so, dass Vorsorge in den seltensten Fällen der Anlass ist. Es ist eher so, dass wir in akuten Situationen kontaktiert werden, zum Beispiel, wenn jemand schon einmal gestürzt ist. Echte Ängste sind es meist, die den Menschen dazu bewegen, sich mit uns in Verbindung zu setzen. Aber auch auf solche Situationen sind wir gut vorbereitet. Unsere Kundenberater und -beraterinnen sind sehr feinfühlig, nehmen sich Zeit für die Sorgen und Ängste unserer Kunden und können ihnen diese Ängste mit viel Empathie, aktivem Zuhören und Expertise auch schnell wieder nehmen.

Sie arbeiten ja überwiegend im Bestand. Wie gut lässt sich der Bestand aus Ihren Erfahrungen barrierefrei anpassen?

Im Grunde gibt es immer dieses Dreieck der Rahmenbedingungen bestehend aus den technisch-baulichen Voraussetzungen vor Ort, den Bedürfnissen des Kunden und den finanziellen Rahmenbedingungen. Je festgelegter einer der Parameter ist, umso weniger flexibel sind auch die beiden anderen Punkte. Unser Anliegen ist es, den Menschen, die zu uns kommen, dennoch eine möglichst individuelle Lösung innerhalb unseres Baukastenprinzips zu bieten. Um kostengünstig agieren zu können, ohne dass dies dem Kunden zu Lasten kommt, arbeiten wir also mit einer begrenzten Auswahl an Modellen innerhalb der jeweiligen Standards. Bei der Umsetzung im Bestand geht es darum, den bestmöglichen Kompromiss für alle zu finden.

Wenn die Maßnahme abgeschlossen ist, fühlen wir uns auch darüber hinaus den Ratsuchenden verpflichtet und fragen beispielsweise nach einem Jahr nach, ob sich die Pflegesituation verändert hat und neuer Bedarf entstanden ist. Rundum-Service meinen wir nicht nur so – wir leben es.

Einerseits gibt es die Norm, die im Bestand aber ohnehin nicht immer eingehalten werden kann. Wie frei bin ich als privater Eigenheimbesitzer, Maßnahmen umsetzen zu lassen?

Wenn man Fördergelder in Anspruch nimmt, beispielsweise von der KfW, muss man sich natürlich an die Vorgaben der DIN halten. Wenn man diese Gelder nicht in Anspruch nehmen muss oder möchte, ist man im Prinzip frei darin, seine ganz individuelle Form der Barrierefreiheit zu finden. In diesem Fall stehen wir mit unserem Fachwissen bereit und beraten jeden Kunden ganz individuell.

Kann es dann Schwierigkeiten mit den Handwerksfirmen geben?

Wenn in dem Vertrag mit dem Handwerker der Begriff barrierefrei verwendet wird, wird sich der Handwerker vermutlich an die DIN halten wollen. Grundsätzlich kann ich als Privatperson aber meine Wünsche ganz individuell beauftragen. Unsere Erfahrung ist allerdings, dass sehr viele Firmen schnell abwinken und sagen, barrierefrei oder altersgerecht geht nicht, und sich nicht auf Kompromisse einlassen, da sie Angst haben, sich später vor einem Sachverständigen erklären zu müssen.

Gibt es sinnvolle Kombimaßnahmen, beispielsweise der energetische Fenstertausch und die Vergrößerung des Fensters, sodass auch Personen im Sitzen gut rausgucken können?

Eine solche Fenstervergrößerung würde dann natürlich Sinn machen, wenn ohnehin die Fenster ausgetauscht werden sollen. Das ist aber ein recht aufwendiger Eingriff. Aus unserer Erfahrung wissen wir, dass es unheimlich wichtig ist, möglichst lärm- und staubarm zu arbeiten. Einfacher wäre es, im Zuge des Fenstertauschs die Fenstergriffe im unteren Drittel anbringen zu lassen und / oder auf eine elektrische Jalousie umzusteigen.

Haben Sie einen Vergessen-Sie-Tipp?

Vergessen Sie das verstaubte Image eines barrierefreien Badezimmers mit Plastikhaltegriffen und Plastik-WC-Erhöhung und stellen Sie sich vor, wie leicht das Leben ohne Barrieren sein kann.

→ Denken Sie nicht, „das geht bei mir gar nicht, mein Bad ist zu klein". Aus jedem noch so kleinen Badezimmer lässt sich mit ein bisschen Kreativität und Fachwissen ein Wohlfühlort schaffen.

5

Welche Maßnahme kostet wie viel, und wo gibt es finanzielle Unterstützung? Wir geben Ihnen eine Orientierung, welche Anpassungen teuer und welche erstaunlich günstig sind, wo es Förderungen und andere Finanzierungshilfen gibt.

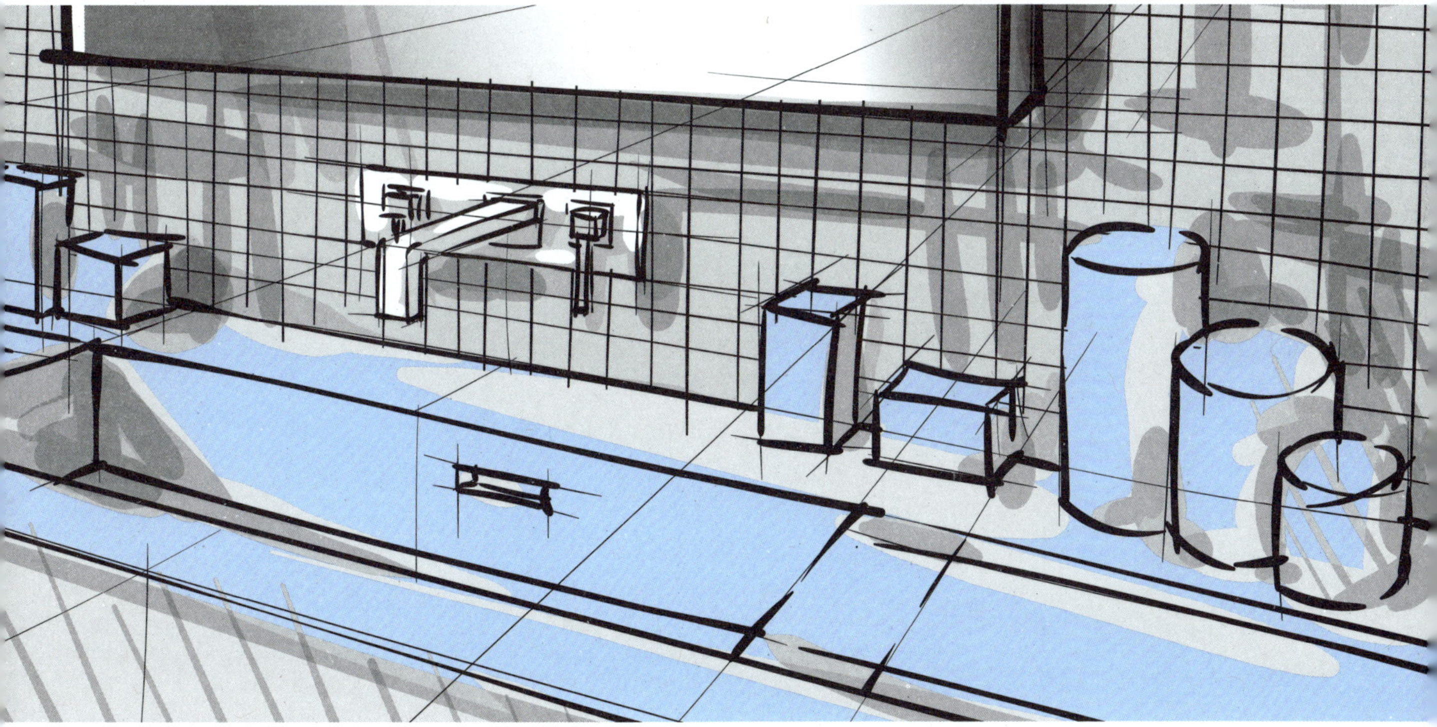

→ Was kostet ein barrierefreier Umbau?

Die Preisspanne eines barrierefreien Umbaus ist sehr groß, da die baulichen Voraussetzungen weit auseinanderliegen können. Hinzu kommen regionale Unterschiede. Trotzdem gibt es Kostentreiber und oft preisgünstige Alternativen.

WAS ERFAHRE ICH?

Die Kosten für einen barrierefreien Umbau sind ein wesentlicher Baustein der Planung. Sie wollen wissen, was Sie finanziell stemmen müssen, ob Ihre Rücklagen dafür ausreichen oder Sie einen Kredit aufnehmen müssen. So verständlich dieser Wunsch ist, so schwierig ist es, ihm im Detail nachzukommen. In den seltensten Fällen lassen sich Standardlösungen einsetzen, für die es Preise von der Stange gibt. Derzeit kommt zusätzlich die extrem unsichere Preisentwicklung hinzu.

Die baulichen Voraussetzungen sowie die individuellen Bedürfnisse der Bewohnerinnen und Bewohner sind in jedem Haus anders. Wir geben Ihnen dennoch eine grobe Orientierung und zeigen auf, was eine Umbaumaßnahme teuer macht und wo Sie mit geringen finanziellen Mitteln eine verbesserte Wohnsituation schaffen können.

Die persönlichen Voraussetzungen sind dabei sehr unterschiedlich, sowohl was die Finanzen, aber auch was die Wünsche, ästhetischen Vorstellungen und die akute Notwendigkeit der Maßnahme angeht. Es ist ein erheblicher Unterschied, ob vorgebeugt oder vorgebaut werden soll, oder ob eine Notlage besteht. Wenn eine der Personen im Haushalt etwa durch einen Schlaganfall im Rollstuhl sitzt, müssen schnell Lösungen gefunden werden. Niemand beschäftigt sich gerne mit dem Alter im Sinne von Krankheit und abnehmender Kraft, doch eine entsprechende Wohnraumanpassung sollte nicht auf die lange Bank geschoben werden. Unter Zeitdruck die richtigen Entscheidungen zu treffen, Handwerker zu finden und sich um die nötige Finanzierung zu kümmern ist schwierig, belastend und in der Regel am Ende auch teurer.

Kostentreiber

Selbstverständlich steigen die Kosten baulicher Maßnahmen überall dort, wo auf Hochwertigkeit oder spezielle Hersteller Wert gelegt wird. Aber auch besondere **EINBAUSITUATIONEN**, die Menge an Sonderanfertigungen und deren Komplexität oder die Notwendigkeit, schnell agieren zu müssen, können die Kosten in die Höhe treiben.

KURZE VORLAUFZEIT

Wenn in kürzester Zeit entschieden und schnell gehandelt werden muss, kann es passieren, dass zunächst nur Einzelmaßnahmen umgesetzt werden. Mit einer längeren Vorlaufzeit hätten sie besser aufeinander abgestimmt werden können, sodass Einzelkosten nicht doppelt entstehen. Zudem bedeutet es auch häufig, dass Material und Produkte zu dem Preis genommen werden müssen, wie man sie auf die Schnelle bekommt. Eine kurze Vorlaufzeit kann daher ein wesentlicher Kostentreiber sein.

EINGRIFF IN DIE BAUSUBSTANZ

Ein weiterer Parameter, der die Kosten der Baumaßnahme bestimmt, ist, wie stark in die Bausubstanz eingegriffen werden muss. Je umfangreicher die Maßnahme, desto kostenintensiver wird es. Muss eine Wand versetzt werden, bringt dies allein schon durch die aufzuwendende Arbeitszeit entsprechende Kosten mit sich. Handelt es sich um eine Trockenbauwand, halten sich diese allerdings noch in Grenzen. Eine Beton- oder Ziegelwand zu versetzen ist deutlich teurer, da viel mehr Arbeitsstunden angerechnet werden müssen. Ist die Wand tragend, müssen zudem die Lasten anders aufgefangen und beispielsweise zusätzlich ein Stahlträger eingefügt werden. All das kann einen Umbau sehr teuer machen.

INDIVIDUAL- STATT STANDARDLÖSUNGEN

Auch beim häufig gewünschten Tausch der Badewanne gegen eine barrierefreie Dusche ist die Kostenspanne weit. Das hat zum einen damit zu tun, welche Ausführungen von der Bauherrschaft gewünscht werden: Fliesen, Armaturen, aber auch Haltegriffe, Duschsitze oder Duschbegrenzungen sind in verschiedensten Preisklassen auf dem Markt. Zum anderen hängt es mit der **BESTANDSSITUATION** zusammen. Ist das Bad sehr klein oder verwinkelt, muss unter Umständen mit Individualanfertigungen gearbeitet werden. Diese kosten mehr als ein Standard-Komplettsystem.

Wesentlich ist hier der Ausführungsstandard. Je flacher die Dusche erreichbar sein soll, also idealerweise schwellenlos, desto höher müsste die Decke sein, auf der die Dusche steht, um das Ablaufsystem in dieser unterzubringen. Ist die Decke nicht hoch genug und können oder sollen die Rohre nicht unter dieser verzogen werden, kann es zum Beispiel passieren, dass der nun entstandene Höhenunterschied mit einem Gefälleestrich ausgeglichen werden muss, damit hier ein sanftes Gefälle statt einer harten Kante entsteht. Das wird teurer als ein System aus Kunststoffplatten, das funktional und bezahlbar ist, aber vielleicht nicht Ihren ästhetischen Vorstellungen entspricht. Gerade in kleinen Bädern geht es zudem häufig darum, den Duschbereich als Bewegungsfläche nutzen zu können. Dabei stört jegliche Schwelle.

Kombinieren Sie ohnhin anstehende Sanierungsmaßnahmen mit der Barrierefreiheit. Das reduziert Kosten.

TECHNISCHE SONDERAUSSTATTUNGEN

Teuer wird es überall dort, wo eine technische Sonderausstattung gewünscht ist. Eine Automatiktür geht mehr ins Geld als eine Haustür ohne Elektrik. Wenn die Tür dann noch mit Sensor und Fingerprint ausgestattet ist, steigen die Kosten noch stärker. Ebenso machen Aufzüge und Hebebühnen für die Vertikalerschließung oder Hebe- und Senksysteme in der barrierefreien Küche einen Umbau deutlich teurer.

ZUSCHÜSSE DER PFLEGEKASSE

Sie können einen Zuschuss bis 4 000 Euro von der Pflegekasse erhalten, wenn Ihre Wohnung aufgrund der Pflegebedürftigkeit umgebaut werden muss. Dafür reichen Sie einen **KOSTENVORANSCHLAG** bei der Pflegekasse ein. Wird der Umbau zu den genannten Konditionen genehmigt, erhalten Sie den Zuschuss. Der Antrag auf Zuschuss wird pro Maßnahme gestellt. Verschlechtert sich der Zustand des Pflegebedürftigen, sodass weitere Umbauten nötig werden, können Sie den Zuschuss erneut beantragen. Weitere Informationen zum Zuschuss der Pflegekasse finden Sie ab Seite 190.

So wird es günstiger

Wer die Gelegenheit hat, sich in Ruhe mit einer Anpassungsmaßnahme zu beschäftigen, und keine Entscheidung akut fällen muss, kann Angebote der Handwerksfirmen abwägen, auf **SONDERAKTIONEN** bestimmter Produkte warten oder auch die Planung selbst sorgfältig durchgehen. Ebenso können Sie mit Hilfsmitteln, die von der Krankenkasse bezahlt werden, sowie mit einfachen Lösungen viel Geld sparen. Welche sich anbieten, erfahren Sie im folgenden Abschnitt.

HILFSMITTEL UND EINFACHE LÖSUNGEN NUTZEN

Besonders günstig wird es immer dort, wo Sie Standardlösungen und von der Kasse finanzierte Hilfsmittel nutzen können. Zum Beispiel beim Badewannentausch: Viele Anbieter von sogenannten Komplettlösungen bieten den Badewannentausch für knapp 4 000 Euro an. Mit einem Pflegegrad fallen dann keine Kosten mehr an, da Sie den Zuschuss der Pflegekasse mit bis zu 4 000 Euro nutzen können.

Genau geprüft werden muss dabei, was die Umsetzung im individuellen Fall bedeutet: a) Ist in der Dusche immer noch eine 2-Zentimeter-Schwelle? b) Ist sie nur barrierereduziert und wurde noch gar nicht der letzte Zentimeter herausgeholt? Oder c) ließe sich mit der Komplettlösung eine bodengleiche Dusche herstellen? Das wäre eher die Ausnahme.

Aber auch **KUNSTSTOFFRAMPEN** können im Einzelfall eine sehr gute und bezahlbare Lösung darstellen. Nicht nur im Bad, sondern ebenfalls für Schwellen im Haus oder in der Wohnung sowie um auf die Terrasse oder den Balkon zu kommen.

Ein weiterer Kostenfaktor sind die zu fliesenden Bereiche. Wer sich nicht daran stört, wenn beim Bau der neuen Dusche nur dieser Bereich neu gefliest wird und hierfür zudem preisgünstige **RESTPOSTENWARE** genommen wird, kann ordentlich sparen.

Vielleicht entscheiden Sie sich auch zunächst dafür, dass die Wanne bleibt und Sie für den Ein- und Ausstieg Hilfsmittel wie Haltegriffe und Einstiegshilfen nutzen, deren Anschaffung die Krankenkasse übernimmt. Voraussetzung ist, dass diese in der Liste der Hilfsmittel geführt werden und von einem Arzt für Sie verschrieben wurden. Falls Ihnen die finanzierten Modelle optisch nicht zusagen, können Sie natürlich überlegen, ob Ihnen die Anschaffung einer ansprechenderen Haltegriffgarnitur das Geld wert ist, das Sie dazu selbst investieren müssten.

AM BEDARF ORIENTIEREN

Auch am Beispiel der barrierefreien Küche lässt sich gut ablesen, wie breit die Preisspanne sein kann: Angenommen, die Küche soll auf den Bedarf einer allein lebenden Person im Rollstuhl angepasst werden, so braucht es nicht unbedingt Systeme, mit denen Arbeitsplatte, Spüle und Herd hoch- und runtergefahren werden können. Alle Arbeitsbereiche könnten auf Rollstuhlhöhe angebracht werden. Eventuell reicht dann ein Hebesystem für einen Oberschrank. Ansonsten steht und fällt der Preis, wie für jede andere Küche auch, mit den gewählten Materialien, der Menge an Staufläche und der Wahl von Herstellern der Elektrogeräte. Mit allen Anpassungen liegt die Preisspanne für eine barrierefreie Küche zwischen 12 000 und 50 000 Euro.

Gestaffelte Kosten

Die anfallenden Kosten lassen sich in drei Kategorien unterteilen:

→ **GERINGE KOSTEN BIS 5 000 EURO**, die überwiegend von der Pflegekasse übernommen werden können, sofern ein Pflegegrad besteht,

→ **MITTLERE KOSTEN ZWISCHEN 5 000 UND 15 000 EURO**, bei denen entweder mehrere kleinere Maßnahmen kombiniert werden oder eine größere als Einzelmaßnahme durchgeführt wird,

→ **HOHE KOSTEN AB 15 000 EURO**, bei denen im unteren Bereich eine Einzelmaßnahme in hochwertiger Qualität oder umfassende Umbaumaßnahmen im ganzen Haus angestrebt werden, gegebenenfalls in rollstuhlgerechter Ausführung.

GERINGE KOSTEN BIS 5 000 EURO

Zu den Maßnahmen mit geringem finanziellem Aufwand gehören beispielsweise der Badewannen-Dusche-Tausch, wenn er als Komplettsystemlösung angeboten wird, der Einbau einer festen Rampe, um die ersten drei Stufen zur Haustür oder zur Terrasse überwinden zu können, sowie eine Reihe von Hilfsmittellösungen wie das Anbringen von Haltegriffen, das Hochsetzen oder Austauschen des WC-Beckens oder der Einsatz mobiler Rampen. Auch die Verbreiterung diverser Türen oder der Abbau von Schwellen in der Wohnung oder im Haus können mit diesem Budget ermöglicht werden.

MITTLERE KOSTEN BIS 15 000 EURO

In den mittleren Kostenrahmen fallen eine ganze Reihe von Einzelmaßnahmen, wie beispielsweise der Einbau eines Treppensitzliftes mit kurvigem Treppenverlauf, einer Hebebühne oder eine Teilsanierung in Bad oder Küche. Auch der Einbau einer neuen automatischen Hauseingangstür liegt knapp in diesem Kostenrahmen. Wie bereits beschrieben ist die Preisspanne von Komplettlösungen in Bad und Küche stark von den persönlichen Ansprüchen und Anforderungen abhängig. Einfache Lösungen mit geringem Aufwand für Sonderanfertigungen und wenig Technik können auch noch in diese Preisspanne fallen.

HOHE KOSTEN AB 15 000 EURO

In entsprechender Ausführung würden viele bereits genannte Maßnahmen auch in dieser Preisklasse landen. Hier geht es hingegen um Maßnahmen, die nicht oder nur unter besonderen Umständen (Sie können Eigenleistung einbringen oder Material sehr günstig erwerben) unter 15 000 Euro umsetzbar sind.

Mehrkosten im Neubau

Einer Studie des Deutschen Städte- und Gemeindebundes und der Terragon AG aus dem Jahr 2017 zufolge steigert Barrierefreiheit im Wohnungsneubau die Baukosten nur um rund 1 %. Die eigentlichen Mehrkosten, die im barrierefreien Neubau entstehen, sind die zusätzli-

ALLE GEWERKE BEDENKEN

Wer sich über Preise informiert, sollte daran denken, dass bei Anpassungen im Bestand immer verschiedene Gewerke an einer Maßnahme beteiligt sind – manchmal mehr, als man zunächst vermutet. So kann es sein, dass bei einer vermeintlich einfachen **TÜRVERBREITERUNG** nicht nur die Öffnung vergrößert, sondern unter Umständen auch der Türsturz erneuert werden muss. Wo liegt dieser dann auf? Inwieweit wird die Wand in Mitleidenschaft gezogen? Eventuell muss diese neu verputzt und gestrichen und der Bodenbelag ausgebessert werden. Zu den Kosten für die neue Tür müssen dann unter Umständen 1 000 Euro oder mehr dazugerechnet werden.

chen Quadratmeter, die unter Umständen benötigt werden. Bei guter Planung mit geschickter **ÜBERLAPPUNG** von Bewegungsflächen wird dies aber nicht allzu stark ins Gewicht fallen. Zusätzliche Technikkosten, beispielsweise für Hub- und Senkvorrichtungen in einer barrierefreien Küche, kommen gegebenenfalls dazu.

Wesentlich ist, dass im Neubau ohne oder mit nur sehr geringen Mehrkosten an vielen Stellen vorgerüstet werden kann, was sonst bei einer späteren Anpassung erheblich ins Gewicht fällt. Wird beispielsweise in einem Badezimmer in der Wand eine **VERSTÄRKUNG** berücksichtigt, an der zu einem späteren Zeitpunkt Haltegriffe befestigt werden können, liegen die zusätzlichen Kosten bei circa 600 Euro für ein komplettes barrierefreies Wand-WC-Montageelement, bei 200 Euro für eine reine Verstärkung durch eine Traverse. Eine solche Ertüchtigung nachträglich zu erreichen, bedeutet nicht nur Dreck und Lärm, sondern auch zusätzliche Kosten für das Aufschlagen und Wiederherstellen der Wand. Falls hierfür ein Vorwandelement neu installiert werden muss, ist man schnell im vierstelligen Bereich. Die Kosten für eine breitere Tür schlagen im Neubau ebenso unwesentlich zu Buche. Eine nachträgliche Türverbreiterung liegt dagegen bei mindestens 1 500 Euro plus der neuen Tür und bringt ebenfalls Dreck und Lärm in die Wohnung.

Auch die Fläche für den nachträglichen Einbau eines Homelifts vorzuhalten spart später einen Deckendurchbruch. Schwellenfreie Durchgänge sind heutzutage fachlich kein Problemfall mehr und können im Neubau gut von Anfang an eingeplant werden.

SELFMADE-ALTERNATIVEN

Sämtliche Maßnahmen können in unterschiedlicher Qualität und somit in unterschiedlichen Preiskategorien ausgeführt werden. Insbesondere gibt es immer wieder tolle Beispiele für preisgünstige Selfmade-Alternativen, die gut aussehen und funktionieren. Eine rollstuhlfähige Schwellenrampe an der Terrassentür beispielsweise können Sie ab circa 600 Euro kaufen. Das ist deutlich günstiger, als die Terrassen- oder Balkonebene anzuheben (circa 2 500 Euro bei einem 4-Quadratmeter-Balkon). Sie können sich aber auch eine Rampe aus Siebdruckplatten für etwa 250 Euro anfertigen lassen.

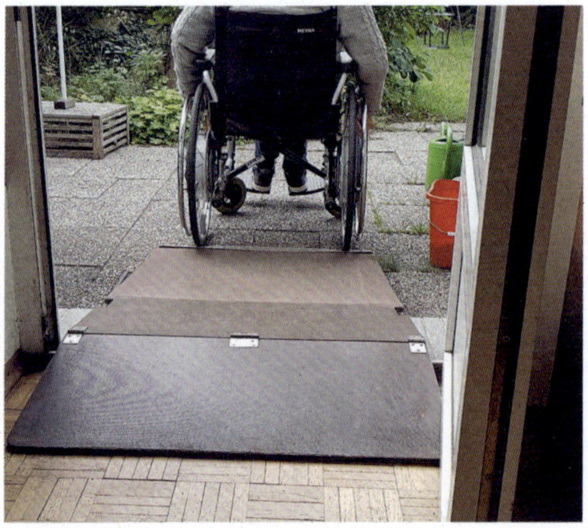

Ob individuelle klappbare Rampe für die Stufen vor dem Hauseingang oder Siebdruckplatten als Schwellenbrücke an der Terrassentür – mit Kreativität gelingen kostengünstige Lösungen.

BEISPIELE FÜR MASSNAHMEN IN UNTERSCHIEDLICHEN PREISKATEGORIEN

Je nach Ausführung und Umfang der baulichen Maßnahmen rangieren die Preise vom günstigen dreistelligen Bereich bis hin zu hohen fünfstelligen Summen.

Kosten	Maßnahme	Preis
Gering	Tausch Badewanne – Dusche (Komplettsystem)	ab knapp 4 000 Euro (kann regional sehr unterschiedlich sein)
	Einbau eines höheren WC-Beckens	circa 4 000 Euro (nur für das Produkt selbst)
	Einbau Wandverstärkung für Haltegriffe	circa 700 Euro inkl. Montage
	Treppenlift für gerade Treppe	ab 4 500 Euro inkl. Montage (sehr unterschiedliche Preise, je nach Einbausituation und Region teilweise ab 10 000 Euro)
	Türverbreiterung	1 500 bis 3 000 Euro pro Tür
	Schwellenabbau (innerhalb der Wohnung) Kunststoffschwellen vor und hinter der Schwelle	200 Euro pro Schwelle
	Schwellenrampe aus Fiberglas, Aluminium oder Stahl (Höhenunterschied 15 cm, Terrasse)	ab 600 Euro
	Unterfahrbare Küchenspüle / Unterfahrbarer Herd (nicht höhenverstellbar)	jeweils ab 1 500 Euro
	Einbau einer barrierefreien Haustür (nicht elektrisch)	ab 5 000 Euro
	Reduzierung Schwellenhöhe Balkon (4 qm) Anheben Außenniveau in Holz und Versetzen der Tür	2 500 Euro
	Versetzen der Fensterolive	400 Euro
	Montage Einhebelmischbatterie mit Temperaturbegrenzer und schwenkbarem Auslauf	250 Euro
Moderat	Einbau Treppensitzlift mit Kurve(n) inkl. Montage	8 000 bis 15 000 Euro
	Einbau Schräglift bei geradem Treppenlauf bis 1,0 m Höhe	ca. 11 000 Euro
	Einbau Treppenplattformlift, gerade Treppe, ideale Einbausituation, günstiges Modell	ab 10 000 Euro
	Teilsanierung Bad	6 000 bis 10 000 Euro
	Barrierefreie Küche, einfachste Ausstattung	ab 12 000 Euro
Hoch	Einbau Treppenplattformlift, kurvige Treppe, Sonderwünsche oder teures Modell, mit Montage	15 000 bis 20 000 Euro
	Einbau Homelift Neubau mit Montage	ab 25 000 Euro
	Einbau Homelift Bestand mit Montage	ab 30 000 Euro
	Hauseingangstür, Automatikantrieb, inklusive Elektro	ab 15 000 Euro (ohne Entwässerung) + Entwässerung und Vordach 4 000 Euro
	Badkomplettumbau	ab 20 000 Euro
	Neue barrierefreie Küche	ab 15 000

→ **Rechenbeispiele** Kostenvergleiche für barrierefreie Maßnahmen im Bestand sind ausgesprochen schwierig, da sich die Parameter deutlich unterscheiden können. Dennoch zeigen unsere Beispiele, dass sinnvolle Anpassungen in verschiedenen Preissegmenten möglich sind.

WAS ERFAHRE ICH?

Um sich die Kosten besser vorstellen zu können, zeigen wir an vier **FIKTIVEN** Beispielen die Größenordnungen verschiedener Maßnahmenkombinationen. Dabei geht es zum einen um die Unterschiede zwischen Maßnahmen in einer Mietwohnung gegenüber Maßnahmen im eigenen Haus, zum anderen um den Unterschied zwischen Einzelmaßnahmen und einem Komplettumbau. Kreativität kann dabei, richtig eingesetzt, die Kosten senken. Hingegen können hohe Qualitätsansprüche die Ausgaben weit nach oben treiben. Im Neubau wiederum können viele Kostenpunkte vernachlässigt werden, da die barrierefreie Umsetzung dieser Punkte nicht teurer ist als eine konventionelle Ausführung. Dieser Punkt spricht im übrigen dafür, bei der Planung eines Neubaus den Aspekt der Barrierefreiheit zu berücksichtigen.

Senioren in der Mietwohnung

Ein älteres Ehepaar lebt in einer Mietwohnung und möchte diese barrierefrei anpassen lassen. Es besteht derzeit kein akuter Handlungsbedarf für einen rollstuhlgerechten Wohnraum, aber diverse Tätigkeiten fallen immer schwerer. Beide haben einen Pflegegrad zugesprochen bekommen, somit besteht Anspruch auf einen Zuschuss von zweimal 4000 Euro.

Da es in einer Mietwohnung oftmals nicht möglich ist, eine Nullschwellendusche einzubauen, hat sich das Ehepaar entschieden, die bestehende Badewanne gegen eine barrierefreie Dusche als Komplettsystem auszutauschen und dieses später mit einer Kunststofframpe zu ergänzen. Die Kosten solcher Rampen liegen mit einer Größenordnung ab 210 Euro durchaus in einem erschwinglichen Bereich. So können sie auch die letzten sechs Zentimeter zur Dusche bequem überwinden. Der Zugang zum Balkon soll ebenfalls mit einer solchen Rampe erleichtert werden. Die Haltegriffe, die für mehr Sicherheit im Bad sorgen, werden von der Krankenkasse im Rahmen des Hilfsmittelzuschusses übernommen.

Das Ehepaar hat Glück, denn in seinem Mehrfamilienhaus gibt es bereits einen Aufzug, sodass die Wohnung und somit auch das Bad barrierefrei erreicht werden können. Um in der

Küche sicherer hantieren zu können, soll in einem Oberschrank ein Hub- und Senksystem ergänzt werden. Die Kostenzusammenstellung zeigt, dass alle Maßnahmen von den Zuschüssen der Pflegekasse in der Gesamthöhe von 8 000 Euro abgedeckt werden können.

Kostenzusammenstellung:

Dusch-Komplettsystem statt Wanne	4 000 Euro
optional: mobiles Rampensystem	ab 210 Euro
Zugang Freisitz, 11 cm (Kunststoff-System)	400 Euro
Hub-/Senksystem Küchenoberschrank	2 000 Euro
Gesamtkosten	**6 610 Euro**

Modernisierung im Eigenheim

Ein Paar in mittleren Jahren wohnt in der eigenen Immobilie und möchte hier auch auf lange Sicht wohnen bleiben. Da die Kinder inzwischen aus dem Haus sind, denken die beiden darüber nach, das Haus neu zu gestalten, die Kinderzimmer anders zu nutzen und bei der Gelegenheit auch Bad und Küche zu modernisieren. Da liegt es auf der Hand, die Barrierefreiheit gleich in die Planung einzubinden, auch wenn teilweise nur vorgerüstet wird. Die beiden entscheiden sich für eine neue Komfort-Küche, die später ohne enormen Aufwand mit Hebe-/Senksystemen nachgerüstet werden kann. Als Besonderheit wählen sie den Küchenblock bereits jetzt in einer Ausführung, die sich vertikal bewegen lässt. Sie möchten eine schwellenfreie Terrassentür mit Hebeschiebetür inklusive baulicher Anpassung. Außerdem sollen vier Türen verbreitert werden, wozu ebenfalls eine bauliche Anpassung erfolgt.

Kostenzusammenstellung:

Komplettsanierung Bad	20 000 bis 40 000 Euro
Neue Komfort-Küche	20 000 Euro
Umbau Terrassentür	12 000 bis 15 000 Euro
Türverbreiterung	8 000 Euro (4 x 2 000 Euro)
Gesamtkosten	**min. 60 000 Euro**

Problemlos die Schwellen zum Freisitz oder zum Balkon überwinden zu können vergrößert insbesondere für ältere Menschen die Lebensqualität.

Umbau wegen Erkrankung

Eine vierköpfige Familie lebt in einem klassischen Reihenhaus mit Bad und Schlafzimmern im Obergeschoss. Küche, Ess- und Wohnzimmer befinden sich im Erdgeschoss. Zudem gibt es im Erdgeschoss ein kleines Gäste-WC. In das Obergeschoss führt eine halbgewendelte Treppe. Ein Familienmitglied ist an MS erkrankt und nicht mehr in der Lage, die Räume im Obergeschoss zu erreichen. Folgende Maßnahmen sollen die Situation erleichtern, nachdem das ehemalige Esszimmer nun als Schlafraum genutzt wird: der Umbau des Gäste-WCs in ein schwellenfreies Duschbad, eine barrierefreie Eingangssituation sowie der barrierefreie Zugang zum Garten. Der Einbau eines Treppensitzliftes hätte langfristig nur funktioniert, wenn im Obergeschoss wieder ein Rollstuhl gestanden hätte. Dazu bot der Grundriss aber nicht genug Fläche. Die Kosten für einen solchen Treppenlift in der Ausführung mit Kurve belaufen sich auf ca. 8000 Euro.

Kostenzusammenstellung:

Umbau Gäste-WC	17 000 Euro
Selbstbaurampe Eingang (2 Stufen)	250 Euro
Schwellenrampe Terrassentür	250 Euro
Verbreiterung Küchentür	2000 Euro
Gesamtkosten	**19 500 Euro**

Vorsorge beim Neubau

Eine junge Familie plant einen Neubau in der klassischen Größe von 140 Quadratmetern. Da erblich bedingt die Möglichkeit besteht, langfristig von einer bewegungseinschränkenden Erkrankung betroffen zu sein, möchte die Familie früh Vorkehrungen treffen. Nicht zu knapp bemessene Bewegungsflächen, schwellenfreie Zugänge oder eine bodengleiche Dusche bieten für alle Menschen mehr Komfort. Ein barrierefreies Haus sperrt niemanden aus, so die Idee der Familie.

Die Planung einer bodengleiche Dusche sowie die breiteren Türdurchbrüche mit einem lichten Maß von 90 Zentimetern fallen im Neubau in puncto Kosten nicht ins Gewicht. Die Mehrkosten von im Schnitt 20 bis 100 Euro für breitere Türen sind bei einem Neubauvorhaben zu vernachlässigen. Die Familie plant ihr Haus mit vier breiteren Türen. Wären es Sonderanfertigungen, würde das ca. 200 Euro pro Tür kosten. Die Entscheidung fällt in unserem Beispiel auf eine Standardbreite mit Mehrkosten von 60 Euro pro Tür. Den höchsten Betrag muss die Familie für den zusätzlichen Quadratmeter einplanen, der für einen zukünftigen Lifteinbau vorgehalten werden soll. Im Bad wird eine zusätzliche Wandverstärkung für Haltegriffe eingeplant. Hier müssen die Mehrkosten eines Elements mit Verstärkung gegenüber der Standardvariante berücksichtigt werden. Der barrierefreie Zugang zum Garten lässt sich in unserem Beispiel mit überschaubarem Aufwand realisieren. Hier kommt es jedoch immer auf das Grundstück und die gewünscht Ausführung an.

Die Punkte der Barrierefreiheit, die zu Buche schlagen, sind in erster Linie die erforderlichen Quadratmeter Mehrfläche, breitere Türen und der schwellenlose Zugang zur Terrasse. Langfristig kommt der Barrierefreiheit und einem sicheren Leben im Alter zugute, dass das Haus ohnehin smart ausgerüstet werden soll. Hierfür entstehen daher keine Zusatzkosten.

Kostenzusammenstellung:

Mehrkosten Fläche Lifteinbau (1 qm)	1 450 Euro
zusätzliche Wandverstärkung für Griffe	200 Euro
barrierefreier Zugang zum Garten	ca. 700 Euro
breiterer Türdurchbruch	(ohne Zusatzkosten)
4 breitere Türen	4 x 60 = 240 Euro)
Gesamt-Mehrkosten	**2 590 Euro**

Anhand der Kostenzusammenstellung ist zu sehen, dass die Mehrkosten im Neubau kaum ins Gewicht fallen. Ein neuer Homelift, der später ergänzt werden könnte, würde allerdings dennoch mit mindestens 25 000 Euro zu Buche schlagen (Stand 09/2022), sofern bauseitig alles wie im Neubau vorbereitet ist.

→ **Wie lassen sich die Kosten stemmen?** Eine kleine Anpassungsmaßnahme lässt sich vielleicht aus Rücklagen bewältigen, aber sehr viele Maßnahmen kosten viel Geld. Lesen Sie hier, welche Fördergelder und Zuschüsse Sie beantragen und wie Sie die Finanzierung gestalten können.

WAS ERFAHRE ICH?

KfW-Förderung

Wer in der Situation ist, sein Haus oder seine Wohnung an eine neue Lebenssituation anpassen zu müssen, hat die Möglichkeit, dafür **FÖRDERGELDER** nutzen zu können. Die Kreditanstalt für Wiederaufbau (KfW) ist dabei besonders bekannt, aber auch Länderförderungen oder Stiftungsgelder sind denkbar.

Die Förderungen der KfW werden aus Mitteln des Bundes finanziert. Das dafür zuständige Ministerium ist derzeit das Bundesministerium für Wohnen, Stadtentwicklung und Bauwesen. Förderziele sind bauliche Maßnahmen in Wohngebäuden, mit denen Barrieren im Wohnungsbestand reduziert und Wohnkomfort und Sicherheit erhöht werden. Die KfW fördert aber auch energetische Sanierungen sowie den Einbruchschutz, weshalb Sie in manchen Fällen, wie beispielsweise beim Austausch von Fenstern und Türen, auch diese Fördergelder in Anspruch nehmen können.

Grundsätzlich lassen sich Maßnahmen zum altersgerechten Umbau auf zwei verschiedenen Wegen über die KfW fördern: zum einen über **INVESTITIONSZUSCHÜSSE**, zum anderen über zinsgünstige **KREDITE**. Die Mittel der Zuschuss-Programme 455-B (Barrierereduzierung Investitionszuschuss) sowie 455-E (Einbruchschutz) sind allerdings immer sehr schnell ausgeschöpft. Unter www.kfw.de können Sie nachschauen, ob die Programme zum Zeitpunkt Ihrer Planung zur Verfügung stehen oder nicht.

Der **ZUSCHUSS (KFW PROGRAMM 455)** zur Barrierereduzierung beträgt 10 Prozent der förderfähigen Kosten, ist allerdings auf 5 000 Euro beschränkt. Die Investition muss dabei mindestens 2 000 Euro betragen, sonst kann der Zuschuss nicht in Anspruch genommen werden. Für eine Sanierung nach dem „Standard

Altersgerechtes Haus" beträgt der Zuschuss 12,5 Prozent der förderfähigen Kosten und ist auf maximal 6250 Euro beschränkt.

Die **FÖRDERUNG 159** aus dem Kreditprogramm der KfW unterstützt mit zinsgünstigen und langfristigen Krediten bei einem maximalen Kreditbetrag von 50000 Euro pro Wohneinheit. Auch im Rahmen des Kreditprogramms gibt es den „Standard Altersgerechtes Haus".

ZUSCHUSS 455 – WAS WIRD GEFÖRDERT?

Voraussetzung für eine Förderung ist, dass das bestehende Gebäude überwiegend dem Wohnen dient, aber nicht unter die Landesgesetze des Heimordnungsrechtes fällt. Wochenend- und Ferienhäuser oder -wohnungen werden nicht gefördert.

Typische förderfähige Maßnahmen sind beispielsweise:

→ Wege zu Gebäuden, der Eingangsbereich oder der Wohnungszugang
→ Maßnahmen zur Überwindung von Stufen oder Treppen
→ Badumbau oder Einzelmaßnahmen im Bad
→ genereller Schwellenabbau
→ eine neue Raumaufteilung.

Förderfähig sind alle Kosten, die mit der Durchführung der Maßnahme entstehen.

NICHT ZU FRÜH LOSLEGEN!

Beschäftigen Sie sich mit den verschiedenen Förder- und Finanzierungsmöglichkeiten auf jeden Fall, bevor Sie mit den Maßnahmen beginnen. Die meisten Förderangebote lassen sich nicht mehr nutzen, wenn mit der Anpassung bereits angefangen wurde. Nehmen Sie also zunächst eine **FÖRDERBERATUNG** beispielsweise durch Förderlotsen oder Wohnberatungsstellen in Anspruch. Informieren Sie sich unbedingt vorab, inwieweit die Förderung mit anderen Fördermitteln kombiniert werden darf.

Nicht gefördert werden beispielsweise Einrichtungsgegenstände oder digitale Geräte der Unterhaltungselektronik. Neue Fenster werden ebenfalls nicht im Rahmen der Barrierefreiheit, sondern über die Bundesförderung für effiziente Gebäude (BEG) gefördert.

→ Technische **MINDESTANFORDERUNGEN**
Wichtig ist, dass bei den durch die KfW geförderten Maßnahmen konkrete, von der KfW vorgegebene technische Mindestanforderungen erfüllt werden müssen. Alternativ sind auch Maßnahmen zur Herstellung von Barrierefreiheit nach DIN 18040–2 in den einzelnen Förderbereichen förderfähig. Die genaue Definition der Maßnahmen, die technischen Mindestanforderungen und eine ausführliche Aufzählung der förderfähigen Maßnahmen inklusive notwendiger Nebenarbeiten sind auf der Internetseite der KfW (www.kfw.de/455-B) in dem Dokument „Technische Mindestanforderungen und förderfähige Maßnahmen Barrierereduzierung – Investitionszuschuss" zu finden.

Wichtig zu wissen: Die KfW fördert keine Maßnahmen in Eigenleistung. Sämtliche Arbeiten müssen von **FACHFIRMEN** durchgeführt werden, wenn ein Zuschuss der KfW beantragt werden soll.

→ **WER** kann einen Antrag stellen?
Jeder, der ein Ein- oder Zweifamilienhaus oder eine Eigentumswohnung in einer Wohneigentümergemeinschaft (WEG) besitzt oder erwerben möchte, kann einen Antrag stellen. Aber auch Mieterinnen von Wohnungen oder Einfamilienhäusern sind antragsberechtigt. Gefördert werden sowohl Einzelmaßnahmen als auch eine Kombination verschiedener Maßnahmen.

→ **WIE** stelle ich einen Antrag?
Der Antrag bei der KfW ist unbedingt zu stellen, **BEVOR** mit den Bauarbeiten begonnen wird. Falls Sie schon eine Beratung in Anspruch genommen haben oder Pläne angefertigt worden sind, stellt dies kein Problem dar. Auch der Abschluss von Verträgen (Liefer- und Leistungsverträge) gilt noch nicht als Beginn des Vorhabens.

Auf der Internetseite der KfW, im sogenannten KfW-Zuschussportal, lassen sich das

Produkt, also in diesem Fall der Investitionszuschuss (455), und der Verwendungszweck beziehungsweise die Verwendungszwecke auswählen und der Antrag online stellen – sofern die Fördermaßnahme zur Verfügung steht. Ist dies nicht der Fall, gibt es auch nicht die Möglichkeit, sich auf eine Warteliste setzen zu lassen. Es können dann erst wieder Anträge gestellt werden, wenn wieder Gelder zur Verfügung stehen. Geht es um eine Immobilie, in der mehrere Maßnahmen durchgeführt werden sollen, stellen Sie dennoch nur **EINEN** Antrag.

KREDIT 159 – WAS WIRD GEFÖRDERT?

Voraussetzung für eine Förderung ist, dass das bestehende Gebäude überwiegend dem Wohnen dient, aber nicht unter die Landesgesetze des Heimordnungsrechts fällt. Wochenend- und Ferienhäuser oder Ferienwohnungen werden nicht gefördert (siehe Zuschuss).

Gefördert wird nach bestimmten **FÖRDERBEREICHEN** wie beispielsweise Förderbereich 1 (Wege zum Gebäude und Wohnumfeldmaßnahmen), Förderbereich 4 (Raumaufteilung und Schwellenabbau) oder Förderbereich 5 (Badumbau/Maßnahmen an Sanitärräumen), von denen im Standard „Altersgerechtes Haus" eine bestimmte Anzahl von Maßnahmen abgedeckt werden müssen.

Typische förderfähige Maßnahmen zur Barrierereduzierung sind beispielsweise:

- → Wege zu Gebäuden, der Eingangsbereich oder der Wohnungszugang
- → Maßnahmen zur Überwindung von Stufen oder Treppen
- → Badumbau oder Einzelmaßnahmen im Bad
- → genereller Schwellenabbau
- → eine neue Raumaufteilung

Typische förderfähige Maßnahmen zum Einbruchschutz sind beispielsweise:

- → Einbruchhemmende Türen/Garagentore
- → Nachrüstsysteme für Türen und Fenster
- → Einbruch- und Überfallmeldeanlagen
- → Smart-Home-Anwendungen mit Einbruchmeldefunktion

Förderfähig sind alle Kosten, die mit der Durchführung der Maßnahme entstehen. Nicht gefördert werden beispielsweise Einrichtungsgegenstände oder digitale Geräte der Unterhaltungselektronik. Neue Fenster werden ebenfalls nicht im Rahmen der Barrierefreiheit, sondern über die Bundesförderung für effiziente Gebäude (BEG) gefördert.

→ Die KfW fördert keine Maßnahmen in Eigenleistung. Sämtliche Arbeiten müssen von Fachfirmen durchgeführt werden, wenn ein Zuschuss der KfW beantragt werden soll.

→ Technische **MINDESTANFORDERUNGEN**
Auch hier gilt: Bei durch die KfW geförderten Maßnahmen müssen konkrete, von der KfW vorgegebene technische Mindestanforderungen erfüllt werden. Alternativ sind auch Maßnahmen zur Herstellung von Barrierefreiheit nach DIN 18040-2 in den einzelnen Förderbereichen förderfähig. Die genaue Definition der Maßnahmen, die technischen Mindestanforderungen und eine ausführliche Aufzählung der förderfähigen Maßnahmen inklusive notwendiger Nebenarbeiten sind auf der Internetseite der KfW (www.kfw.de/159) in dem Dokument „Technische Mindestanforderungen und förderfähige Maßnahmen" zu finden. Die Liste ist detailliert und entsprechend lang und sollte unbedingt **VOR** der Antragstellung genau durchgegangen werden, damit am Ende möglichst viele Maßnahmen unterstützt werden.

Die KfW fördert keine Maßnahmen in Eigenleistung. Sämtliche Arbeiten müssen von Fachfirmen durchgeführt werden, wenn ein Zuschuss der KfW beantragt werden soll.

→ **WER** kann einen Antrag stellen?
Jeder, der eine Wohnimmobilie besitzt und selbst bewohnt, kann einen Antrag stellen, sowohl in einem Einfamilienhaus als auch im

Rahmen einer Wohneigentümergemeinschaft (WEG). Aber auch Mieterinnen von Wohnungen oder Einfamilienhäusern sind antragsberechtigt. Zudem ist das Programm geeignet für Wohnungsunternehmen, Wohnungsgenossen-

→ Die KfW empfiehlt allen Antragstellern, im Vorfeld eine Beratung in Anspruch zu nehmen, sofern es um Maßnahmen der Barrierereduzierung geht.

schaften, Bauträger, Körperschaften sowie Anstalten des öffentlichen Rechts.

Auch der **KAUF** von umgebauten Wohngebäuden oder Eigentumswohnungen, an denen barrierereduzierende oder einbruchhemmende Maßnahmen durchgeführt wurden, kann gefördert werden, sofern der Antrag vor der Unterzeichnung des Kaufvertrags gestellt wird.

→ **WIE** stelle ich einen Antrag?
Der Kredit wird nicht bei der KfW, sondern bei einem selbst gewählten Finanzierungsinstitut, sprich: Bank, Sparkasse oder Versicherung, beantragt. Aber Achtung: Nicht alle Banken vergeben den Kredit! Diese legt den Antrag zur Prüfung bei der KfW-Bank vor. Sobald Sie die Zusage für die Förderung durch Ihr Finanzierungsinstitut erhalten, können Sie mit dem Vorhaben beginnen. Allerdings kann eine Prüfung des Antrags durch die KfW-Bank länger dauern. Diese weist selbst darauf hin, dass zwischen Antragstellung und Auszahlung vier Wochen und mehr liegen können. Warten Sie unbedingt die Zusage durch die KfW ab. Andernfalls kann es passieren, dass der Antrag abgelehnt wird, mit der Umsetzung aber bereits begonnen wurde.

Die KfW empfiehlt allen Antragstellern, im Vorfeld eine Beratung in Anspruch zu nehmen, sofern es um Maßnahmen der Barrierereduzierung geht. Beraten lassen kann man sich bei einer Wohnberatungsstelle, bei Maßnahmen zum Einbruchschutz beispielsweise auch bei der örtlichen Polizei.

Darüber hinaus empfiehlt die KfW nicht nur eine Vorabberatung, sondern auch die Fachplanung, Baubegleitung und Dokumentation des Vorhabens durch Sachverständige, wie beispielsweise Architektinnen sowie Bauingenieure oder öffentlich bestellte und vereidigte Sachverständige des Handwerks, die eine entsprechende Fortbildung erfolgreich absolviert haben.

→ **KONDITIONEN**: Da sich nicht nur die Verfügbarkeit, sondern auch die jeweiligen Konditionen ändern können, sei hier nur exemplarisch aufgezeigt, welche Parameter des Kredits entscheidend sind. (Stand: August 2022)

Die **MINDESTLAUFZEIT** beträgt 4 Jahre. Gewählt werden kann hier zwischen 4 bis 10, 11 bis 20 und 21 bis 30 Jahren Laufzeit mit unterschiedlichen Tilgungsfreijahren. Nach Ablauf der Tilgungsfreijahre wird der Kredit in monatlichen Raten zurückgezahlt. Alternativ kann ein endfälliges Darlehen mit einer Laufzeit von 4 bis 10 Jahren gewählt werden, bei dem während der gesamten Laufzeit nur die Zinsen und am Ende der komplette Kreditbetrag in einer Summe zurückgezahlt werden.

Der **ZINSSATZ** wird wahlweise für die ersten 5 oder 10 Jahre der Laufzeit festgeschrieben.

BESONDERHEIT: UMBAU ZUM „STANDARD ALTERSGERECHTES HAUS"

Sofern es sich um Umbaumaßnahmen zum „Standard Altersgerechtes Haus" handelt, wird im Rahmen des Kreditprogramms empfohlen, einen **SACHVERSTÄNDIGEN** verpflichtend zu beauftragen, der bei der Planung berät, die Baumaßnahmen begleitet und das Vorhaben dokumentiert. Er bestätigt am Ende die Einhaltung der Anforderungen und erbringt den notwendigen Nachweis. Eine Sachverständige oder ein Sachverständiger ist hier also keine Pflicht, wird aber dringend empfohlen.

Sachverständige sind beispielsweise nach Landesrecht Bauvorlagenberechtigte, also Architektinnen oder Bauingenieure sowie öffentlich bestellte und vereidigte Sachverständige des Handwerks, die eine entsprechende Fortbildung erfolgreich absolviert haben (siehe Kapitel „Experten finden und beauftragen" ab Seite 142).

Der „Standard Altersgerechtes Haus" wird erreicht, wenn eine einzelne oder alle Wohnungen eines Gebäudes die nachfolgenden Anforderungen (einschließlich der technischen Mindestanforderungen der jeweiligen Maßnahmen) erfüllen:

- ein altersgerechter Zugang (Förderbereiche 1, 2 und ggf. 3),
- ein altersgerechtes Wohn- und/oder Schlafzimmer sowie ein altersgerechter Küchenraum (Förderbereich 4),
- ein altersgerechtes Bad (Förderbereich 5),
- die Anforderung an die Bedienelemente (Förderbereich 6).

Förderungen der Länder und Kommunen

Wer ein Bauvorhaben plant und auf Fördergelder angewiesen ist, sollte sich unbedingt auch über die Fördermöglichkeiten seines Bundeslandes informieren. Da sich diese immer wieder ändern, finden Sie auf der rechten Seite eine Liste der für die Vergabe zuständigen **LANDESBANKEN**.

Es ist zwar leider eher die Ausnahme, aber grundsätzlich sind auch Förderungen über die **KOMMUNEN** möglich. Auch hier können Sie sich entweder an die für Sie zuständige Kommunalverwaltung oder eine regionale Förderberatung wenden.

Leider bilden die unterschiedlichen Fördermöglichkeiten der Länder einen sehr bunten Flickenteppich. Für Privatleute ist letztendlich nur relevant, wie die Konditionen in ihrem Bundesland zum Zeitpunkt der Antragstellung aussehen. Dennoch soll an dieser Stelle kurz aufgeführt werden, was teilweise möglich ist und worauf Sie achten sollten.

ZUSCHUSS ODER KREDIT?

Die Hälfte der Bundesländer gewährt einen Zuschuss für Maßnahmen zur Barrierefreiheit oder zur Barrierereduzierung (Stand Juli 2022).

LANDESBANKEN

Für Förderungen, beispielsweise über die KfW, sind die Landesförderbanken die passenden Ansprechpartner.

Bundesland	Förderbank
Baden-Württemberg	l-bank.de
Bayern	bayernlabo.de
Berlin	ibb.de
Brandenburg	ilb.de
Bremen	bab-bremen.de
Hamburg	ifbhh.de
Hessen	wibank.de
Mecklenburg-Vorpommern	lfi-mv.de
Niedersachsen	nbank.de
Nordrhein-Westfalen	nrwbank.de
Rheinland-Pfalz	https://isb.rlp.de/home.html
Saarland	sikb.de
Sachsen	sab.sachsen.de
Sachsen-Anhalt	ib-sachsen-anhalt.de
Schleswig-Holstein	ib-sh.de
Thüringen	aufbaubank.de

In vier Bundesländern stehen derzeit keine Mittel zur Verfügung, in allen anderen handelt es sich um eine Förderung durch zinsgünstige Darlehen.

WAS WIRD GEFÖRDERT?

Die Definition dessen, was konkret gefördert wird, ist ebenfalls relativ unterschiedlich. Die Anforderungen reichen von barrierereduziert oder auch altersgerecht über barrierefrei bis hin zu behindertengerecht. Einige Förderungen sind abhängig vom Einkommen der Antragstellenden, andere von der Anzahl der Wohneinheiten. Es gibt auch Bundesländer, in denen zwar nicht explizit barrierereduzierende Maßnahmen gefördert werden, die aber beispielsweise im Rahmen ihrer **EIGENTUMSFÖRDERUNG**

FÖRDERBANK VOR HAUSBANK?

Es kann durchaus vorkommen, dass Hausbanken von der KfW-Darlehensförderung abraten und stattdessen auf eigene Programme verweisen. Das kann daran liegen, dass sich kleinere Darlehen, etwa unter 50 000 Euro, für die Bank nicht lohnen, da der Aufwand gegenüber dem Gewinn zu groß ist. Für Sie kann es sich dann aber auszahlen, bei der jeweiligen **LANDESFÖRDERBANK** nach dem KfW-Kredit zu fragen.

allgemeine Modernisierungsmaßnahmen finanziell unterstützen. Dazu gehört auch das Abbauen von Barrieren.

Besonders wichtig ist, wie bei allen Förderungen, sich vorab genau zu informieren, was gefördert wird und was nicht. So wird derzeit in Brandenburg nicht der Einbau von Treppensitzliften unterstützt, da diese nicht fest mit dem Gebäude verbunden sind. Hier muss die **PFLEGEKASSE** übernehmen, sofern ein Pflegegrad besteht und die nötigen Voraussetzungen erfüllt sind.

Stiftungsförderungen

Finanzielle Unterstützung lässt sich auch über Stiftungen beantragen. Generell sind dabei drei Parameter entscheidend: die Bedürftigkeit des Antragstellers, die Zielgruppe der Stiftung und der Verwendungszweck. Die Bedürftigkeit bezieht sich dabei sowohl auf die finanzielle Situation des Antragstellers als auch auf die Bedürftigkeit aufgrund der jeweiligen Lebenssituation beziehungsweise der vorliegenden Behinderung. Eine häufige Zielgruppe von Stiftungen sind zum Beispiel Kinder. Andere Stiftungen haben regionale Ausrichtungen, sodass Bedürftige in einem bestimmten Bundesland unterstützt werden sollen. Eine weitere Zielgruppe sind Menschen, die an einer bestimmten Erkrankung leiden, der sich die jeweilige Stiftung verschrieben hat.

In welchem Rahmen gefördert wird, ist sehr unterschiedlich. Es kann passieren, dass man sich sehr viel Mühe macht und einen Antrag mit einer Begründung, Kostenvoranschlägen und einem Finanzierungsplan einreicht, um am Ende 500 Euro bewilligt zu bekommen. Es können aber auch deutlich höhere Summen genehmigt werden. Zudem kann das gleiche Projekt auch mit verschiedenen **STIFTUNGSGELDERN** gemeinsam unterstützt werden. Dabei muss im Finanzierungsplan offengelegt werden, welche weiteren Stiftungen angefragt sind oder bereits zugesagt haben und wie hoch der Eigenanteil ist.

Zuschüsse der Pflegekasse

Bei den Zuschüssen für Maßnahmen zur Wohnraumanpassung ist die Pflegekasse die wichtigste Ansprechpartnerin. Weitere Rehabilitationsträger sind neben der gesetzlichen Unfallversicherung die Bundesagentur für Arbeit, die gesetzliche Rentenversicherung, die öffentliche Jugendhilfe oder die Träger der Sozialhilfe.

WOHNUMFELDVERBESSERNDE MASSNAHMEN

Bei der Pflegekasse können Sie Gelder für wohnumfeldverbessernde Maßnahmen beantragen. Hier ist es zwar nicht zwingend notwendig, den Antrag vor Baubeginn zu stellen, da Sie aber nicht wissen, ob noch Kosten offen sein werden, die Sie anderswo beantragen wollen, und um einen besseren Überblick zu behalten, sollten Sie trotzdem sämtliche Finanzen im Vorfeld regeln. Die Pflegekasse übernimmt bis zu 4 000 Euro pro Maßnahme, Person und Jahr. Soll heißen: Tatsächlich können bei der Pflegekasse **MEHRFACH** von einer Person für verschiedene Maßnahmen bis zu 4 000 Euro genutzt werden. So können beispielsweise Menschen mit fortschreitender chronischer Erkrankung wie MS zunächst die Badewanne gegen eine Dusche tauschen lassen und später (nicht im selben Jahr!) einen Zuschuss für einen Treppenlift beantragen. Zudem können auch **MEHRERE** Personen mit Pflegegrad, die in einem Haushalt leben, einen Antrag stellen und das Geld, zum Beispiel für einen Treppenlift, gemeinsam nutzen. Bis zu insgesamt 16 000 Euro ist das möglich.

Bezuschusst werden beispielsweise:

- der Einbau eines Aufzugs oder eines Homelifts
- der Einbau eines Treppensitzliftes
- der Bau einer Rampe
- der Umbau zum barrierefreien oder barrierearmen Bad

Aber auch rutschsichere Treppenstufen, der Einbau eines zweiten Geländers an der Treppe oder das Anbringen von Griffen, Stützstangen und gut erreichbaren Lichtschaltern oder Fenstergriffen gehören dazu.

Nicht bezuschusst werden dagegen Verbesserungen der Wärmedämmung oder des Schallschutzes, Schönheitsreparaturen oder Brandschutzmaßnahmen, um hier nur ein paar der möglichen Ausschlusskriterien zu nennen. Fragen Sie daher genau nach, ob die von Ihnen geplante Maßnahme unterstützt wird!

WER KANN EINEN ANTRAG STELLEN?

Bereits mit dem Pflegegrad 1 besteht grundsätzlich ein Anspruch auf den Zuschuss. Dennoch gucken auch die Pflegekassen sehr genau, was beantragt wird und wer den Antrag stellt. Dabei wird individuell geprüft, welcher Bedarf vorliegt und womit die gewünschte Maßnahme begründet wird. So wird einer Person, die einen Pflegegrad aufgrund einer psychischen Störung hat, nicht der Umbau des Badezimmers bezahlt werden.

Um das Geld der Pflegekasse nutzen zu können, ist es egal, ob Sie als Eigenheimbesitzer oder als Mieterin den Antrag stellen.

Generell muss eines von folgenden drei Kriterien zutreffen:

- Die Maßnahme ermöglicht die häusliche Pflege überhaupt erst,
- oder die Maßnahmen erleichtern die häusliche Pflege erheblich (entweder für den Pflegenden oder die zu pflegende Person oder idealerweise für beide),
- oder die Maßnahmen ermöglichen eine selbstständigere Lebensführung.

RECHNUNG FÜR ZUSCHUSS

Bei der Bezuschussung durch die Pflegekasse muss die Rechnung immer auf die **PFLEGEBEDÜRFTIGE PERSON** ausgestellt werden. Wird die Rechnung auf den Vermieter ausgestellt, kann die Pflegekasse den Zuschuss für die Anpassungsmaßnahme nicht zahlen. Sie könnten als Zuschussberechtigte oder -berechtigter aber die Bankverbindung des Vermieters auf den Antrag zur Kostenerstattung angeben.

WIE STELLE ICH EINEN ANTRAG?

Um bei der Pflegekasse, die an Ihre Krankenkasse angeschlossen ist, einen Antrag zu stellen, genügt oftmals ein formloses Schreiben, in dem die geplanten Baumaßnahmen beschrieben und ihre Notwendigkeit erläutert werden. Bei der Verbraucherzentrale findet man im Internet auch einen **MUSTERBRIEF**, der sehr gut hierfür verwendet werden kann. Einige Kassen haben allerdings auch **VORDRUCKE** mit entsprechenden Fragen, in die die Angaben eingetragen werden sollten.

Zudem sollten mit dem Antrag die Kostenvoranschläge der Handwerksfirmen und deren Kontaktdaten eingereicht werden. Falls die Bezahlung an die Firmen direkt erfolgen soll, müssen auch die jeweiligen Kontodaten an die Kasse weitergegeben werden. Sofern Sie die Firmen selbst bezahlen und das Geld von der Kasse zurückerstattet bekommen wollen, müssen Sie Ihre Kontoverbindung angeben.

WICHTIG: Es ist auch möglich, den Antrag noch im Nachhinein zu stellen. Dann müssen Sie die jeweiligen Handwerksrechnungen einreichen, wissen aber nicht sicher im Vorhinein, welche Kosten genau übernommen werden.

KANN EIN ANTRAG ABGELEHNT WERDEN?

Es kommt auch vor, dass Anträge abgelehnt werden. Nach § 35 SGB X muss die Pflegekasse

Die Umstände von Unfällen haben auf die Finanzierung der Pflege und der entsprechenden Maßnahmen erhebliche Auswirkungen.

dafür einen Bescheid mit Begründung angeben. Das müssen Sie nicht hinnehmen. Sie können Widerspruch bei der Pflegekasse einlegen. Tun Sie dies schriftlich und bitten Sie um eine Eingangsbestätigung, um belegen zu können, dass Sie die Widerspruchsfrist eingehalten haben.

Unfallkassen

Geht es nicht um eine Wohnungsanpassung in Bezug auf eine allgemeine Verschlechterung des Gesundheitszustandes, beispielsweise aufgrund des Alters, sondern um eine Behinderung wegen eines Arbeitsunfalls, eines Unfalls auf dem Weg zur Arbeit oder einer Berufskrankheit, gilt die gesetzliche Unfallversicherung als **KOSTENTRÄGER**. Diese Berufsgenossenschaften und Unfallkassen tragen dann oftmals im Rahmen der sogenannten Wohnungshilfe die gesamten Kosten für den Umbau einer bestehenden Wohnung beziehungsweise eines bestehenden Hauses oder übernehmen die Kosten für einen Umzug in eine behindertengerechte Immobilie. Diese Kostenübernahme ist unabhängig vom Einkommen und Vermögen der Versicherten. Voraussetzung ist allerdings, dass es sich um eine dauerhafte Behinderung handelt, aufgrund derer eine Wohnungsanpassung notwendig ist.

Jeder Arbeitnehmer ist über den Arbeitgeber in der gesetzlichen Unfallversicherung angemeldet. Diese Unterstützung nennt sich **WOHNUNGSHILFE**, und auch sie muss beantragt werden, bevor mit den Umbauarbeiten begonnen wird. Da es im Falle eines Unfalls mit dem Umbau der Wohnung zum Teil sehr schnell gehen muss, kann parallel zu dem grundsätzlichen Antrag auf Kostenübernahme ein Antrag auf vorzeitigen Beginn der Maßnahme gestellt werden. Auf der Internetseite des Verbands „Deutsche Gesetzliche Unfallversicherung" (DGUV) www.dguv.de finden Sie dazu weitere Informationen.

Behindertengerechte Wohnraumanpassungen sind individuelle Maßnahmen, die sich genau an den Bedürfnissen der betroffenen Person orientieren. So individuell die Maßnahmen sind, so individuell fällt auch die Höhe der Kosten aus, die übernommen werden. Zudem richten diese sich nach der persönlichen Lebenssituation des Antragstellers oder der Antragstellerin. Selbstverständlich werden keine Luxussanierungen übernommen. Sie müssen in jeder Maßnahme versuchen, bei möglichst geringen Kosten so zweckmäßig wie möglich zu bauen.

WAS WIRD BEZAHLT?

- → behindertengerechte Wohnungsausstattung (zum Beispiel Zuschuss zu einer behindertengerechten Küche/einem behindertengerechten Bad)
- → Umbau, Ausbau oder Erweiterung des Wohnraums (zum Beispiel Verbreiterung von Türen oder Fluren)
- → Bereitstellung einer Behindertenwohnung des öffentlichen oder privaten Wohnungsbaus bzw. in einem Wohnzentrum für Schwerbehinderte
- → die behindertengerechte Anpassung einer anderen Mietwohnung
- → Übernahme der behinderungsbedingten Kosten beim Kauf einer Wohnung oder eines Hauses inklusive Baunebenkosten für Architekt, Statiker, Notar und Grundbucheintragung

- Umzugskosten und Einrichtungsbeihilfe, wenn die eigene Wohnung nicht behindertengerecht umgebaut werden kann und deshalb ein Umzug in eine behindertengerechte Wohnung notwendig ist
- Einbau eines Treppenlifts oder eines Aufzugs inklusive Wartungskosten
- Übernahme von Maklergebühren
- Muss in eine behindertengerechte Wohnung umgezogen werden, die teurer ist und somit eine unzumutbare finanzielle Belastung darstellt, können Zuschüsse zur Mietkaution oder laufende Zuschüsse zur Miete bezahlt werden.
- Gewährung von Darlehen

ANTRAGSTELLUNG

Für die Antragstellung muss das ausgefüllte Antragsformular im Original an die Berufsgenossenschaft beziehungsweise die Unfallversicherung geschickt werden. Diesem Antrag müssen Sie folgende Unterlagen in Kopie beifügen:

- Schwerbehindertenausweis mit Feststellungsbescheid
- Gleichstellungsbescheid, so vorhanden
- alle erforderlichen Planungsunterlagen, Baupläne, Skizzen usw., aus denen die behindertengerechten Umbaumaßnahmen hervorgehen
- Angebote bzw. Kostenvoranschläge der am Umbau beteiligten Firmen
- Wohnflächenberechnung

Bundesversorgungsgesetz

Unkomplizierter ist die Wohnungshilfe für Kriegsopfer und andere Personen, die Anspruch auf Leistungen nach dem Bundesversorgungsgesetz haben, wie beispielsweise Soldaten oder Opfer von Gewaltverbrechen. Die Versicherten der gesetzlichen Unfallversicherung und die Anspruchsberechtigten nach dem Bundesversorgungsgesetz erhalten die notwendige Hilfe umfassend und auf den Einzelfall abgestimmt etwa über das **VERSORGUNGSAMT** oder die **FÜRSORGESTELLE**. Eine Aufstockung der Mittel von anderer Seite ist in der Regel nicht erforderlich.

Weitere Träger

Kann jemand durch den Umbau seiner Wohnung auch seinen Arbeitsplatz behalten beziehungsweise diesen weiterhin erreichen, können auch Gelder über das zuständige **INTEGRATIONSAMT** und den **RENTENVERSICHERUNGSTRÄGER** bezogen werden. Es geht dann allerdings nur um Maßnahmen wie den Einbau eines Treppenliftes, die Herstellung einer Rampe oder das Verbreitern von Haus- und Wohnungstüren. Bei Arbeitnehmern, die bereits mehr als 15 Jahre in die Rentenversicherung eingezahlt haben, ist die jeweilige Rentenversicherung Ansprechpartner. Für Freiberufler, Selbstständige und Beamte ist das Integrationsamt zuständig. Auch in Fällen, in denen keiner der angeführten Rehabilitationsträger der passende Ansprechpartner ist, können sich Menschen an das Integrationsamt wenden.

> → Die Bestimmungen der gesetzlichen Unfallversicherung und des Bundesversorgungsgesetzes gewähren Leistungen im Rahmen der sozialen Wiedereingliederung, also auch weitere Maßnahmen der Wohnungsanpassung.

Die Bestimmungen der gesetzlichen Unfallversicherung (siehe auch Seite 192) und des Bundesversorgungsgesetzes gehen dabei deutlich weiter und gewähren Leistungen im Rahmen der sozialen Wiedereingliederung, also auch weitere Maßnahmen der Wohnungsanpassung.

Sollte keiner der aufgeführten Kostenträger zuständig sein, besteht immer noch ein Anspruch auf Leistungen im Rahmen des Sozialgesetzbuches. Dabei bezieht sich das sogenannte SGB 12 auf Altenhilfe und das SGB 9 auf Teilhabe von Menschen mit einer Schwerbehinderung. Hier sind das Sozial- oder Grundsicherungsamt Ansprechpartner.

Steuerliche Entlastungen

Auch steuerlich lassen sich einige Maßnahmen geltend machen, allerdings müssen sie dazu eine bestimmte Höhe überschreiten. Handwerkerleistungen sind bei Modernisierungs-, Renovierungs- und Erhaltungsmaßnahmen absetzbar.

AUßERGEWÖHNLICHE BELASTUNGEN

Kosten für wohnumfeldverbessernde Maßnahmen können in der Steuererklärung als außergewöhnliche Belastung aufgeführt werden. Hierfür müssen Zuschuss und Erstattung von der Gesamtsumme abgezogen werden. Wenn die Summe dann noch immer eine zumutbare Belastung überschreitet, können Sie diese von der Steuer absetzen. Ihr Steuerberater oder Lohnsteuerhilfevereine können dazu Auskunft geben.

Unter bestimmten Voraussetzungen kann für behindertengerechte Umbaumaßnahmen in einer Mietwohnung oder im selbst bewohnten Eigentum bei der Einkommenssteuererklärung teilweise ein Abzug der entstandenen Kosten als außergewöhnliche Belastungen erfolgen.

Der Antragstellende muss seine Schwerbehinderung nachweisen und vor Beginn der Baumaßnahmen ein ärztliches **ATTEST**, unter gewissen Umständen sogar ein amtsärztliches Attest, vorlegen.

Auch hier gilt, die notwendigen Informationen stets vor Baubeginn einzuholen und die Baumaßnahme vom zuständigen Finanzamt vorher als außergewöhnliche Belastung für die Einkommenssteuererklärung anerkennen zu lassen (§ 33 EStG).

HANDWERKERLEISTUNGEN

Handwerkskosten, genauer gesagt Arbeitskosten für die Handwerksleistung, können Immobilienbesitzerinnen und Mieter generell von der Steuer absetzen. Bis zu 20 Prozent der Lohn-, Fahrt- und Maschinenkosten erstattet das Finanzamt bis zu 1 200 Euro pro Jahr, wenn es sich um Modernisierungs-, Renovierungs- oder Erhaltungsmaßnahmen handelt. Dabei müssen die Arbeiten in Ihrem Haus stattfinden, also nicht in der Werkstatt des Handwerkers. Zudem müssen in den Handwerkerrechnungen die Arbeits- und Materialkosten klar voneinander getrennt aufgeführt werden. Die Bezahlung muss per Überweisung erfolgen. Die **HÖCHSTGRENZE** der Ausgaben beträgt 6 000 Euro. Nicht begünstigt sind handwerkliche Tätigkeiten im Rahmen einer Neubaumaßnahme, wobei ein Dachgeschossausbau oder der Anbau eines Wintergartens am selbst bewohnten Einfamilienhaus nicht als Neubaumaßnahme eingestuft werden.

Hilfsmittel und Pflegehilfsmittel

Kosten für Hilfsmittel werden von der Krankenkasse übernommen, sofern diese im **HILFSMITTELKATALOG** aufgeführt und ärztlich verordnet sind. Pflegehilfsmittel hingegen werden nur anteilig durch die Pflegekasse bezahlt, wenn diese dazu beitragen, die Pflege zu erleichtern und Beschwerden zu lindern, oder wenn sie dem Pflegebedürftigen eine selbstständigere Lebensführung ermöglichen. Größere Pflegehilfsmittel wie Betten werden leihweise zur Verfügung gestellt. Zu den Hilfsmitteln gehören beispielsweise Haltegriffe, Aufstehhilfen oder Rollstühle. Ein Pflegebett oder ein Notrufsystem sind Pflegehilfsmittel. Unter hilfsmittel.gkv-spitzenverband.de gibt es ein Pflegehilfsmittelverzeichnis des Spitzenverbands der Pflegekassen. In dem Verzeichnis sind die Produkte aller Hersteller aufgelistet, die in Deutschland als Pflegehilfsmittel gelten. Sie können sich dazu aber auch bei Ihrer Pflegekasse beraten lassen.

INTERVIEW MIT MARIANNE DRÖSSIGER

→ Widerspruch beim Ablehnungsbescheid Falls Ihr Antrag auf Kostenübernahme für geplante Umbaumaßnahmen von Kostenträgern abgelehnt wird, lohnt es sich oft, hartnäckig zu bleiben.

Marianne Drößiger ist Vorsitzende des Bundesverbands Barrierefrei e. V., einem Zusammenschluss von Handwerkern, Planern und Dienstleistern aus der Baubranche und dem Gesundheitswesen. Es handelt sich um geprüfte Fachkräfte für barrierefreies Bauen und Wohnen mit praktischer Erfahrung in der Beratung und bei der Ausführung von Um- und Neubauten.

Mit welchen Anliegen kommen die Menschen auf Sie zu?

Die meisten Anfragen beziehen sich auf die Finanzierung und die Fördermöglichkeiten eines Umbaus. Dabei sind es hauptsächlich Planer und Architekten, die bei uns im BVBF e. V. sich informieren. Seltener fragen Privatpersonen bei größeren Bauvorhaben eine solche Fördermittelberatung bei uns ab. Aber auch Privatpersonen, deren Anträge von den Kostenträgern abgelehnt wurden, versuchen bei uns eine Lösung zu finden.

Kürzlich hatten wir beispielsweise eine Nachfrage von einer Person, deren Antrag auf Kostenzuschuss für eine bodengleiche Dusche von der Pflegekasse abgelehnt wurde, da es bereits eine Badewanne mit „Wannenlift" gab. Grundsätzlich gilt: Ein vorhandenes Hilfsmittel wird aus Kostengründen einem Umbau in der Genehmigung seitens der Pflegekasse vorgezogen. Da heißt es hartnäckig bleiben und eine gute Argumentation aufbauen, weshalb der Umbau dem Hilfsmittel vorzuziehen ist. Das ist ein klassischer Beratungsfall für die Wohnberatungsstellen der zuständigen Kommune.

Was könnte die betreffende Person tun?

In jedem Fall Widerspruch gegen den Bescheid einlegen! Davor scheuen viele zurück, weil es natürlich aufwendig ist und es oft für sinnlos gehalten wird. Dem ist aber nicht so! Man sieht daran aber auch, wie wichtig es ist, zunächst den Zuschuss für „Wohnumfeld verbessernde Maßnahmen" (aktuell 4 000 Euro) mit der Pflegekasse zu klären.

Was ist mit anderen Zuschüssen oder Fördergeldern?

Auf jeden Fall ist hilfreich zu wissen, dass der Pflegekassenzuschuss nicht mit dem KfW-Zuschuss kombiniert werden kann. Der KfW-Zuschuss, von dem man ohnehin immer zunächst prüfen muss, ob er gerade zur

→ Der KfW-Zuschuss ist jedes Jahr davon abhängig, in welcher Höhe er im Bundeshaushalt budgetiert wird.

Verfügung steht oder nicht, ist ein Solitär. Er kann nur mit Darlehen anderer Kreditinstitute kombiniert werden und beinhaltet eine Reihe von baulich-technischen Rahmenbedingungen, die erfüllt werden müssen, wie beispielsweise, dass die Badezimmertür nach außen aufschlagen muss. Häufig nutzen den Zuschuss übrigens Bauherren, die finanziell solide aufgestellt sind. Für sie ist es quasi eine „nice to have"-Förderung, diejenigen, die diesen Zuschuss mehr bräuchten (Mieter und finanzschwache Eigentümer), greifen darauf nicht zurück, da der Zuschuss nur maximal 10 Prozent der gesamten Bausumme beträgt, also bei einer Bausumme von 8000 Euro entsprechend 800 Euro. In solchen Fällen ist der KfW-Zuschuss nicht ausreichend. Zudem ist der Zuschuss jedes Jahr davon abhängig, in welcher Höhe er im Bundeshaushalt budgetiert wird. Sobald die Anträge für den Zuschuss die vorhandene Fördersumme erreicht haben, gibt es für das jeweilige Jahr kein Geld mehr. Dann heißt es nach Alternativen suchen, wenn die Zeit für einen Umbau drängt.

Mit welchen Summen muss man denn ganz grob rechnen, wenn es um den Badumbau geht?

Der durchschnittliche Preis einer Komplett-Umbaumaßnahme lag vor einigen Jahren bei 15000 Euro. Das hat die KfW aus den Anträgen, die gestellt wurden, heraus recherchiert. Heute müssen etwa 25000 bis 30000 Euro aufgewendet werden. Eine Teilsanierung liegt je nach Aufwand zwischen 8000 und 10000 Euro.

Was passiert, wenn jemand selbst das Geld nicht aufbringen kann, aber keine Fördergelder bekommt?

Das ist eigentlich eine gesellschaftspolitische Frage. Menschen, die keine Kredite mehr erhalten aufgrund ihrer finanziellen Lage und ihres Alters, gehen häufig früher in eine stationäre Pflegeeinrichtung. Die Mehrkosten dieser Unterbringung (je nach Bundesland im Monat ca. 3000 bis 4500 Euro) übernehmen dann andere Kostenträger – üblicherweise ist das das Sozialamt und damit der Steuerzahler. Daran sieht man, wie mangelnde bauliche Barrierefreiheit im heutigen Wohnungsbestand den Steuerzahler viel Geld kostet. Diese Kosten fühlen sich aber nicht als Belastung an, da sie sich nicht direkt in der eigenen Geldbörse zeigen. Anders als bei denjenigen, die für ihre Angehörigen den Eigenanteil der stationären Pflege selbst zahlen. Oft werden auch die Immobilien der älteren Angehörigen auf diese Art und Weise „versilbert". Dieses Thema ist politisch sehr brisant.

Übernimmt das Sozialamt nicht auch im Bedarfsfall die Kosten für eine Anpassungsmaßnahme?

Im Einzelfall übernimmt das Sozialamt die Kosten, jedoch ist das ein aufwendiger Prozess, der die Offenlegung des gesamten privaten Vermögens des Betroffenen erfordert. Das bedeutet: Die Kostenübernahme für einen Umbau durch das Sozialamt wird nur im äußersten Fall genehmigt.

Sie sind nicht nur Vorsitzende des Bundesverbandes Barrierefrei e. V., sondern auch als Lehrende eng mit dem Handwerk und den handwerklichen Institutionen verbunden, daher eine Frage zur Ausführung solcher Maßnahmen: Gibt es nicht immer wieder Punkte, an denen der Wunsch nach Barrierefreiheit mit den bautechnischen Richtlinien kollidiert, wie beispielsweise am Terrassenübergang?

Das ist richtig, hier lässt sich auf den ersten Blick die „Flachdachrichtlinie" (eine für die ausführenden Handwerker verpflichtende Baunorm) mit einer Aufkantung von 15 Zentimetern nicht mit dem schwellenfreien Übergang verbinden. In einem solchen Fall stoßen zwei sich widersprechende Baunormen aufeinander. Baulich funktionierende Lösungen gibt es, diese müssen jedoch in vertraglichen Einzelvereinbarungen besprochen und fixiert werden. Dafür gibt es entsprechende Vordrucke seitens der Hersteller dieser Sonderkonstruktionen. So besteht Rechtssicherheit für beide Seiten. Zudem ist der Blickwinkel auf das Bauvorhaben, seitens der ausführenden

Fachbetriebe, immer aus Sicht der baurechtlichen Ebene und der sachgerechten Ausführung. Die Empfehlungen des barrierefreien Bauens sind ausschließlich Empfehlungen und keine gesetzlichen Vorschriften. Das ist wichtig zu wissen! Wohnberatungsstellen beraten immer aus Sicht des Betroffenen, und somit im Kontext der Sozialgesetzgebung. Das sind zwei völlig eigenständige Rechtsbereiche. Deshalb kommt es immer wieder zu Streitigkeiten bei der Ausführung der Bauvorhaben. Meine Empfehlung ist, sich neben der Bedarfsseite für den Betroffenen auch mit einem ausgewiesenen Experten für barrierefreies Bauen (aus dem Baubereich!) über technische Lösungen beraten zu lassen. Geschulte und ausgewiesene Fachbetriebe können eine solche Beratung leisten. Deshalb haben wir 2008 den BVBF e. V. gegründet.

Haben Sie noch einen Tipp, worauf ich als Bauherrin achten sollte, um eine zuverlässige und gute Fachfirma zu finden?

Auf jeden Fall rate ich davon ab, eine „Hauptsache-billig"-Firma zu wählen. Ein geschulter Fachbetrieb mit entsprechend geschultem Personal ist meiner Meinung nach besser in der Lage, die Herausforderungen eines solchen Umbaus zu steuern. Wenn es ein Fachbetrieb mit „Alles aus einer Hand"-Angebot ist, achten Sie darauf, dass es entweder ein ausgewiesener Fachhandwerksbetrieb mit angestellten Facharbeitern der einzeln erforderlichen Gewerke ist oder ein Fachbetrieb, der mit einem Netzwerk von Fachhandwerksbetrieben zusammenarbeitet. Scheuen Sie sich nicht, den Handwerker zu fragen, mit welchen Fachfirmen er zusammenarbeitet. Fragen Sie auch bei der örtlichen Kreishandwerkerschaft nach Fachbetrieben (SHK und Bauinnungen), dort sind die regionalen Fachbetriebe organisiert. Das hilft auch, spätere eventuell auftretende Baumängel (Gewährleistungen) leichter zu bearbeiten. Vermeiden Sie Betriebe, die mit Subunternehmern arbeiten. Dabei kann es passieren, dass Sie bei möglichen Nachbesserungen keinen Ansprechpartner haben.

→ Die Empfehlungen des barrierefreien Bauens sind ausschließlich Empfehlungen und keine gesetzlichen Vorschriften. Das ist wichtig zu wissen!

Die ausgewählten Anlaufstellen in unserem Serviceteil bieten weiterführende Kontakt- und Informationsmöglichkeiten. Über das Stichwortverzeichnis finden Sie schnell zu den für Sie relevanten Themen.

→ Adressen und hilfreiche Links

BERATUNG

- **Barrierefrei Leben e. V.**
  Verein für Hilfsmittelberatung, Wohnraumanpassung und barrierefreie Bauberatung
  Alsterdorfer Markt 7
  22297 Hamburg
  Tel. (040) 29995656
  Vorstand@barrierefrei-leben.de
  barrierefrei-leben.de

- **Bauen für Menschen GmbH**
  Gebrüder-Coblenz-Str. 14
  50679 Köln
  Tel. (0221) 980390
  info@bfm-wohnen.de
  bfm-wohnen.de

- **besser zuhause GmbH**
  Hammerbrookstraße 93
  20097 Hamburg
  Tel. (040) 696385400
  info@besserzuhause.com
  besserzuhause.com

- **Bundesarbeitsgemeinschaft Wohnanpassung e. V.**
  Zusammenschluss von Wohnberatern, Wohnberaterinnen und Wohnberatungsstellen in Deutschland
  Mühlenstraße 48
  13187 Berlin
  Tel. (030) 47474700
  info@wohnungsanpassung-bag.de
  wohnungsanpassung-bag.de

- **kom.fort e. V.**
  Beratung für Barrierefreies Bauen und Wohnen
  Landwehrstraße 44
  28217 Bremen
  Tel. (0421) 790110
  info@kom-fort.de
  kom-fort.de

- **Pflege-durch-Angehoerige.de**
  Otto Beier GmbH
  Talstraße 11
  71409 Schwaikheim
  Tel. (07195) 9829999
  info@pflege-durch-angehoerige.de
  pflege-durch-angehoerige.de

- **Sozialverband VdK Deutschland e. V.**
  Beratung zu Hilfsmittelbeantragung und Wohnraumanpassung
  Linienstraße 131
  10115 Berlin
  Tel. (030) 9210580-0
  kontakt@vdk.de
  vdk.de/deutschland

- **Verbraucherzentrale Bundesverband**
  Onlineberatung der Verbraucherzentrale zu barrierefreiem Bauen
  Rudi-Dutschke-Straße 17
  10969 Berlin
  meine-verbraucherzentrale.de/onlineberatung

- **Verbund Pflegehilfe GmbH**
  Kostenlose Pflegeberatung
  Inge-Reitz-Straße 5–7
  55120 Mainz
  Tel. (06131) 4932039
  info@pflegehilfe.de
  pflegehilfe.org

EXPERTEN

- **Bundesarchitektenkammer (BAK)**
  Bundesgemeinschaft der Architektenkammern, Körperschaften des Öffentlichen Rechts e. V.
  Askanischer Platz 4
  10963 Berlin
  Tel. (030) 263944-0
  info@bak.de

bak.de/politik-und-praxis/inklusion/inklusiv-gestalten-barrierefrei-bauen/

- **Bundesverband Barrierefrei e. V.**
  Gasstraße 10-18
  42657 Solingen
  Tel. (0212) 2442342
  kontakt@bundesverband-barrierefrei.de
  bundesverband-barrierefrei.de

- **Bundesverband Deutscher Sachverständiger und Fachgutachter e.V.**
  Berufsverband für Sachverständige und Fachgutachter
  Käppelinstrasse 12–14
  79576 Weil am Rhein
  Tel. (07621) 7700715
  info@bdsf.de
  bdsf.de

- **Hamburgische Architektenkammer**
  Körperschaft des öffentlichen Rechts
  Grindelhof 40
  20146 Hamburg
  Tel. (040) 441841–0
  info@akhh.de
  akhh.de/index.php
  Seminare Baukultur und Inklusion:
  akhh.de/fortbildung/fortbildungsprogramm/?no_cache=1

- **Lichtlandschaften**
  Lichtplanung & Lichtberatung für barrierefreies Licht
  Grete-Schickedanz-Str. 12
  55545 Bad Kreuznach – Planig
  Tel. (0671) 88767452
  info@lichtlandschaften.de
  https://lichtlandschaften.de

- **Netzwerk Barrierefreie Zukunft**
  netzwerk@barrierefreiezukunft.de
  Tel. (0160) 96876681
  barrierefreiezukunft.de

- **Zentralverband des Deutschen Handwerks**
  Zentralverband des Deutschen Handwerks (ZDH)
  Mohrenstraße 20/21
  10117 Berlin
  Tel. (030) 20619–0
  info@zdh.de, zdh.de

INFORMATION

- **AAL Living Lab Kempten**
  Lehr- und Forschungsprojekt barrierefreies Wohnen mit Hilfe technischer Assistenzgeräte
  Hauffstraße 9
  87437 Kempten
  Tel. (0831) 697143-16 / (0831) 2523-640
  hs-kempten.de/elektrotechnik/labore/aal

- **Aktion Mensch e. V.**
  Infos für Menschen mit Behinderung und deren Angehörige
  Heinemannstraße 36
  53175 Bonn
  Tel. (0228) 2092200
  familienratgeber@aktion-mensch.de
  familienratgeber.de

- **Bundesarbeitsgemeinschaft der Seniorenorganisationen e. V. (BAGSO)**
  Interessensvertretung der älteren Generation in Deutschland
  Noeggerathstr. 49
  53111 Bonn
  Tel. (0228) 249993-0
  kontakt@bagso.de, bagso.de

- **Bundesinstitut für Bau-, Stadt- und Raumforschung (BBSR)**
  im Bundesamt für Bauwesen und Raumordnung (BBR)
  Deichmanns Aue 31–37
  53179 Bonn
  zentrale@bbr.bund.de
  bbsr.bund.de/BBSR/DE/themen/gesellschaft/inklusives-planen-bauen/_node.html

- **Bundesministerium für Wohnen, Stadtentwicklung und Bauwesen**
  Krausenstrasse 17 – 18
  10117 Berlin
  leitfadenbarrierefreiesbauen.de/grundlagen/rechtliche-grundlagen?tx_contrast=36

- **Deutsche Seniorenliga e. V.**
  Interessengemeinschaft der Seniorinnen und Senioren
  Heilsbachstr. 32
  53123 Bonn
  Tel. (0228) 36793-0
  info@deutsche-seniorenliga.de
  deutsche-seniorenliga.de

- **DIN Deutsches Institut für Normung e. V.**
  Am DIN-Platz
  Burggrafenstraße 6
  10787 Berlin
  Tel. (030) 2601-0
  info@din.de
  din.de

- **DIPB e. V.**
  Dachverband integratives Planen und Bauen
  Plieninger Strasse 15
  70794 Filderstadt
  Tel. (0711) 706336
  info@dipb.de
  dipb.org/index.html

- **Haus & Grund Deutschland**
  Zentralverband der Deutschen Haus-, Wohnungs- und Grundeigentümer e. V.
  Mohrenstraße 33
  10117 Berlin
  Tel. (030) 20216–0
  info@hausundgrund.de
  hausundgrund.de

- **Kreditanstalt für Wiederaufbau (KfW)**
  Palmengartenstraße 5–9
  60325 Frankfurt am Main
  Tel. (0800) 5399002 (Hotline zur Wohnbauförderung)
  info@kfw.de
  kfw.de

- **Privatinstitut für Transparenz im Gesundheitswesen GmbH**
  Portal- und Mediennetzwerk für das Wohnen und Leben im Alter
  Carl-Benz-Straße 5
  68723 Schwetzingen
  Tel. (06202) 7604990
  info@iftra.de
  seniorenportal.de

- **universalRAUM GmbH**
  Institut für evidenzbasierte Architektur im Gesundheitswesen
  Hallwachsstraße 5
  01069 Dresden
  Tel. (0351) 309330-83
  info@universalraum.de
  universalraum.de

- **Vereinigung Deutsche Sanitärwirtschaft e. V. (VDS)**
  Aktion Barrierefreies Bad
  Rheinweg 24
  D-53113 Bonn
  Tel. (0228) 923999-30
  info@sanitaerwirtschaft.de
  aktion-barrierefreies-bad.de

- **web care LBJ GmbH (Pflege.de)**
  Information, Organisation und hilfreiche Services für die Pflege
  Großer Grasbrook 9
  20457 Hamburg
  info@pflege.de
  pflege.de

→ Stichwortverzeichnis

Bildnachweis

Für die freundliche Überlassung danken wir:

Guldmann GmbH: 50; SchwörerHaus / J. Lippert: 65; Thiele-Shop: 70; Mowi Systems KG: 71; Dollex Dichtungen GmbH: 74; Nina Greve: 78, 180; Nina Greve & Barrierefrei Leben e. V.: 79, 86; Geberit: 87; © 2023 Kermi GmbH: 91; Granberg Küchen: 96, 98; Döpfner-Betriebs-GmbH + Co. KG: 109; Sani-Trans: 112; Polizeiliche Kriminalprävention der Länder und des Bundes: 133, 134, 139

Fotos

Adobe Stock: 7 (RioPatuca Images), 21 (Robert Kneschke), 22 (Robert Herhold), 42 (Jörg Lantelme), 47 (Robert Kneschke), 49 (KB3), 51 (OlegDoroshin), 68 (Regina Pahl), 68 (rustamank), 72 (poligonchik), 76 (Robert Kneschke), 77 (mikovasa), 92 (Zeralein), 100 (pirke), 104 (Halfpoint), 104 unten (Joel), 116 (Jamie Hooper), 117(Rawpixel.com), 125 (iamskyline), 128 (Fabio), 163 (wichayada), 192 (toa555), Getty Images / iStockphoto: 75 (Gphotography), 177 (skynesher), 183 (SrdjanPav), 5, 27, 57, 143, 175, 199 (SireAnko)

Fotos der Interviewpartner:
Beke Illing-Moritz, privat: 12, Haus & Grund Rheinland Westfalen: 25, Architektur- und Sachverständigenbüro für Barrierefreiheit Nina Kadri: 44 , Ulrike Präcklein, UliGraphics: 53, Thomas Unmuth: 122, Foto Design Werkstatt: 130, Gerhard Kind: 140, Barrierefrei Leben e. V.: 148, Christine Kuhaupt/kom.fort e. V.: 155, besser zuhause GmbH: 171, Ute Klein: 195

Illustrationen

Adobe Stock: 38 (AngelaStolle)